모두 거짓말을 한다

**EVERYBODY LIES**

Big Data, New Data, and What the Internet

Reveals About Who We Really Are

# Everybody Lies

## 구글 트렌드로 밝혀낸 충격적인 인간의 욕망

# 모두 거짓말을 한다

**세스 스티븐스 다비도위츠 지음 | 이영래 옮김**

더 퀘스트

옮긴이 | **이영래**
이화여자대학교 법학과를 졸업하고 리츠칼튼 서울에서 리셉셔니스트로, 이수그룹 비서팀에서 비서로
근무했으며, 현재 번역에이전시 엔터스코리아에서 전문 번역가로 활동하고 있다. 주요 역서로 《파타
고니아, 파도가 칠 때는 서핑을》《움직임의 뇌과학》《사업을 한다는 것》《세대 감각》 등이 있다.

# 모두 거짓말을 한다

**초판 발행** · 2018년 6월 17일
**초판 15쇄 발행** · 2022년 1월 17일
**개정판 발행** · 2022년 11월 15일
**개정 4쇄 발행** · 2024년 8월 9일

**지은이** · 세스 스티븐스 다비도위츠
**옮긴이** · 이영래
**발행인** · 이종원
**발행처** · (주)도서출판 길벗
**브랜드** · 더퀘스트
**출판사 등록일** · 1990년 12월 24일
**주소** · 서울시 마포구 월드컵로 10길 56(서교동)
**대표전화** · 02)332-0931 | **팩스** · 02)323-0586
**홈페이지** · www.gilbut.co.kr | **이메일** · gilbut@gilbut.co.kr
**대량구매 및 납품 문의** · 02) 330-9708

**책임편집** · 박윤조(joecool@gilbut.co.kr) | **편집** · 안아람, 이민주 | **제작** · 이준호, 손일순, 이진혁
**마케팅** · 정경원, 김진영, 김선영, 정지연, 이지현, 조아현, 류효정 | **영업관리** · 김명자, 심선숙 | **독자지원** · 윤정아

**표지 디자인** · [★] 규 | **교정교열 및 전산편집** · 이은경 | **CTP 출력 및 인쇄, 제본** · 북솔루션

**ISBN** 979-11-407-0191-9  03320
(길벗 도서번호 040230)

**값 18,800원**

**독자의 1초까지 아껴주는 길벗출판사**

**(주)도서출판 길벗** | IT교육서, IT단행본, 경제경영서, 어학&실용서, 인문교양서, 자녀교육서 **www.gilbut.co.kr**

**길벗스쿨** | 국어학습, 수학학습, 어린이교양, 주니어 어학학습, 학습단행본 **www.gilbutschool.co.kr**

페이스북 **www.facebook.com/thequestzigy**
네이버 포스트 **post.naver.com/thequestbook**

아버지와 어머니께

사람의 마음을 연구하는 완전히 새로운 방법에 관한 책이다. 전례 없는 방식으로 사람들의 심리를 들여다보면서 내 조국과 인류에 관한 선입견이 몇 번이고 뒤집혔다. 더할 나위 없이 흥미롭고 매력적인 책이다.

**스티븐 핑커** | 《우리 본성의 착한 천사》 저자


빅데이터는 우리의 일상생활에 관해 무엇을 말해주는가? 기막히게 영리하고 짓궂은 탐구.

**스티븐 레빗** | 《괴짜 경제학》 공동 저자


《괴짜 경제학》《머니볼》 모두 저리 가라 할 책. 빅데이터에 영리함이 더해지면 어떻게 세상을 비추고 움직일 수 있는지 보여주는 최고의 증거다. 이 멋진 책을 읽으면 삶이 완전히 새롭게 보일 것이다.

**로런스 서머스** | 하버드대학교 명예총장, 제71대 미국 재무장관


우리 삶의 데이터에 대한 활기차고 매혹적인 조사. 세스 스티븐스 다비도위츠는 새로운 것을 보여주는 다양한 출처를 활용해 우리 자신일지도 모를 사람들의 모습을 보면서 당혹해하거나, 낄낄거리거나, 움찔하게 만든다.

**크리스티안 러더** | 《빅데이터 인간을 해석하다》 저자


《괴짜 경제학》의 확장판이랄까? 이 책은 중요하고 흥미로운 질문들에 대해 빅데이터가 어떻게 놀랍고 참신한 대답을 내놓는지 보여준다.

**라지 체티** | 스탠퍼드대학교 경제학 교수


역작이다. 빅데이터의 세계를 탐구하는 여정이 술술 읽히고 재미있다. 책을 읽는 내내 인간 행동 자체를 바라보는 중요하고 참신한 관점을 제시한다.

**피터 오재그** | 전 미국의회 예산처장

이 책은 빅데이터에 기반해 우리가 '문명화된 존재'라는 허상을 단숨에 벗겨낸다. 대단히 흥미롭고 충격적이고 때로는 소름 끼치며, 무엇보다도 새로운 사실을 드러내준다. **팀 우** | 컬럼비아대학교 로스쿨 교수, 《주목하지 않을 권리》 저자

충격적이다. 《비즈니스인사이더》

검색 데이터를 따라 현대 인간의 마음속으로 떠나는 정신 차릴 겨를 없는 여행. 이 책에 담긴 실증적인 발견들은 세탁물 목록처럼 썼어도 책장이 술술 넘어갈 정도로 매우 흥미롭다. 《이코노미스트》

이 책을 읽는 동안 적어도 어딘가에서는 당신도 자신의 솔직하지 못한 면을 들킨 듯한 당혹감을 느낄 것이다. 《타임》

재미있고 쉽게 이해되며 빠져들게 된다. 학습의 표준 단위가 교실 내 열몇 명의 행동이 아니라 수천, 수백만에 이르는 익명 사용자의 반응인 빅데이터 시대에 행동경제학을 접목한다. 《포브스》

흥미진진하고 새로운 데이터 세계에 대한 매우 열정적인 탐구. 《모두 거짓말을 한다》는 압권이다. 《파이낸셜타임스》

어쩌면 이 책은 인간의 참된 본질을 이해하는 데 있어 일종의 성배일지도 모르겠다. 《뉴욕포스트》

호기심을 자아내는 일화와 직관에 반하는 사실로 가득하다. 저자는 한 번에 하나씩 디지털 세계의 주요 지점을 짚어가며 최선을 다해 인간 이해의 새로운 시대를 열어 보인다. 《포천》

# 사람의 생각을 연구하는 완전히 새로운 방법

스티븐 핑커
Steven Pinker

철학자들은 사람의 생각을 화면에 보여주는 가상의 기계, '뇌시경 cerebroscope'에 대해 곰곰이 생각했고 이후 사회과학자들은 인간의 본성이 어떻게 작동하는지 드러낼 도구를 찾아왔다. 내가 실험심리학자로 일하는 동안 평가척도, 반응시간, 동공 확장 검사, 기능성 자기공명영상기법fMRI 등 갖가지 방법이 유행했고 나는 모든 것을 시도해봤다. 심지어는 간질 환자에게 전극을 심어놓고 발작이 오기를 기다리며 몇 시간이나 언어 실험을 한 적도 있었다.

하지만 지금껏 어떤 방법도 사람의 생각을 훤히 보여주지는 못했다. 문제는 거친 타협에 있다. 인간의 생각은 매우 복잡한 명제다. 《전쟁과 평화War and Peace》를 속독했다는 우디 앨런Woody Allen과 달리, 우리는 이 책을 그저 '러시아 사람들의 이야기다'라고 말하고 치워버릴 수가 없다. 얽히고설킨 다차원적 명제를 과학자가 분석하기란 몹시 어렵다. 사람들이 속마음을 털어놓는 모습을 보면 의식의 흐름이 굉장히 다채롭다는 것을 알 수 있지만 독백은 가설을 시험하는 데 이상적인 데이터세트가 아니다. 한편 단어에 대한 반응시간이나 그림에 대한 피부 반응처럼 쉽게 정량화할 수 있는 척도에만 집중하면 통계는 낼 수 있어도 인식의 복잡한 짜임새를 하나의 숫자로 뭉뚱그리는 우를 범하게 된다. 사고가 어떻게 이뤄지는지를 3차원적으로 보여주는 가장 세련되고 정교한 기능성 자기공명영상기법도 사고가 무엇으로 이루어져 있는지는 알려주지 않는다.

인간의 본성을 연구하는 과학자들은 '작은 수의 법칙Law of Small Numbers'에 시달린다. 이 법칙은 표본이 아무리 작아도 그 표본이 전체 인구의 특성을 반영할 수 있다고 생각하는 오류다(아모스 트버스키Amos Tversky와 대니얼 카너먼Daniel Kahneman이 이름 붙였다). 수리적 지식이 출중한 과학자들조차 임의적인 차이를 무시하고 (호모사피엔스는 고사하고) 미국인을 일반화하려면 그 연구에 얼마나 많은 대상자가 필요한지에 관해 한심할 정도로 결점투성이인 직관을 갖고 있다.

《모두 거짓말을 한다Everybody Lies》는 사람의 생각을 연구하는 완전히 새로운 방법을 이야기한다. 인터넷 검색이나 그 밖의 온라인 반응에서 나온 빅데이터를 뇌시경이라고 볼 수는 없다. 하지만 세스 스티븐스 다비도위츠Seth Stephens-Davidowitz는 빅데이터가 사람의 심리를 엿보는 아주 새로운 방법임을 보여준다. 키보드로 얻은 익명성

덕분에 사람들은 매우 이상한 것들을 고백한다. 때로는 데이트 사이트에서나 검색으로 전문가의 조언을 찾을 때처럼 실제적인 결과를 얻기 위해서, 때로는 정확히 반대로 그 결과가 자신에게 아무런 영향도 끼치지 않기 때문에 고백한다. 실제 다른 사람을 경악시키거나 그보다 더한 반응을 맞닥뜨리지 않고도 자신의 소망이나 두려움을 털어놓을 수 있는 것이다. 어떤 경우에든 사람들은 단순하게 버튼을 누르거나 손잡이를 돌리는 방식으로 생각을 표현하지 않는다. 엄청나게 많은 일련의 문자로 광대하고 폭발적인 조합을 만들어냄으로써 자신의 생각을 표현한다. 더구나 이러한 디지털 흔적은 축적과 분석이 쉬운 형태로 저장된다. 사회 각계각층의 사람들이 눈에 잘 띄지 않는 실험에 참여할 수 있다. 이 실험은 시시때때로 자극을 달리 제공하고 그 반응을 실시간으로 기록할 수 있다. 그리고 사람들은 이 실험에 데이터를 기꺼이, 엄청나게 많이 공급한다.

이 책은 단순히 개념을 증명하는 데 그치지 않는다. 우리 나라와 내가 속한 종에 대한 나의 선입견이 스티븐스 다비도위츠의 발견으로 송두리째 뒤집어졌다. 예상치 못했던 도널드 트럼프Donald Trump의 지지층은 어디에서 나타났을까? 1976년 앤 랜더스Ann Landers가 자신의 독자들에게 아이 가진 것을 후회하느냐고 묻고는 대다수가 그렇다고 대답한 데에 충격을 받았을 때, 랜더스는 대표성이 떨어지는 자기선택적 표본에 호도된 것이었을까? 2010년 말 두드러졌던 '필터 버블filter bubble'(인터넷 기업이 이용자의 성향과 취향, 기호 등을 파악해 이들에게 맞춤형 정보만 제공하는 현상을 이르는 말로 이용자들의 정보 편식을 설명하기 위해 등장했다 - 옮긴이)이라는 과장된 이름의 사태는 인터넷 탓으로 봐야 할까? 중오범죄를 유발하는 요인은 무엇일까? 사람들은 정말 기운을 얻기 위해 농담을 찾아보는 걸까? 나는 아무것도 내게 충격을 주지 못한다고 생각하고 싶은데도, 인터넷이 인간의 성생활에 관해 드러내는 사실에는 너무 큰 충격을 받았다(매달 특정한 수의 여성들이 '동물 인형과의 성교'라는 키워드를 검색한다). 반응시간이나 동공 확장, 기능성 자기공명영상기법을 이용한 어떤 실험도 그런 사실을 밝혀내지 못했다.

　누구라도 이 책을 재미있게 읽을 수 있을 것이다. 스티븐스 다비도위츠는 지칠 줄 모르는 호기심과 사랑스러운 기지로 21세기 사회과학이 새롭게 가야 할 길을 가리킨다. 인간의 강박을 보여주는 이 무한히 흥미롭고 매력적인 창 덕분에 더 이상 뇌시경을 찾는 사람은 없을 것이다.

# CONTENTS

서론

# 빅데이터 혁명의 개요

사람들은 말했다. 분명히 그가 질 거야.

2016년 공화당 예비선거에서 여론조사 전문가들은 도널드 트럼프가 당선될 가능성은 없다고 결론 내렸다. 트럼프는 여러 소수집단을 모욕했다. 여론조사 결과와 이를 해석하는 사람들은 그런 무례한 행동을 용인할 미국인은 거의 없으리라고 말했다.

당시 여론 분석 전문가 대부분은 트럼프가 총선에서 패배할 것이라고 예측했다. 유권자 대부분이 트럼프의 행동이나 시각에 정나미가 떨어졌다는 것이다.

하지만 인터넷에는 트럼프가 예비선거와 총선에서 이길지도 모른다는 몇 가지 단서가 존재했다.

나는 인터넷 데이터 전문가다. 매일같이 사람들이 웹을 돌아다니면서 남기는 디지털 발자국을 뒤좇는다. 사람들이 클릭하는 버튼이나 두드리는 키를 통해서 우리가 정말로 원하는 것이 무엇인지, 정말로 무슨 일을 할 것인지, 진짜 누구인지를 이해하려고 노력한다. 내가 어쩌다 이렇게 흔치 않은 길을 걷게 됐는지 잠깐 설명해보겠다.

이야기는 2008년 대통령 선거와 사회과학에서 오랫동안 논란거리였던 주제, 곧 '미국에서 인종적 편견이 어느 정도 의미를 가지는가?' 하는 문제에서 시작한다.

버락 오바마Barack Obama는 다수당에서 최초로 내세운 아프리카계 미국인 대통령 후보였다. 그는 이겼다. 그것도 아주 쉽게. 여론조사는 인종이 미국인들의 투표에 영향을 끼치는 요인이 아니라는 뜻을 내비쳤다. 예를 들어 갤럽Gallup은 오바마의 초선 이전과 이후에 수많은 여론조사를 실시했다. 그러고는 어떤 결론을 내렸을까? 미국 유권자 대부분은 버락 오바마가 흑인이라는 점을 신경 쓰지 않는다는 것이었다.[1] 선거 직후 UC버클리대학교의 저명한 교수 두 명은 좀 더 정교한 데이터마이닝data mining(대규모 데이터를 토대로 새로운 정보를 찾아내는 과정 - 옮긴이) 기법을 이용해서 다른 조사에 바탕을 둔 자료들을 상세히 연구했다. 그들도 비슷한 결론에 이르렀다.[2]

이 결론은 오바마가 재임하는 동안 여러 매체와 학계 대부분이 당연하게 받아들이는 상식이 됐다. 매체와 사회과학자들이 세상을 이해하기 위해 80여 년 동안 이용해온 정보원은 미국인의 압도적 다수가 오바마가 대통령이 될 만한 사람인지 판단할 때 그가 흑인이라는 점을 고려하지 않았다고 말하고 있었다.

오랫동안 노예제도와 짐 크로 법Jim Crow laws(공공장소에서 흑인과 백인의 분리와 차별을 규정한 법 - 옮긴이)으로 얼룩졌던 이 나라가 드디어 피부색으로 사람을 판단하는 일을 그만둔 것처럼 보였다. 이는 인종주의가 미국에서 사라지기 직전이라는 인상을 줬다. 사실 몇몇 권위자는 미국인이 탈인종사회를 살고 있다고 선언하기도 했다.[3]

2012년 나는 경제학을 공부하는 대학원생이었다. 삶의 의미는 찾기 어려웠고 몸담은 분야에 대한 관심과 열정은 사라진 지 오래였다. 세상이 어떻게 돌아가는지, 21세기 사람들이 어떤 생각을 하고 무엇에 마음을 쓰는지쯤은 아주 잘 알고 있다는 자만에 가까운 자신감이 있었다. 인종적 편견이라는 문제에서 나 역시 내가 읽은 심리학과 정치학 관련 저술들을 기반으로 노골적인 인종주의는 대부분 미국 최남동부에 사는 보수적인 공화당 지지층 같은 소수의 미국인에 한정되어 있다고 생각했다.

그러다가 구글 트렌드Google Trends를 발견했다.

대대적인 광고도 없이 공개된 구글 트렌드라는 도구는 특정 단어나 문구가 다른 시간, 다른 지역에서 얼마나 자주 검색됐는지를 사용자들에게 알려준다. 구글 트렌드는 재미 삼아 이용해보는 도구로 홍보됐다. 어떤 유명인이 가장 인기 있는지, 어떤 패션이 갑자기 뜨고 있는지 친구들끼리 의견을 나눌 수 있게 해주는 용도였다. 초기 버전에는 사람들은 "당신이 이 데이터로 박사 논문을 쓰는 것을 원치 않는다"라는 장난스러운 충고가 쓰여 있었다. 그런데 바로 그 문구가 내게 논문을 쓰도록 동기를 부여해줬다.*

당시 사람들은 구글 검색 데이터가 '진지한' 학계 연구를 위한 정보원으로 적절치 않다고들 여겼다. 설문조사와 달리 구글 검색 데이터는 인간의 정신을 이해하는 데 도움을 주는 방법으로 만들어지지 않았다. 구글은 사람들이 세상에 관해 알 수 있도록 만들어졌지, 연구자들이 사람들에 관해 알 수 있도록 만들어진 것이 아니었다. 하지만 우리가 인터넷에서 지식을 구하면서 남긴 흔적은 엄청나게 흥미로운 사실들을 보여준다.

달리 말해 사람들의 정보 검색 그 자체가 정보다. 그들이 언제 어디에서 사실, 인용구, 농담, 장소, 사람, 물건, 도움을 검색하는지는 그들이 정말로 어떤 생각을 하고, 어떤 욕망을 가지며, 무엇을 두려워하고, 무엇을 하는지에 관해 막연한 추측보다 훨씬 많은 것을 이야기해준다. 사람들이 때로 구글 검색창에 질문이 아닌 고백을 할

---

* 구글 트렌드는 내가 제시하는 데이터의 주 정보원이다. 그렇지만 구글 트렌드는 다양한 검색 키워드의 상대적 빈도를 비교할 수 있을 뿐 특정 검색 빈도의 절댓값은 알 수 없기 때문에 얼마나 자주 검색되는지를 정확하게 알려주는 '구글 애드워즈Google AdWords'의 도움을 받는다. 그리고 나서 내 나름의 트렌드 기반 알고리즘을 이용해서 전반적인 내용을 다듬는다. 이 알고리즘에 관해서는 논문 〈구글 데이터를 이용한 에세이Essays Using Google Data〉와 《퍼블릭 이코노믹스 저널Journal of Public Economics》에 발표한 논문 〈흑인 후보에 대한 인종적 반감의 대가: 구글 검색 데이터를 이용한 증거The Cost of Racial Animus on a Black Candidate: Evidence Using Google Search Data〉에서 설명했다. 이 책에 등장하는 모든 연구에 사용된 데이터와 코드에 관한 완벽한 설명, 문서 링크, 논문은 내 웹사이트 sethsd.com에서 찾아볼 수 있다.

때는 말할 것도 없다. '사장이 끔찍하게 싫어요' '완전히 취했어' '아빠가 나를 때렸어요'와 같은 것들.

작고 네모난 빈칸에 단어나 문구를 입력하는 일상적인 행동은 작은 진실의 자취를 남기며 이 자취 수백만 개가 모이면 마침내 심오한 현실이 드러난다.

내가 구글 트렌드에 처음 입력한 단어는 '하나님'이었다. 나는 '하나님'이라는 단어가 들어간 구글 검색을 가장 많이 한 주가 앨라배마, 미시시피, 아칸소의 바이블 벨트Bible Belt(근본주의 개신교가 강세를 보이는 미국 남부와 중서부 지대 - 옮긴이)라는 것을 알게 됐다. 검색 빈도는 일요일에 가장 높았다. 전혀 놀랍지 않은 결과였다. 하지만 검색 데이터가 그렇게 명확한 패턴을 드러낼 수 있다는 게 매우 흥미로웠다.

구글 트렌드에 '닉스Knicks'를 입력하자 그에 대한 검색을 가장 많이 한 곳은 뉴욕이었다. 역시 생각할 필요도 없는 문제였다(프로농구팀 '뉴욕 닉스' 때문이다 - 옮긴이). 이어서 내 이름을 입력하자 '죄송합니다. 결과를 내기에는 검색량이 부족합니다'라는 메시지가 떴다. 나는 구글 트렌드는 많은 사람이 같은 검색을 할 때만 데이터를 제공한다는 사실을 알게 됐다.

하지만 구글 검색의 힘은 하나님을 많이 찾는 곳이 남부이고, 닉스가 뉴욕에서 인기가 많으며, 사람들이 어디에서도 나를 검색하지 않는다는 것을 말해주는 데 있지 않다. 그런 것은 설문조사로도 알 수 있다. 구글 데이터가 가진 힘은 사람들이 다른 사람에게는 하지 않을 이야기를 이 거대 검색엔진에 한다는 데서 비롯한다.

이후 이 책에서 매우 자세히 다룰 주제인 '섹스'가 한 예다. 우리는 자신의 성생활에 관해 속속들이 진실을 털어놓을 만큼 설문조사를 신뢰하지 않는다. 나는 미국인의 행동양식에 관한 정보에서 가장 영향력 있고 권위 있는 정보원으로 여겨지는 '종합사회조사 General Social Survey, GSS'의 자료를 분석했다.[4] GSS에 따르면 이성애자인 여성들은 평균적으로 연간 50회 섹스를 하고 그중 콘돔 사용률은 16퍼센트라고 한다. 계산해보면 연간 약 11억 개의 콘돔이 사용되는 셈이다. 하지만 이성애 남성들은 매년 16억 개의 콘돔을 사용한다고 말한다. 정의상 두 숫자는 동일해야 한다. 그렇다면 진실을 말하는 쪽은 누구인가? 여성인가 남성인가?

둘 다 아니다. 소비자 행동을 추적하는 세계적인 정보 기업 닐슨Nielsen에 따르면 매년 판매되는 콘돔은 6억 개에도 못 미친다.[5] 그렇다면 양에서 차이가 있을 뿐 모두 거짓말을 하고 있는 것이다.

거짓말은 이뿐만이 아니다. 결혼한 적이 없는 남성들은 콘돔을 연평균 29개 사용한다고 주장한다. 이는 미국 내에서 기혼자와 미혼자에게 팔리는 콘돔 전체를 합친 수보다 많다. 기혼자들 역시 섹스 횟수를 부풀리고 있는 것 같다. 65세 이하 기혼 남성은 설문조사에서 평균적으로 일주일에 한 번 섹스를 한다고 응답했다. 지난 한 해 동안 섹스를 하지 않았다고 말한 사람은 1퍼센트에 지나지 않았다. 기혼 여성은 남성보다는 조금 적다고 응답했다.

그러나 구글 검색은 기혼자들이 섹스에 훨씬 의욕적이지 못한 그림을 보여준다(나는 이쪽이 훨씬 더 정확하다고 주장한다). 구글에서 드러나는 결혼생활의 가장 큰 불만은 섹스를 하지 않는 것이다. '섹스 없는 결혼생활'이 '불행한 결혼생활'보다 3.5배 많이 검색됐고 '사랑 없는 결혼생활'보다는 여덟 배 많이 검색됐다. 결혼하지 않은 커플조차 종종 섹스를 하지 않는 데 불만을 갖는다. '섹스 없는 관계'에 대한 구글 검색량은 '폭력적인 관계'에 버금간다(이 자료는 모두 익명으로 제시된다는 점을 강조해야겠다. 구글은 당연히 특정 개인의 검색 데이터를 공개하지 않는다).

구글 검색은 설문조사에서 그리는 탈인종 유토피아와는 현저히 다른 미국을 보여준다. 구글 트렌드에 처음 '깜둥이nigger'를 입력해봤을 때가 기억난다. 나를 순진하다고 말해도 좋다. 하지만 그 말이 얼마나 모욕적인가를 고려했을 때 나는 검색량이 적으리라고 생각했다. 틀린 생각이었다. 미국에서 '깜둥이' 또는 그 복수형인 '깜둥이들'이 포함된 문장은 '편두통' '경제학자' '레이커스Lakers'(미국 프로농구단 이름-옮긴이) 같은 단어와 검색 빈도가 거의 비슷했다. 랩 가사가 결과를 왜곡하지는 않았을까? 아니었다. 랩에서는 언제나 그 단어를 nigga(s)라는 식으로 사용했다. 미국인들은 왜 '깜둥이'를 검색할까? 사람들은 종종 아프리카계 미국인을 비웃는 농담을 찾으려 했다. 사실 '깜둥이'라는 단어와 함께 검색하는 단어의 20퍼센트가 '농담'이었다. 그 외에도 '멍청한 깜둥이' '깜둥이가 정말 싫어'라는 문구가 흔히 검색됐다.

매년 이런 검색이 수백만 건씩 이뤄졌다. 많은 미국인이 집이라는 사적인 공간에서 충격적일 만큼 인종차별적인 질문을 하고 있었다. 연구를 하면 할수록 충격적인 정보가 나왔다.

오바마가 처음 당선되던 날, 대부분의 실황 방송이 오바마에게 찬사를 보내고 이번 당선이 갖는 역사적인 의미에 초점을 맞추고 있던 그때, '오바마'가 들어간 구글 검색 100개 중 하나에는 kkkKu Klux Klan(백인 우월주의를 표방하는 미국의 극우 비밀결사단체 - 옮긴이)나 '깜둥이'가 포함되어 있었다. 그리 심각하게 들리지 않는다면 근사한 가족이 있고 세계 최고의 권력을 잡게 될 이 젊은 이방인에 관해 검색해야 할 인종차별적이지 않은 이유 수천 가지를 생각해보라. 당선일 밤, 미국에서 엄청난 인기를 모으고 있는 백인 국수주의자들의 사이트인 스톰프런트Stormfront의 검색과 가입이 평소보다 열 배 많았다.[6] 일부 주는 '최초의 흑인 대통령'보다 '깜둥이 대통령'을 더 많이 검색했다.[7]

전형적인 정보원에서는 숨겨졌지만 인터넷 검색어에서는 사람들의 악의와 혐오가 확연하게 드러났다.

그런 검색은 인종주의의 영향력이 작다는 사회와 전혀 어울리지 않는다. 2012년 나는 도널드 트럼프를 사업가이자 리얼리티 쇼 출연자로 알고 있었다. 다른 사람들과 마찬가지로 그가 4년 후에 만만찮은 대선 주자가 되리라고는 생각하지 못했다. 하지만 그런 악질적인 검색들은 이민자에 대한 공격성, 화, 분노처럼 사람들이 가진 가장 나쁜 성향을 이용하는 후보자의 성공과 어렵지 않게 연결 지을 수 있다.

구글 검색 데이터는 인종주의가 있는 지역에 대한 우리의 생각역시 많은 부분 잘못됐음을 말해줬다. 설문조사와 일반적인 통념은 현대의 인종주의를 주로 남부와 공화당의 전유물로 본다. 하지만 인종차별적 검색 비율이 가장 높은 지역에는 버지니아주 서부, 루이지애나주 남부, 미시시피주뿐 아니라 뉴욕 북부, 펜실베이니아주 서부, 오하이오주 동부, 공업지대인 미시간주, 농촌 지역인 일리노이주가 포함되어 있었다. 남북이 아닌 동서의 구분이 실제 구글 검색데이터가 보여주는 모습이었다. 미시시피 서부에서는 이런 검색이많이 나오지 않는다. 그리고 인종주의는 공화당 지지자에 한정되지않는다. 실제로 인종차별적 검색은 민주당 지지자들의 비율이 높은곳보다 공화당 지지자들이 많은 곳에서 더 많이 이뤄지지 않는다.달리 표현해서 구글 검색은 미국 인종주의의 새로운 지도를 그리는데 도움을 주고 있으며, 이 지도는 이전의 추측과는 그 모습이 매우다르다. 남부 공화당원이라면 자신이 인종주의라고 인정할 가능성이 더 높을지 모른다. 하지만 북부의 민주당 지지자 중에도 태도가비슷한 사람이 많다.

　이 지도는 4년 뒤 트럼프의 정치적 성공을 설명하는 데 매우 중요한 근거가 되었다.

　2012년 나는 구글 검색을 사용해 개발한 이 인종주의 지도를오바마의 경선 결과를 정확하게 재평가하는 데 이용했다. 데이터는명확했다. 인종차별적 검색이 많은 지역에서 오바마가 거둔 성적은4년 전 민주당 대통령 후보였던 존 케리John Kerry의 득표율에 크게 못 미쳤다. 교육 수준, 연령, 교회 출석, 총기 소유를 비롯한 이들 지역의 어떤 다른 요인으로도 이러한 관계를 설명할 수 없었다. 인종차별적 검색은 다른 민주당 후보의 미진한 성과를 예견하지 못했다. 오로지 오바마의 성적만을 내다봤다.

이 결과는 인종차별적 검색이 선거에 중대한 영향을 끼쳤다는 것을 시사한다. 오바마는 노골적인 인종주의만으로 전국적으로 4퍼센트포인트에 해당하는 유권자를 잃었다. 그 어떤 설문조사를 기반으로 예상했던 것보다 훨씬 높은 수치였다. 물론 민주당 지지자들에게 아주 유리했던 몇몇 조건 덕분에 버락 오바마는 대통령으로 재선됐지만 전통적인 데이터 정보원에 의존하고 있던 사람들 거의 모두가 생각했던 것보다 더 많은 어려움을 극복해야만 했다. 민주당 지지자들에게 상황이 그리 유리하지 않은 해에 트럼프가 예비선거에서 이기는 데 도움을 줄 인종주의자들은 충분히 많이 존재했다.

처음에는 학술지 다섯 곳에서 내 연구 논문을 게재하지 않겠다고 거절했다.[8] 많은 동료 검토자들은 그렇게 많은 미국인들이 그토록 악랄한 인종차별적 생각을 품고 있다는 것을 믿지 못하겠다고 말했다. 사람들이 말해오던 것과 어긋나는 결과였던 것이다. 더구나 구글 검색은 좀 별나고 기괴한 데이터세트로 보였다.

도널드 트럼프의 취임을 목격한 지금에야 나의 발견이 좀 더 신빙성을 얻은 것 같다.

연구를 계속할수록 구글은 여론조사가 놓친 많은 정보, 특히 다른 어떤 주제보다도 선거를 이해하는 데 도움이 되는 정보를 많이 갖고 있다는 게 확실해졌다.

구글 데이터는 누가 실제로 투표를 하러 나올지 알고 있다. 투표를 하지 않을 사람 절반 이상이 선거 직전의 설문조사에서는 투표를 할 예정이라고 말해서 투표율 예측을 왜곡한다. 반면, 선거 전 몇 주에 걸쳐 '투표하는 법' '투표 장소'가 구글에서 얼마나 검색됐는지 살펴보면 어떤 지역의 투표율이 높을지 정확하게 예측할 수 있다.

사람들이 누구에게 투표할지에 관한 정보까지 얻을 수 있다. 정말로 검색을 바탕으로 사람들이 어떤 후보에게 투표할지를 예측할 수 있을까? 단순히 어떤 후보를 자주 검색하는지를 조사하는 것으로는 예측할 수 없다. 많은 사람이 자신이 좋아하는 후보를 검색하긴 하지만, 싫어하는 후보도 그만큼 많이 검색한다.

로스앤젤레스 캘리포니아대학교의 금융학 교수인 스튜어트 가브리엘Stuart Gabriel과 나는 사람들이 투표를 계획하는 방식에서 놀라운 단서를 발견했다. 선거와 관련된 검색 상당 부분에는 후보자 두 명의 이름이 들어 있다. 도널드 트럼프와 힐러리 클린턴Hillary Clinton이 맞붙은 2016년 선거에서 어떤 사람들은 '트럼프 클린턴 여론조사'를 검색했고 어떤 사람들은 '클린턴 트럼프 토론'의 주요 부분을 찾아봤다. 사실 '트럼프'가 들어간 검색의 12퍼센트에는 '클린턴'이라는 단어가 포함되어 있었다. 마찬가지로 '클린턴'이 들어간 검색의 25퍼센트 이상에 '트럼프'라는 단어가 들어 있었다.

우리는 언뜻 중립적으로 보이는 이런 검색이 개인이 어떤 후보를 지지하는지에 관한 단서를 줄 수 있음을 발견했다.

어떻게 그럴 수 있을까? 중요한 것은 후보의 이름이 등장하는 순서다. 우리의 연구 결과는 사람들이 두 후보의 이름을 포함한 검색어를 입력할 때 자신이 지지하는 후보를 앞에 두는 경향이 유의미하게 강하다는 것을 보여준다.

앞선 세 번의 선거에서 검색어에 더 많이 먼저 등장한 후보가 더 많은 표를 획득했다. 더 흥미로운 것은 이러한 검색 순서가 특정 주가 어느 후보에게 유리한 방향으로 움직일지를 예견한다는 점이다.

후보자를 검색하는 순서에는 여론조사가 놓칠 수 있는 정보도 담겨 있는 듯하다. 오바마와 공화당의 밋 롬니Mitt Romney가 대결한 2012년 선거에서 뛰어난 통계학자이자 저널리스트인 네이트 실버 Nate Silver는 50개 주의 선거 결과를 모두 정확하게 예측했다. 그렇지만 우리가 확인한 바에 따르면 검색을 할 때 롬니를 오바마보다 가장 자주 앞세웠던 주에서는 롬니가 실버의 예측보다 더 좋은 성과를 올렸다. 오바마를 롬니보다 앞세운 경우가 가장 많았던 주에서는 오바마가 롬니를 실버의 예상보다 큰 격차로 따돌렸다.

이 지표가 여론조사가 놓친 정보를 담을 수 있는 이유는 유권자들이 스스로에게 거짓말을 하거나 여론조사 요원에게 자신의 진짜 선호를 드러내지 않기 때문이다. 아직 투표할 후보를 결정하지 않았다고 말했지만 지속적으로 '롬니 오바마 여론조사' '롬니 오바마 토론' '롬니 오바마 선거'를 검색하고 있던 사람들은 내내 롬니에게 투표할 작정이었던 것이다.

그렇다면 구글이 트럼프의 승리도 예견했을까? 구글 데이터로 선거 결과를 예측하는 최선의 방법을 알아내려면 아직 해야 할 연구가 많고 많은 연구자의 참여가 필요하다. 이 방법은 새로운 과학이며 이런 종류의 데이터가 존재하는 선거도 이제 겨우 몇 번 치러졌을 뿐이다. 나는 선거 결과를 예측하는 데 도움을 주는 도구로서 여론조사를 퇴출시킬 수 있다고 주장할 정도에는 이르지 못했다. 어쩌면 결코 그런 정도까지는 이르지 못할 수도 있다.

하지만 인터넷 곳곳에는 트럼프가 여론조사 예상보다 선전하리라는 징조가 있었다. 흑인 대다수는 여론조사에서 투표에 참여해서 트럼프에 반대표를 던질 것이라고 답했다. 하지만 흑인 비율이 높은 지역에서 투표 정보를 구글에 검색해본 빈도는 현저히 낮았다. 선거 당일 클린턴은 흑인의 낮은 투표율 때문에 타격을 받았다.

결정을 미루고 있다는 유권자들이 트럼프 쪽으로 기울고 있었다는 신호도 보였다. 가브리엘과 나는 클린턴의 승리가 점쳐지던 중서부의 주요 주에서 '트럼프 클린턴'이 '클린턴 트럼프'보다 많이 검색됐다는 사실을 발견했다. 실제로 트럼프는 이 지역에서 여론조사 결과보다 훨씬 좋은 성과를 올렸고, 이는 그의 당선에 큰 역할을 했다.

우선 예비선거에서부터 트럼프가 성공적인 후보자였음을 입증할 수 있는 가장 큰 단서가 있었는데, 이는 바로 내가 오바마 연구에서 밝혀냈던 은밀한 인종주의였다. 구글 검색은 전문가들이 수년 동안 놓치고 있던, 유의미한 숫자의 미국인들 사이에 존재하는 악의와 혐오를 드러냈다. 검색 데이터는 우리가 여론조사에 의지하는 학자들과 저널리스트들이 생각하는 사회와 매우 다른 사회에서 살고 있다고 말해주고 있었다. 검색 데이터는 후보자가 표현해주기 바라는 고약하고, 무섭고, 광범위하게 퍼진 분노를 그대로 보여줬다.

사람들은 자주 거짓말을 한다. 다른 사람에게는 물론 자신에게도. 2008년 설문조사에서 미국인들은 더 이상 선거에 관심이 없다고 말했다. 8년 후 그들은 도널드 트럼프를 대통령으로 뽑았다. 트럼프는 '흑인이 백인 미국인 살해 대부분에 책임이 있다'는 사실도 아닌 주장을 리트윗하고, 집회 중에 **BLM**Black Lives Matter(흑인의 목숨도 소중하다는 뜻으로 아프리카계 미국인을 향한 폭력과 제도적 인종주의에 반대하는 사회운동 - 옮긴이) 시위자들에게 폭력을 휘두른 지지자들을 옹호하고, KKK 전 지도자의 지지를 즉각 거부하지 못하고 망설였는데도 말이다.

예비선거 초기에 네이트 실버는 사실상 트럼프는 당선될 가능성이 없다고 주장했다. 예비선거가 진행되면서 트럼프가 광범위한 지지를 받고 있음이 점점 명확해지자 실버는 무슨 일이 벌어지고 있는지 파악하기 위해 데이터를 확인하기로 했다. 어째서 트럼프가 이렇게 선전할 수 있는 것일까?

실버는 트럼프가 좋은 성적을 올리고 있는 지역이 이상한 지도를 그리고 있음을 발견했다. 트럼프는 남부는 물론이고 북동부와 산업 지대인 중서부에서도 선전했다. 서부에서는 현저하게 나쁜 성적표를 받았다. 실버는 이런 상황을 설명해주는 변수를 찾아야 했다.

실업률일까? 종교일까? 총기 소유권일까? 이민자 비율일까? 오바마에 대한 반대일까?

실버는 공화당 예비선거에서 도널드 트럼프의 지지와 가장 연관성이 높은 한 가지 요소가 내가 4년 전에 발견한 기준이라는 것을 알아차렸다.[9] 트럼프의 지지율이 높은 지역은 '깜둥이'라는 구글 검색이 가장 많았던 지역이었다.

나는 지난 4년간 매일같이 구글 데이터를 분석했다. 여기에는 구글에서 데이터과학자로 근무한 기간도 포함된다. 구글은 나의 인종차별 연구를 보고 나를 고용했다. 그 후 나는 《뉴욕타임스New York Times》의 데이터 저널리스트이자 기고가로서 구글 데이터 탐색을 이어갔다. 정신질환, 인간의 성생활, 아동학대, 낙태, 광고, 종교, 건강 등에 관해 뜻밖의 사실이 계속 드러났다. 결코 만만한 주제가 아니다. 몇십 년 전만 해도 존재조차 하지 않았던 구글 데이터는 이 모든 주제에 관해 새롭고도 놀라운 시각을 제공했다. 경제학자들을 비롯한 사회과학자들은 언제나 데이터의 새로운 원천을 찾아다닌다. 솔직하게 말해 나는 구글 검색이 인간의 생각을 알아내기 위해 수집한 그 어떤 데이터세트보다 중요하다고 확신한다.

그렇지만 구글 데이터가 세계 이해와 관련해 인터넷이 제공하는 유일한 도구는 아니다. 나는 곧 다른 디지털 금광도 있다는 것을 깨달았다. 위키피디아Wikipedia를 통째로 다운로드했고, 페이스북Facebook 프로필을 속속들이 검토했고, 스톰프런트의 자료를 긁어모

## 인종차별적 검색률[10]

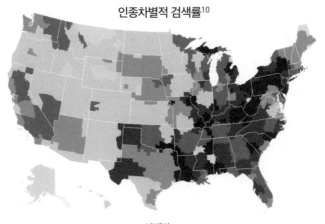

**검색량**

하위 20퍼센트       상위 20퍼센트

## 공화당 예비선거에서 도널드 트럼프 지지율[11]

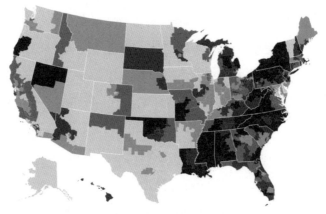

트럼프를 지지한 것으로 예상되는 공화당 투표자

28%    31%    34%    37%

왔다. 인터넷상의 가장 방대한 포르노 사이트인 폰허브PornHub를 통해서 익명인 전 세계 사람들의 검색과 비디오 조회수에 관해 완벽한 데이터를 얻었다. 달리 말해 나는 이른바 빅데이터라는 것에 아주 깊이 빠져들었다. 거기에 그치지 않고 이 새로운 영역을 탐험하는 학자, 데이터 저널리스트, 기업가 수십 명을 인터뷰했다. 이 책에서 그들의 연구를 많이 다룰 것이다.

하지만 먼저 고백해야 할 것이 하나 있다. 나는 도대체 빅데이터가 무엇인지 정확하게 정의하지 못한다. 그 자체가 본래 애매한 개념이기 때문이다. 크다는 것은 얼마나 큰 것을 말할까? 18,462건의 관찰은 스몰데이터small data이고 18,463건은 빅데이터일까? 나는 자격 요건에 대해 포괄적인 관점을 취하는 편이다. 나는 데이터 대부분을 인터넷에서 가져오지만 다른 출처에 대해서도 논의할 것이다. 우리는 이용 가능한 갖가지 정보의 양과 질이 폭발적으로 증가하는 것을 경험하며 살고 있다. 이 새로운 정보 대부분은 구글과 소셜미디어에서 나온다. 일부는 과거에는 캐비닛이나 서류철에 보관되어 있던 정보가 디지털화된 결과물이다. 일부는 크게 늘어난 시장조사 전문 기관에서 나온다. 이 책에서 논의하는 일부 연구는 거대한 데이터세트를 전혀 사용하지 않고 데이터에 대한 새롭고 창의적인 접근법(정보가 넘쳐나는 영역에서는 아주 중요한 접근법)을 채택하기도 한다.

그렇다면 빅데이터가 이렇게 강력한 이유는 정확히 무엇일까? 특정한 날 온라인에 흩어져 있는 정보 전체에 관해 생각해보자. 우리는 실제로 얼마나 많은 정보가 존재하는지 그 수치를 알고 있다. 21세기 초 보통날 인간은 하루 동안 데이터 250만조 바이트를 만들어낸다.[12]

이 데이터가 단서다.

어느 목요일 오후를 무료하게 보내고 있는 한 여성이 있다. 그녀는 '외설적이지 않고 재미있는 농담'을 검색한다. 이메일을 확인한다. 트위터Twitter에 로그인한다. 구글에 '깜둥이 농담'을 검색한다.

우울한 한 남성이 있다. 그는 '우울증 증상'과 '우울증에 관한 이야기'를 검색한다. 그러고는 솔리테어solitaire(혼자서 하는 카드놀이 - 옮긴이)를 한다.

한 여성은 페이스북에서 친구가 약혼한다는 소식을 듣는다. 미혼인 이 여성은 그 친구를 차단한다.

한 남성은 'NFL 미식축구 리그'와 랩 음악에 관해 검색하다가 잠시 멈추고 '남성과 키스하는 상상을 하는 것이 정상인가요?'라고 검색한다.

한 여성은 '귀여운 고양이 열다섯 마리'를 보여주는 버즈피드BuzzFeed(뉴스 및 엔터테인먼트 웹사이트 - 옮긴이) 기사를 클릭한다. 어떤 남성 역시 고양이에 관한 같은 글을 본다. 화면에 '사랑스러운 고양이 열다섯 마리'라는 제목이 뜨지만 클릭하지 않는다.

한 여성이 '내 아들은 천재일까요?'라고 검색한다.

한 남성은 '딸아이가 살을 빼게 하려면?'이라고 검색한다.

한 여성이 친한 여자친구 여섯 명과 휴가를 보내고 있다. 친구들은 하나같이 얼마나 즐거운지 이야기한다. 그녀는 자리를 몰래 빠져나가 '남편과 떨어져서 느끼는 외로움'을 검색한다.

이 여성의 남편은 친한 남자친구 여섯 명과 휴가를 보내고 있다. 그는 자리를 몰래 빠져나가 '아내가 바람을 피운다는 신호'를 검색한다.

이런 데이터에는 다른 상황에서라면 어느 누구에게도 절대 시인하지 않을 정보가 담겨 있다. 조금 과장해서 특정 개인의 두려움, 욕망, 행동에 관해 절대 알 수 없도록 익명성을 보장하고 데이터과학을 조금 첨가하면 우리는 인간의 행동, 욕구, 본성에 관한 새로운 모습을 발견할 수 있다.

조금 거창하게 들릴지는 모르지만 나는 디지털 시대에 이용 가능성이 점차 늘어나고 있는 이 새로운 데이터가 인류에 대한 이해의 폭을 급속하게 확장시킬 것이라고 믿는다. 현미경은 연못에 있는 물 한 방울에 우리가 볼 수 있다고 생각했던 것보다 많은 것이 들어 있음을 보여줬다. 망원경은 밤하늘에 우리가 볼 수 있다고 생각했던 것보다 많은 것이 있음을 보여줬다. 그리고 이제 새로운 디지털 데이터는 인간사회에 우리가 볼 수 있다고 생각했던 것보다 많은 것이 들어 있음을 보여주고 있다. 디지털 데이터는 중요한, 심지어는 혁명적인 통찰을 제공해주는 우리 시대의 현미경이나 망원경인지도 모른다.

이런 이야기가 거창하게 들릴 뿐 아니라 유행에 따르는 듯한 인상을 줄지도 모르겠다. 많은 이가 빅데이터가 가진 힘에 관해 거창한 주장을 해왔으니 말이다. 하지만 그들에게는 증거가 부족했다.

이 때문에 빅데이터 회의주의자들이 생겨났다. 많은 회의주의자가 더 큰 데이터세트를 탐색해봐야 의미가 없다고 일축한다. 나심 탈레브Nassim Taleb는 이렇게 말했다. "빅데이터에 정보가 없다고 말하려는 것이 아니다. 거기에는 많은 정보가 있다. 문제는 바늘이 점점 커지는 건초 더미 속에 파묻혀 있다는 것이다."13

이 책의 주된 목표 중 하나는 빅데이터로 무엇을 할 수 있는지 입증할 증거를 제공하는 것이다. 원한다면 누구나 거대한 건초 더미 속에서 바늘을 찾을 수 있음을 보여주는 것이다. 인간의 정신과 행동에 관한 새로운 통찰을 제공하는 빅데이터의 예를 충분히 제시해서 당신이 정말 혁명적인 무엇인가의 윤곽을 잡을 수 있기를 바란다.

지금쯤이면 당신은 이렇게 말할 것이다. "잠깐만요, 세스. 당신은 혁명을 약속하면서 이 거대하고 새로운 데이터세트를 시적으로 포장하고 있군요. 하지만 지금까지 당신이 이 놀랍고 뛰어나고 숨 막히게 획기적인 데이터로 우리에게 말해준 것은 고작 미국에 인종주의자들이 넘쳐난다는 것과 사람들, 특히 남성들이 섹스 횟수를 부풀린다는 것, 두 가지뿐이잖아요."

이 새로운 데이터가 때로 누가 봐도 당연한 점을 확인해준다는 것을 나도 인정한다. 이런 발견이 너무나 당연하다고 생각된다면 4장에 이를 때까지 기다려주길 바란다. 거기에서 나는 남성들이 자신의 성기 크기에 관해 엄청난 염려와 불안감을 갖고 있다는 절대 뒤

엎을 수 없이 명백한 증거를 보여줄 것이다.

이미 짐작하겠지만 달리 증거가 없는 일을 증명하는 것도 가치 있는 작업이다. 어떤 것을 짐작하는 것과 그것을 증명하는 것은 완전히 다르다. 하지만 빅데이터로 할 수 있는 일이 짐작을 확인하는 데 그친다면 혁명적이라고는 할 수 없을 것이다. 다행히 빅데이터로 그보다는 훨씬 더 많은 일을 할 수 있다. 데이터는 세상이 내 짐작과는 완전히 반대 방향으로 움직인다는 것을 몇 번이고 보여준다. 당신을 더 놀라게 할 몇 가지 사례가 있다.

당신은 인종차별의 가장 큰 원인이 경제적 불안과 취약성이라고 생각할 것이다. 그렇다면 당신은 당연히 실업자가 늘어나면 인종차별이 심화된다고 짐작할 것이다. 하지만 실제로는 실업률이 높아져도 인종차별적 검색이나 스톰프런트 가입률은 늘어나지 않는다.[14]

당신은 시민들의 학력이 높은 대도시에서 불안감이 높게 나타난다고 생각할 것이다. 신경과민인 도시인의 모습은 누구나 가지고 있는 고정관념이다. 하지만 불안감을 반영하는 구글 검색어 '불안감의 증상'이나 '불안감에 도움이 되는 것' 등은 교육 수준이 낮고 소득 수준이 중위인 곳, 인구 대부분이 농촌 지역에 사는 곳에서 더 많이 등장한다.[15] 뉴욕시보다는 뉴욕주 북부의 시골 지역에서 불안에 대한 검색 비율이 더 높았다.

사람들은 대개 수십, 수백 명을 죽음으로 몰아넣는 테러 공격 뒤에 엄청난 불안감이 광범위하게 퍼질 것이라고 생각한다. '테러리즘'이라는 말 자체에 공포감을 심어준다는 의미가 있으니 말이다. 나는 불안감을 반영하는 구글 검색 자료를 살폈다. 2004년부터 유럽과 미국에 대규모 테러 공격이 일어난 이후 며칠, 몇 주, 몇 달간 한 나라에서 이러한 검색이 얼마나 이뤄졌는지 관찰했다. 불안감과 관련된 검색은 평균적으로 얼마나 늘어났을까? 늘어나지 않았다. 전혀.

사람들이 주로 슬플 때 농담을 검색한다고 생각하는가?[16] 역사에 남은 위대한 사상가들은 유머가 고통의 배출 장치라고 주장했다. 오랫동안 유머는 삶의 좌절, 고통, 불가피한 실망에 대처하는 방법으로 여겨졌다. 찰리 채플린Charlie Chaplin의 표현대로라면 "웃음은 소화제이고 안정제이며 진통제다".

그렇지만 농담의 검색 빈도는 사람들이 가장 기분이 안 좋다고 말하는 월요일에 가장 낮다. 흐리거나 비가 오는 날에도 마찬가지다. 2013년 보스턴 마라톤에서 폭탄 두 개가 터지면서 세 명이 사망하고 수백 명이 다친 것 같은 비극적인 사건이 일어난 직후에는 농담 검색률이 급격히 떨어졌다. 사람들은 인생이 잘 풀리지 않을 때보다 일이 잘 풀릴 때 더 자주 농담을 찾는다.

때로 새로운 데이터세트는 내가 고려조차 해보지 않은 행동, 욕망, 걱정을 보여준다. 수많은 성적 성향이 이 범주에 속한다. 예를 들어 인도에서는 '남편이 ……를 원해요'라는 형태의 문장 중 가장 많이 검색된 것이 '남편이 젖을 먹여주길 원해요'라는 것을 아는가?[17] 이런 언급은 다른 나라보다 인도에서 훨씬 더 일반적이다. 더구나 여성이 남성에게 젖을 먹이는 행위를 묘사하는 포르노 검색은 다른 나라에 비해 인도와 방글라데시에서 네 배 많다.[18] 데이터를 보기 전까지는 생각조차 못해본 내용이다.

남성들이 성기 크기에 집착한다는 사실은 그리 놀랍지 않지만, 여성들이 몸매에 관해 구글에 표현하는 불안감은 실로 놀랍다. 이 새로운 데이터를 바탕으로 보면, 성기 크기에 대한 걱정의 여성 버전은 질에서 냄새가 나는가에 대한 걱정이다. 여성들은 검색창에 남성들만큼이나 자주 생식기 관련 고민을 표현한다.[19] 여성들의 가장 큰 고민은 냄새와 그 개선법이다. 데이터를 보기 전에는 전혀 알지 못했던 일이다.

때로 새로운 데이터는 생각도 못해본 문화적 차이를 드러낸다. 전 세계 남성들이 아내의 임신에 대응하는 다양한 방법도 그 한 예다. 멕시코에서는 '아내의 임신'에 관해 검색할 때 '임신한 아내에게 표현할 사랑의 문구'와 '임신한 아내를 위한 시'라는 말이 가장 많이 등장했다.[20] 미국에서는 '아내가 임신했어요. 이제 어쩌면 좋아요?'와 '아내가 임신했어요. 제가 뭘 해야 하죠?'라는 말이 가장 많았다.

이 책에 특이한 사실이나 일회적인 연구가 많이 등장하긴 하지만 단순히 그런 것들을 모아놓은 것만은 아니다. 이러한 방법론은 매우 새롭고 앞으로 계속 세력을 확장해나갈 것이기 때문에, 이 방법론이 어떻게 작용하고 어떤 점이 그렇게나 획기적인지에 관한 아이디어를 소개할 것이다. 또한 나는 빅데이터의 한계도 인정할 것이다.

데이터 혁명의 잠재력을 향한 열광 중에는 잘못된 것도 많다. 그 대부분은 이런 데이터세트로 엄청난 것을 얻을 수 있다는, 진실성이 결여된 찬사에 현혹된 결과다. 데이터세트의 크기에 대한 집착은 새롭지 않다. 구글, 아마존, 페이스북 이전에, '빅데이터'라는 말이 존재하기도 전에, 텍사스 댈러스에서 '크고 복합적인 데이터세트Large and Complex Datasets'에 관한 콘퍼런스가 열렸다. 나와 구글에서 함께 일했던 동료이자 스탠퍼드대학교 통계학 교수인 제리 프리드먼Jerry Friedman은 1977년에 열린 그 콘퍼런스를 이렇게 회상한다.[21] 한 저명한 통계학자가 일어서서 이야기했다. 그는 놀랍게도 데이터를 5기가바이트나 모았다고 설명했다. 다른 저명한 통계학자는 "앞서의 연사는 기가바이트를 얘기했지만 그건 아무것도 아닙니다. 저는 테라바이트를 모았습니다"라고 말했다. 달리 말해 얼마나 많은 정보를 축적할 수 있는지가 요점이었고 그 정보로 무엇을 하고자 하는지, 어떤 의문에 대한 답을 구할 생각인지는 논외였다. 프리드먼은 이렇게 말했다. "당시에는 그런 이야기가 아주 흥미롭다고 생각했지. 감탄해야 하는 대상은 데이터세트가 얼마나 큰가였으니까. 그런 일은 지금도 일어나."

오늘날 너무나 많은 데이터과학자가 거대한 데이터세트를 모으면서 닉스가 뉴욕에서 인기 있다는 따위의 전혀 중요하지 않은 이야기를 떠벌린다. 너무나 많은 기업이 데이터 속에서 헤매고 있다. 그들은 엄청난 규모의 정보를 가지고도 정작 중요한 통찰은 찾지 못하고 있다. 나는 데이터세트의 크기가 과대평가될 때가 많다고 생각한다. 여기에 미묘하지만 중요한 설명을 덧붙여보자. 영향력이 클수록 조금만 관찰해도 그것을 확인할 수 있다. 뜨거운 난로는 한 번만 건드려봐도 위험하다는 것을 알 수 있다. 반면 커피가 두통을 일으키는지 판단하려면 커피를 수천 잔 마셔야 한다. 어떤 가르침이 더 중요할까? 당연히 충격의 강도가 세서 아주 적은 데이터로도 바로 드러나는 뜨거운 난로 쪽이다.

사실 영리한 빅데이터 기업들은 종종 데이터를 줄인다. 구글은 모든 데이터 중에서 작은 샘플링을 바탕으로 중요한 결정을 내린다.[22] 데이터가 엄청나게 많아야 중요한 통찰을 발견할 수 있는 것은 아니다. 필요한 것은 적절한 데이터다. 구글 검색이 그토록 귀중한 가장 큰 이유는 데이터가 많기 때문이 아니라 사람들이 솔직한 생각을 내놓기 때문이다. 사람들은 친구, 연인, 의사, 설문조사원은 물론 자기 자신에게도 거짓말을 한다. 하지만 구글에서는 섹스 없는 결혼생활, 정신건강 문제, 불안감, 흑인을 향한 적대감에 관해 다른 곳에서는 내놓기 힘든 정보를 공유한다.

빅데이터에서 통찰을 얻어내려면 무엇보다 적절한 질문이 중요하다. 밤하늘 아무 곳을 향해 망원경을 들이댄다고 해서 명왕성을 발견할 수 없듯 엄청난 데이터를 다운로드한다고 해서 인간 본성의 비밀을 발견할 수 있는 것은 아니다. 유망한 곳을 봐야 한다. 예를 들어 인도에서 '남편이 ……를 원해요'라는 구글 검색을 조사하듯.

이 책은 빅데이터를 가장 잘 이용하는 방법이 무엇인지, 빅데이터가 왜 그렇게 강력한지 자세히 설명한다. 그 과정을 따라가다 보면 나를 비롯한 여러 연구자가 빅데이터를 통해 무엇을 발견했는지도 알게 될 것이다. 그 내용은 다음과 같다.

- 남성 중 동성애자가 얼마나 많은가?
- 광고는 효과가 있는가?
- 아메리칸 파로아American Pharoah가 왜 위대한 경주마였나?
- 언론은 편향되어 있는가?
- 프로이트의 말실수Freudian Slip(속마음이 말실수로 드러나는 것-옮긴이)는 진실인가?
- 누가 탈세를 하는가?
- 어떤 대학에 가는지가 중요한 문제인가?
- 주식시장을 예측할 수 있는가?
- 아이를 키우기에 가장 좋은 곳은 어디인가?
- 무엇이 입소문을 만드는가?
- 두 번째 데이트를 원한다면 첫 번째 데이트에서 어떤 이야기를 나눠야 하는가?

이 밖에도 엄청나게 많은 것들이 발견되었다.

하지만 이런 이야기로 나아가기 전에 우선 더 기본적인 문제를 논의해야 한다. 우리에게 왜 데이터가 필요할까? 이 질문에 답하기 위해 우리 할머니를 소개하겠다.

# 1부
# 빅데이터와 스몰데이터

# Everybody Lies

# 1장

# 직감은 불완전하다

나이가 서른셋이고 추수감사절 저녁식사에 몇 년째 내리 파트너 없이 참석하다 보면, 짝을 고르는 문제로 잔소리를 듣게 마련이다. 다들 저마다의 의견을 앞다퉈 내놓는다.

"세스한테는 자기처럼 사차원인 여자가 필요하다고." 누나가 말한다.

"말도 안 되는 소리! 여자가 정상이어야 형이랑 균형이 맞지." 남동생이 말한다.

"세스는 사차원 아니야." 어머니가 말한다.

"당신 제정신이야? 다른 건 몰라도 세스가 사차원인 것만은 확실해." 아버지가 말한다.

그러다 늘 조용조용 말씀하시는 할머니가 식사 내내 다물고 있던 입을 뗀다. 크고 공격적인 뉴욕 스타일의 목소리가 잠잠해지면서 모두의 눈길이 짧은 노랑머리에 아직도 동유럽 억양이 남아 있는 자그마한 노부인에게 집중된다. "얘야, 너에게는 참한 여자가 필요하다. 화려한 외모는 안 되고, 아주 똑 부러지는 아이여야 해. 사람들과 잘 어울리고 사교적인 여자여야 잘 살 수 있다. 유머감각도 있어야 할 거야. 네가 유머감각이 꽤 있는 아이니까."

왜 가족들은 할머니의 조언에 귀 기울이고 할머니의 말을 존중하는 것일까? 여든여덟 살인 우리 할머니는 식탁에 앉은 다른 누구보다 많은 것을 봐왔다. 할머니는 많은 결혼생활을 지켜봤다. 많은 성공적인 결혼과 그렇지 못한 결혼을 말이다. 그날 추수감사절 저녁 식탁에 앉은 할머니는 결혼 문제에 접근할 수 있는 수많은 데이터 포인트data point(데이터 안에서 규명할 수 있는 요소 - 옮긴이)를 갖고 있었다. 할머니는 곧 빅데이터다.

나는 이 책을 통해 사람들이 '데이터과학'에 관해 가지고 있는 신화를 깨뜨리고 데이터과학이 무엇인지 확실하게 알리고 싶다. 좋든 싫든 데이터는 우리 모두의 삶에서 중요한 역할을 맡고 있으며, 그 역할은 갈수록 커지고 있다. 신문은 한 지면 전체를 데이터에 할애하고 있다. 기업들은 데이터 분석 전담팀을 두고 있다. 투자자들은 많은 데이터를 비축할 줄 아는 곳이라면 신생 기업에도 수천만 달러씩을 내준다. 꼭 회귀분석을 하거나 신뢰구간 계산법을 배우는 사람이 아니더라도 우리는 책을 읽는 도중에, 회의실에서, 회사에 도는 소문 속에서 많은 데이터를 접한다.

많은 사람이 이런 식의 전개에 불안해한다. 데이터 때문에 겁을 먹고, 숫자로 이뤄진 세상을 만나면 금세 혼란에 빠져 어찌할 줄 모른다. 사람들은 좌뇌가 발달한 선택받은 소수의 영재들이나 세상을 정량적으로 이해할 수 있다고 생각한다. 사람들은 숫자와 마주치자마자 페이지를 넘기고, 회의를 끝내고, 말을 돌린다.

나는 10년 동안 데이터를 분석해왔고 이 분야의 정상에 있는 많은 사람들과 일하는 행운을 누렸다. 그 과정에서 좋은 데이터과학은 생각만큼 복잡하지 않다는 점을 배웠다. 최고의 데이터과학은 사실 놀랄 만큼 직관적이다.[1]

　무엇이 데이터과학을 직관적으로 만들까? 데이터과학의 본질은 패턴을 알아차리고 하나의 변수가 다른 변수에 어떤 영향을 줄지 예측하는 데 있다. 사실 사람들은 늘 이런 일을 하며 산다.

　할머니가 내게 인간관계에 관해 조언한 과정을 자세히 들여다보자. 할머니는 100년에 가까운 한평생 동안 가족, 친구, 지인에게서 들은 이야기를 머릿속에 저장해 만든 거대한 인간관계 데이터베이스를 이용했다. 할머니는 나와 비슷한 특성(세심한 기질, 사교성 부족, 유머감각)을 가졌던 남성의 인간관계로 표본을 제한해서 분석했다. 할머니는 상대 여성의 주요 특성(친절한지, 똑똑한지, 예쁜지)에 집중했고, 그 특성을 해당 관계의 주요 특성(좋은 관계인지 아닌지)과 연관 지었다. 마지막으로 할머니는 결과를 알렸다. 달리 말해 할머니는 패턴을 확인하고 어떤 변수가 다른 변수에 어떻게 영향을 줄지 예측했다. 할머니는 데이터과학자다.

　당신 역시 데이터과학자다. 어린 시절 당신은 울기만 하면 엄마의 주의를 끌 수 있다는 것을 알아차렸다. 이것이 데이터과학이다. 어른이 되자 당신은 불평을 많이 하면 사람들이 멀어진다는 것을 알게 됐다. 이것 역시 데이터과학이다. 사람들과 어울리지 못하면 그리 행복하지 않다는 것도 알게 됐다. 행복하지 못하면 사람들을 우호적으로 대하지 못한다. 사람들에게 우호적이지 않으면 사람들은 당신과 어울리는 것을 더 꺼린다. 모두가 데이터과학이다.

데이터과학은 너무나 당연하고 자연스럽기 때문에 제대로 된 빅데이터 연구라면 보통 사람 누구나 이해할 수 있다. 연구가 이해되지 않는다면 문제는 당신이 아니라 그 연구에 있다.

훌륭한 데이터과학이 직관적이라는 데 증거가 필요한가? 나는 지난 몇 년간 이뤄진 연구 중에 가장 중요하다고 생각되는 한 연구를 최근 우연히 발견했다. 내가 그때껏 본 연구 중에 가장 직관적이기도 했다. 연구의 중요성에 대해서만 생각하지 말고 연구가 얼마나 자연스러운지, 우리 할머니의 생각과 얼마나 비슷한지도 생각해보길 바란다.

이 연구는 컬럼비아대학교와 마이크로소프트Microsoft 연구팀이 주관했다. 그들은 췌장암을 예견하는 징후를 찾고자 했다.[2] 췌장암은 5년 생존율이 약 3퍼센트로 매우 낮지만 조기에 발견하면 생존율을 두 배까지 높일 수 있다.

연구자들은 어떤 방법을 썼을까? 그들은 마이크로소프트 검색엔진인 빙Bing을 쓰는 익명의 사용자 수만 명의 데이터를 이용했다. 그들은 '방금 췌장암 진단을 받았어요'나 '췌장암에 걸렸다는 이야기를 들었습니다. 앞으로 어떤 일이 일어나나요?'처럼 명확한 검색어를 근거로, 이런 검색을 한 사용자를 최근에 췌장암 진단을 받은 사람으로 코드화했다.

다음으로 연구자들은 건강과 관련된 증상에 대한 검색어를 조사했다. 그러고는 차후 췌장암 진단을 받았다고 보고한 소수의 사용자들을 그러지 않은 사람들과 비교했다. 달리 말해 몇 주 또는 몇 달 동안의 어떠한 증상이 그 사용자가 췌장암 진단을 받을 징조인지 확인한 것이다.

결과는 놀라웠다. 허리 통증과 피부 황달이 췌장암의 징후로 드러났다. 허리 통증을 검색한 것만으로는 췌장암일 가능성이 낮았다. 마찬가지로 소화불량이나 복부 통증에 대한 검색은 췌장암의 증거였지만, 복부 통증 없는 단순 소화불량을 검색한 사람은 췌장암일 가능성이 낮았다. 연구자들은 위양성false positive(병에 걸리지 않았는데 걸렸다고 잘못 판단한 경우 - 옮긴이)이 거의 없는 5~15퍼센트의 사례를 확인할 수 있었다. 이 수치가 대단치 않게 들릴지 모르지만 생존율을 두 배로 늘릴 수 있는 가능성이 10퍼센트 생겼다면 췌장암에 걸린 환자에게는 큰 횡재처럼 느껴질 것이다.

이 연구를 자세히 설명한 논문은 비전문가들이 완벽하게 이해하기 어려울 것이다. 여기에는 콜모고로프-스미르노프 검정Kolmogorov-Smirnov test(모델이 데이터에 적합한가를 결정하는 방법)처럼 나조차 뜻이 기억나지 않는 기술적인 전문용어가 많다.

그렇지만 이 놀라운 연구가 가장 본질적인 수준에서 얼마나 자연스럽고 직관적인지에 주목해야 한다. 연구자들은 다양한 의료 사례를 조사하고 증상을 특정 질환과 연결하기 위해 노력했다. 누군가에게 질환이 있는지 파악하고자 할 때 누가 이런 방법을 쓰는지 이미 알고 있지 않은가? 남편과 아내, 어머니와 아버지, 간호사와 의사가 그렇게 한다. 그들은 경험과 지식에 근거해서 열, 두통, 콧물, 복통을 다양한 질환과 연결한다. 다시 말해 컬럼비아대학교와 마이크로소프트 연구자들은 건강을 진단할 때 누구나 사용하는 자연스럽고 명백한 방법론을 이용해서 획기적인 연구 논문을 써냈다.

하지만 잠깐. 여기에서 잠시 속도를 늦추자. 내가 주장한 대로 최고의 데이터과학이 대부분 자연스럽고 직관적인 방법론을 사용한다면, 빅데이터의 가치에 관한 본질적인 의문이 하나 대두된다. 인간이 선천적으로 데이터과학자라면, 그리고 데이터과학이 직관적이라면, 우리에게 왜 컴퓨터와 통계 소프트웨어가 필요한 걸까? 콜모고로프-스미르노프 검정이 왜 필요한 걸까? 그냥 직관을 이용하면 되지 않나? 할머니나 간호사와 의사가 하듯이 하면 되지 않을까?

이런 논란은 인간의 직감이 가진 마력을 극찬한 맬컴 글래드웰Malcolm Gladwell의 베스트셀러 《블링크Blink》가 출간된 이후 격화됐다. 글래드웰은 오로지 직감에 의지해서 조각상이 진품인지, 테니스 선수가 공을 치기 전에 서브 범실이 나올지, 고객이 얼마를 지불하려 할지를 가릴 수 있는 사람들의 이야기를 꺼낸다. 《블링크》에 등장하는 영웅들은 회귀분석을 하지도, 신뢰구간을 계산하지도, 콜모고로프-스미르노프 검정을 하지도 않는다. 하지만 그들은 비범한 예측을 해낸다. 많은 사람이 직관을 옹호하는 글래드웰의 입장을 직관적으로 지지한다. 그들은 자신의 직감과 느낌을 신뢰한다. 《블링크》 팬들은 컴퓨터의 도움 없이 인간관계에 관해 조언하는 우리 할머니의 지혜를 찬양할 것이다. 《블링크》 팬들은 이 책에서 소개하는 컴퓨터를 이용한 연구를 그리 높이 사지 않을 것이다. 할머니 유형이 아닌 컴퓨터 유형의 빅데이터가 혁명이라고 말하려면, 빅데이터가 글래드웰이 지적했듯이 다른 조력 없이도 놀라운 결과를 내곤 하는 직관보다 더 강력함을 입증해야 한다.

컬럼비아대학교와 마이크로소프트의 연구는 엄정한 데이터과학과 컴퓨터가 우리의 직관만으로는 결코 발견할 수 없는 것들을 가르쳐준다는 명확한 사례를 제공한다. 이는 데이터세트의 크기가 중요하다는 주장의 근거 사례이기도 하다. 조력 없이 직감에 의지하기에는 경험이 불충분할 때가 있다. 당신이 소화불량에 뒤이어 찾아온 복통과 소화불량만 있는 사례의 차이를 파악할 만큼 췌장암 환자를 충분히 봤을 가능성은 낮다. 당신의 친구나 가족도 마찬가지일 것이다. 실제로 빙의 데이터세트가 더 커질수록 연구자들은 의사들도 놓칠 수 있는 증상의 타이밍에 미묘한 패턴을 더 많이 포착할 수밖에 없다.

더구나 직감은 세상이 어떻게 돌아가는지 큰 그림을 파악할 수 있게 해주기는 하지만 늘 정확하지는 않다. 그림을 다듬으려면 데이터가 필요하다. 예를 들어 날씨가 기분에 끼치는 영향에 관해 생각해보자. 사람들은 대개 기온이 10도인 날보다 영하 10도인 날에 더 우울할 거라고 짐작한다. 맞다. 하지만 온도 차이가 얼마나 큰 영향을 끼칠지는 짐작하지 못할 것이다. 나는 한 지역의 우울감에 관한 구글 검색과 경제적 조건, 교육 수준, 교회 출석률을 비롯한 다양한 요인의 상관관계를 조사했다. 겨울 날씨가 다른 모든 요인을 압도했다.[3] 겨울에는 하와이주 호놀룰루처럼 기후가 따뜻한 곳에서 우울에 관한 검색이 일리노이주 시카고처럼 추운 곳에서보다 40퍼센트 적었다. 이 영향은 얼마나 대단할까? 아무리 낙관적으로 보더라도 가장 효과적인 항우울제는 우울감의 발생을 약 20퍼센트 떨어뜨린다. 구글의 수치로 판단하면 겨울 우울증에 시카고에서 호놀룰루로 이주하는 것이 약을 복용하는 것보다 적어도 두 배 효과적이다.*

면밀한 컴퓨터 분석의 안내를 받지 않은 직관은 때로 완전히 틀리기도 한다. 자신의 경험과 편견으로 눈이 멀 때가 있기 때문이다. 우리 할머니는 수십 년에 걸친 경험을 활용해서 인간관계에 관해 다른 가족들보다 좋은 조언을 해주실 수는 있지만, 할머니 역시 무엇이 관계를 오래가게 하는가에 대해서는 견해가 조금 모호하다. 예를 들어 할머니는 부부에게 공통의 친구가 있는 것이 중요하다고 강조하시곤 한다. 할머니는 이것이 결혼생활을 유지하는 데 중요한 요인이라고 믿는다. 따뜻한 저녁이면 할머니는 할아버지와 뉴욕주 퀸스에 있는 집 작은 뒷마당에서 야외용 의자에 앉아 친한 이웃들과 담소를 나눈다.

그렇지만 할머니를 배신할 위험을 무릅쓰고 말하건대, 데이터 과학은 할머니의 이론이 틀렸다는 것을 보여준다. 최근 한 컴퓨터과학 연구진이 인간관계에 관한 사상 최대의 데이터세트인 페이스북

---

* 고백하자면 나는 이 연구를 마친 직후 캘리포니아에서 뉴욕으로 이주했다. 데이터를 이용해서 뭘 해야 할지를 배우기는 쉽지만 실천은 힘든 법이다.

을 분석했다.[4] 그들은 특정 시점에 '연애 중'인 많은 커플을 관찰했는데 이 커플 중 일부는 '연애 중' 상태를 유지했고 일부는 '애인 없음'으로 상태를 바꿨다. 이 연구자들은 공통의 친한 친구들이라는 존재가 '관계가 지속되지 않을 것'을 예견하는 강력한 예측변수임을 발견했다. 애인과 함께 같은 소그룹의 사람들과 매일 밤 어울리는 것은 관계 유지에 좋지 않다. 오히려 서로 다른 사교집단을 만나는 편이 관계를 굳건하게 하는 데 도움이 될 수 있다.

보다시피 컴퓨터에서 멀찌감치 떨어져서 직감을 따랐을 때 우리의 직관은 놀라운 일을 할 수도 있지만 실수할 수도 있다. 할머니가 인지의 함정에 빠졌을 수도 있다. 우리에게는 자신의 경험이 가진 타당성을 과장하는 경향이 있기 때문이다. 데이터과학자들이 쓰는 말로 하자면, 우리는 '자신의 데이터에 비중'을 둔다. 우리는 특정 데이터 포인트, 곧 우리 자신에게 지나치게 큰 비중을 둔다.

할머니는 할아버지를 비롯한 친구들과 저녁나절 한담을 즐기는 데 너무 정신이 팔린 나머지 다른 커플들에 관해서는 충분히 생각하지 않았다. 할머니는 시동생과 그 아내가 거의 매일 밤 같은 모임의 친구들과 수다를 떨곤 했지만 자주 싸우다가 결국 이혼했다는 사실을 전혀 고려하지 않았다. 할머니는 우리 부모나 고모 부부를 전혀 생각하지 않았다. 우리 부모는 매일 밤 각자 다른 일(아버지는 친구들과 재즈 클럽에 가거나 운동 경기를 관람하고 어머니는 친구들과 식당이나 극장에 간다)을 하지만 행복한 결혼생활을 하고 있다.

또한 인간은 극적인 것에 강한 흥미를 느끼기 때문에 직감에 의

지하면 판단이 흔들릴 수 있다. 우리는 기억에 강하게 남는 이야기의 소재가 꽤 일반적이라고 과대평가한다. 예를 들어 설문조사에서 사람들은 천식보다 토네이도를 더 흔한 사망 원인으로 평가한다.[5] 실제로는 천식의 사망률이 토네이도보다 70배 높다.[6] 천식으로 인한 사망은 눈에 띄지 않는다. 따라서 뉴스거리가 되지 않는다. 토네이도로 인한 사망은 눈에 띈다.

들은 것이나 개인적인 경험에만 의존하면 세상이 어떻게 돌아가는지에 관해 틀리게 생각하기 쉽다. 좋은 데이터과학의 방법론은 직관적이지만, 그 결과는 직관에 반할 때가 많다. 데이터과학은 자연적이고 직관적인 인간의 행위에 따라 패턴을 발견하고 이해하는 과정을 거친다. 그러고는 이를 한층 강화시켜 우리에게 세상이 우리 생각과는 완전히 다른 방식으로 돌아간다는 점을 보여준다. 어떤 사람이 농구선수로 성공을 거둘지 예측하는 사람들에 관해 연구할 때 바로 이런 일이 일어났다.

어린 시절 나에게는 꿈이 있었다. 단 하나의 꿈이었다. 커서 경제학자이자 데이터과학자가 되고 싶었다. 농담이다. 나는 프로 농구선수가 되어 나의 영웅, 뉴욕 닉스의 올스타 센터 패트릭 유잉 Patrick Ewing의 발자취를 따르기를 간절히 원했다.[7]

모든 데이터과학자에게는 왜 어린 시절 꿈이 이뤄지지 않았는지를 알아내려고 노력하는 내면아이가 있지 않을까 하는 생각을 가끔 한다. 그러니 내가 최근에 NBA 선수가 되는 데 무엇이 필요한지

조사한 것도 놀랄 일은 아니다. 하지만 결과는 놀라웠다. 조사 결과는 좋은 데이터과학이 세상을 보는 시각을 어떻게 바꿀 수 있는지, 숫자가 얼마나 직관에 반할 수 있는지를 다시 한번 입증해줬다.

내가 조사한 질문은 이것이었다. 가난한 가정 출신과 중산층 가정 출신 중 NBA에서 성공할 가능성은 어느 쪽이 더 높을까?

대부분의 사람들이 가난하게 자란 선수가 성공 확률이 높을 것으로 짐작한다. 통념에 따르면 홀어머니나 10대 미혼모 밑에서 어렵게 성장하면 경쟁이 치열한 스포츠에서 최고 수준에 오르는 데 필요한 투지를 키울 수 있다.

필라델피아에 있는 고등학교 농구 코치인 윌리엄 엘러비William Ellerbee는 《스포츠 일러스트레이티드Sports Illustrated》와 인터뷰하면서 이러한 견해를 밝혔다. "교외에 사는 중산층 가정의 자녀들은 재미로 운동을 합니다. 하지만 도심 빈민 지역의 아이들은 농구를 사느냐 죽느냐의 문제로 봅니다."[8] 나는 뉴저지 교외에서 부모님 밑에서 성장했다. 내 세대 최고의 선수였던 르브론 제임스LeBron James는 오하이오주 애크론에 사는 열여섯 살 난 미혼모에게서 태어나 가난하게 성장했다.

내가 실시한 인터넷 설문조사에서 미국인 대다수는 엘러비 코치나 나와 비슷하게 생각하고 있었다.[9] NBA 선수 대부분이 가난하게 성장했다고 말이다. 이런 통념이 맞을까?

데이터를 살펴보자. NBA 선수들의 사회경제적 지위에 관해서는 포괄적인 데이터 정보원이 존재하지 않는다. 하지만 데이터 탐정이 되어 다양한 정보원의 데이터를 이용하면 NBA 선수를 만드는 데 가장 도움이 되는 가정환경을 알아낼 수 있다(나는 바스켓볼레퍼런스닷컴basketball-reference.com, 앤시스트리닷컴ancestry.com, 미국인구총조사U.S. Census 등을 활용했다). 당신도 알게 되겠지만 이런 연구는 다양한 데이터 정보원을 이용한다. 어떤 것은 크고, 어떤 것은 작고, 어떤 것은 온라인이고, 어떤 것은 오프라인이다.

좋은 데이터과학자는 도움이 된다면 새로운 디지털 정보원들만큼이나 흥미로운 구식 정보원을 찾아보는 일을 마다하지 않는다. 적절한 답에 이르는 최선의 길은 이용 가능한 모든 데이터를 갖추는 것이기 때문이다.

첫 번째로 점검한 관련 데이터는 모든 선수의 출생지였다. 나는 미국의 모든 카운티에서 1980년대에 얼마나 많은 흑인과 백인이 태어났는지를 기록했다. 다음으로 그중 NBA에 진출한 사람이 얼마나 많은지를 기록해 이것을 해당 카운티의 가구 평균소득과 비교했다. 또한 나는 그 카운티의 인종별 인구통계를 통제했다. 왜냐하면 흑인은 백인보다 NBA에 진출할 확률이 약 40배 높기 때문이다(이는 이 책의 주제와는 완전히 다른 영역의 내용이다).

데이터는 부유한 카운티에서 태어났을 때 NBA에 진출할 확률이 훨씬 높다고 말해줬다. 미국에서 가장 부유한 카운티 중 한 곳에서 태어난 흑인 아이는 가장 가난한 카운티에서 태어난 흑인 아이에 비해 NBA에 진출할 가능성이 두 배 이상 높다. 백인 아이의 경우, 부유한 카운티에서 태어난 아이가 가난한 카운티에서 태어난 아이보다 NBA에 진출할 확률이 60퍼센트 높다.

이는 통념과 반대로 가난한 사람이 NBA에 적게 진출해 있다는 사실을 보여준다. 그렇지만 이 데이터는 완벽하지 않다. 뉴욕의 맨해튼처럼 미국의 많은 부유한 카운티에는 할렘 같은 가난한 지역도 있기 때문이다. 따라서 어린 시절의 어려운 환경이 NBA에서 성공하는 데 도움이 될 가능성은 여전히 남아 있다. 우리에게는 더 많은 단서와 데이터가 필요하다.

그래서 나는 NBA 선수들의 가정환경을 조사했다. 이 정보는 보도기사와 소셜네트워크에서 찾았다. 이 방법에는 시간이 많이 들기 때문에 나는 분석 범위를 1980년대에 태어난 흑인 NBA 선수 중 득점 순위가 100위까지인 선수로 제한했다. 미국의 평범한 흑인과 비교했을 때 NBA 슈퍼스타들은 10대 엄마나 미혼모에게서 태어났을 가능성이 약 30퍼센트 낮았다. 다시 말해 최고의 흑인 NBA 선수들에게 편안한 가정환경은 성공에 큰 이점으로 작용했다.

그렇긴 하지만 카운티 수준의 출생 자료도, 한정된 표본 선수들의 가정환경도 모든 NBA 선수의 어린 시절에 관한 완벽한 정보가 되지는 못한다. 따라서 나는 양친이 있는 중산층 가정이 홀어머니나 홀아버지가 부양하는 가난한 가정보다 더 많은 NBA 스타를 배출한다고 확신하지는 못한다. 이 문제에 관한 데이터가 많아질수록 더 나은 결과를 얻을 것이다.

이후 나는 출신 배경에 관한 단서를 제공하는 데이터 포인트를 하나 더 기억해냈다. 두 경제학자 롤런드 프라이어Roland Fryer와 스티븐 레빗Steven Levitt의 논문에는 흑인의 이름이 사회경제적 배경을 암시한다는 내용이 있다. [10] 프라이어와 레빗은 1980년대 캘리포니아주의 출생증명서를 연구해 아프리카계 미국인 중 가난하고 교육을 많이 받지 못한 미혼모가 아이들에게 붙이는 이름이 교육 수준이 높은 중산층의 부모들이 붙이는 이름과 다르다는 것을 발견했다.

부유한 배경의 아이들은 케빈, 크리스, 존 같은 평범한 이름을 얻는 경우가 많다. 그런데 저소득 주택단지의 어려운 가정 아이들은 노숀, 유닉, 브리언셰이 같은 독특한 이름을 얻는 경향이 있다. 가난한 지역에서 태어난 아프리카계 미국인 어린이는 같은 해에 태어난 다른 아이들과 겹치지 않는 이름을 갖는 경우가 거의 두 배 많다.

그렇다면 흑인 NBA 선수들의 이름은 어떨까? 그들의 이름은 중산층 흑인에 가까운가 아니면 가난한 흑인에 가까운가? 같은 시기에 캘리포니아주에서 태어난 NBA 선수 중 이름이 독특한 비율은 평범한 흑인 남성의 절반으로 유의미한 통계적 차이를 보였다.

주위에 NBA가 빈민가 출신 아이들의 리그라고 생각하는 사람이 있는가? 그에게 라디오로 농구 중계를 자세히 들어보라고 말하라. 러셀이 드와이트를 뚫고 드리블을 해서 조시가 뻗은 팔 사이로 공을 보내 기다리고 있는 케빈의 손에 넘겨주려 한다는 이야기가 얼마나 자주 들리는지 이야기하라. NBA가 정말 가난한 흑인들로 채워진 리그라면 르브론 같은 독특한 이름이 중계에 더 많이 등장할 것이다.

지금까지 우리는 출생한 카운티, 상위 득점자 어머니의 혼인 여부, 선수의 이름, 이렇게 세 가지 다른 증거를 수집했다. 어떤 정보원도 완벽하지는 않다. 하지만 세 가지 모두가 같은 이야기로 모인다. 더 나은 사회경제적 지위가 NBA에서 더 높은 성공 가능성을 의미한다는 것이다. 통념이 틀렸다!

1980년대에 태어난 전체 아프리카계 미국인 중 약 60퍼센트가 미혼 부모 밑에서 태어났다.[11] 하지만 나의 추정에 따르면 그 10년 사이에 태어난 아프리카계 미국인으로 NBA에 진출한 사람들은 대부분이 기혼 부모 사이에서 태어났다. 다시 말해 NBA는 르브론 제임스와 같은 배경을 가진 사람들이 주를 이루지 않는다. 텍사스에서 양친 밑에 성장하며 전자기기에 관심이 컸던 크리스 보시Chris Bosh 나 노스캐롤라이나주 루이스빌의 중산층 가정에서 둘째 아들로 태어나 2011년에 가족들과 함께 〈패밀리 퓨드Family Feud〉에 출연했던 크리스 폴Chris Paul 같은 사람들이 더 많다.[12]

데이터과학자의 목표는 세상을 이해하는 것이다. 직관과 어긋나는 결과를 얻으면 우리는 데이터과학을 이용해서 세상이 겉으로 보이는 것과 왜 다른지를 설명한다. 왜 중산층 사람이 가난한 사람보다 농구에서 우위를 점하는 것일까? 적어도 두 가지 설명이 가능하다.

첫째, 가난한 아이는 키가 덜 자라는 경향이 있다. 어린 시절의 건강 관리와 영양 섭취가 성인기 건강에 큰 역할을 한다는 것은 학자들이 이미 오래전에 밝힌 상식이다. 선진국 남성의 평균 키가 150년 전보다 약 10센티미터 커진 이유도 여기에 있다.[13] 데이터에 따르면 가난한 가정 출신의 미국인들은 어린 시절의 건강 관리와 영양 섭취가 부족하기 때문에 키가 작다.[14]

데이터를 통해서 키가 NBA 진출에 끼치는 영향에 관해서도 알수 있다. 큰 키가 농구선수에게 도움이 된다는 것은 의심할 필요도 없이 직관적으로 알 수 있는 일이다. 관람석에 앉아 있는 전형적인 팬들의 키와 코트에 선 전형적인 선수의 키를 비교해보라(NBA 선수의 평균 키는 약 2미터이고 미국 남성의 평균 키는 약 175센티미터다).[15]

키가 얼마나 중요할까? NBA 선수들은 때로 자신의 키를 조금씩 속이는 데다 미국 남성들의 신장 분포를 다룬 완벽한 목록은 없다. 하지만 신장 분포가 어떨지를 대강 수학적으로 추정하고 이를 NBA 선수들이 말하는 수치와 비교해보면 키의 영향이 엄청나다는 것을 쉽게 확인할 수 있다. 어쩌면 우리가 짐작하는 것보다 더 클수도 있다. 나는 키가 2.5센티미터 클 때마다 NBA에 진출할 가능성이 약 두 배가 된다고 추정한다. 180.5센티미터인 남성은 178센티미터인 남성보다 NBA에 갈 가능성이 거의 두 배 높다. 210.5센티미터인 남성은 208센티미터인 남성보다 NBA에 진출할 가능성이 거의 두 배 높다. 183센티미터가 되지 않는 남성이 NBA에 진출할 확률은 약 200만 분의 1이다. 나와 다른 사람들의 추정에 따르면 213센티미터가 넘는 남성이 NBA에 진출할 확률은 약 5분의 1이다.[16]

당신도 깨닫게 되겠지만 이 데이터는 NBA 스타 반열에 오르겠다는 나의 꿈이 왜 좌절됐는가를 명확하게 보여준다. 내가 교외에서 성장해서가 아니었다. 내 키가 175센티미터이고 백인이기 때문이었다(느린 것은 말할 것도 없다). 게다가 나는 게을렀다. 체력도 약했고 슈팅 자세도 끔찍했으며 공이 내 손에 들어올 때면 종종 공황 발작을 일으켰다.

열악한 환경에서 자란 소년들이 NBA에 진출하기 힘든 두 번째 이유는 특정 사회적 기술이 부족할 수 있기 때문이다. 경제학자들은 취학 아동 수천 명에 관한 데이터를 이용해 양친이 있는 중산층 가정이 평균적으로 사람을 신뢰하고, 절제력·인내력·집중력이 있고, 체계적인 아이들을 길러내기에 훨씬 좋은 조건이라는 것을 발견했다.[17]

그렇다면 사회적 기술의 부족이 어떻게 다른 조건은 전도유망한 농구선수의 경력을 망치는 것일까? 1990년대에 매우 재능 있는 농구 유망주였던 더그 렌Doug Wrenn의 이야기를 살펴보자. 그가 코네티컷대학교에 재학할 당시 미래의 NBA 올스타들을 훈련시켰던 코치 짐 캘훈Jim Calhoun은 렌이 그가 함께 운동해본 그 어떤 선수보다 높이 점프한다고 말했다.[18] 하지만 렌은 어려운 환경에서 성장했다.[19] 그는 시애틀에서 가장 범죄가 많은 지역인 블러드 앨리에서 미혼모 아래서 자랐다. 코네티컷대학교에서 그는 사람들과 끊임없이 충돌했다. 다른 선수들을 비웃고, 코치들에게 시비를 걸고, 팀의 규칙에 어긋나는 헐렁한 옷을 입었다. 위법 행위도 저질렀다. 상점에서 신발을 훔치다가 경관에게 체포된 것이다. 캘훈은 결국 그를 팀에서 방출했다.

렌은 워싱턴대학교에서 두 번째 기회를 얻었다. 하지만 그곳에서도 사람들과 잘 지내지 못했다. 경기 중 코치와 싸워 이 팀에서도 쫓겨났다. 렌은 NBA 드래프트에서 선발되지 못했고 하위 리그를 전전하다가 어머니의 집으로 들어갔고 결국 폭행죄로 수감됐다. 렌은 2009년 《시애틀타임스Seattle Times》에서 이렇게 말했다. "내 경력은 끝났습니다. 나의 꿈, 나의 포부는 끝장났습니다. 더그 렌은 죽었습니다. 그 농구선수, 그 녀석은 죽었습니다. 끝입니다."[20] 렌은 NBA 선수는 물론이고 위대한, 심지어는 전설적인 선수가 될 만한 자질을 갖고 있었다. 하지만 그의 기질은 대학 팀에도 머무를 수 없는 정도였다. 그가 안정적인 어린 시절을 보냈더라면 제2의 마이클 조던Michael Jordan이 됐을지도 모를 일이다.

마이클 조던 역시 수직 점프 능력이 엄청났다. 자존심도 강하고 경쟁심도 강했다. 한마디로 성격이 렌과 크게 다르지 않았다. 조던도 다루기 어려운 아이가 될 수 있었다.[21] 열두 살 때 그는 싸움을 일으켜 학교에서 쫓겨났다. 하지만 그에게는 렌에게 없는 한 가지가 있었다. 안정적인 중산층의 양육 환경이었다. 아버지는 제너럴일렉트릭General Electric의 장비 관리자였고 어머니는 은행원이었다. 그들은 아들이 농구선수로서 경력을 키워나가는 데 큰 도움을 줬다.[22]

사실 조던의 인생은 경쟁심 강하고 재능 있는 사람이 빠질 수 있는 함정에서 그를 구해준 가족의 이야기로 가득하다.[23] 조던이 학교에서 쫓겨나자 그의 어머니는 그를 데리고 직장에 나갔다. 조던은 주차장에 주차된 어머니의 차에 앉아서 책을 읽어야 했다. 시카고 불스Chicago Bulls에 드래프트된 이후 그의 부모와 형제들은 돌아가며 조던을 방문해서 명예와 돈에 따르는 유혹을 피하도록 도왔다.

조던의 경력은 렌처럼 《시애틀타임스》의 짧은 기사로 끝나지 않았다. 수백만 명이 지켜보는 앞에서 '농구 명예의 전당'에 입성하는 기념 연설로 끝이 났다.[24] 이 연설에서 조던은 "삶의 좋은 것들에 집중"하기 위해 노력했다고 말했다. "여러분도 아는 것이죠. 사람들이 당신을 어떻게 보는지, 당신이 그들을 어떻게 존중해야 하는지, 당신이 어떤 사람으로 여겨지는지 같은 것들 말입니다. 잠시 하던 일을 멈추고 당신이 어떻게 하고 있는지 생각해보십시오. 저는 이 모든 것을 부모에게서 얻었습니다."

데이터에 따르면 조던은 그의 말마따나 부모와 중산층이라는 자신의 배경에 고마워해야 한다. 넉넉하지 않은 가정과 환경에도 매우 뛰어난 재능을 가진 사람들이 있기는 하지만 그들은 NBA에 진출하지 못한다. 그것이 데이터가 우리에게 말해주는 사실이다. 그들에게는 유전자와 야망은 있었지만 농구계의 슈퍼스타가 될 만한 성품은 키우지 못했다.

우리의 직관과 달리 농구가 "사느냐 죽느냐의 문제"처럼 보일 정도로 절박한 상황에 처하는 것은 도움이 되지 않는다. 더그 렌의 사례가 이를 분명히 보여준다. 그리고 데이터도 이를 증명한다.

2013년 6월, 르브론 제임스는 NBA 챔피언전에서 두 번째 우승을 차지한 뒤 TV 인터뷰를 했다(그는 챔피언전에서 세 차례 우승했다).[25] "저는 르브론 제임스입니다. 오하이오주 애크론의 빈민가 출신이죠. 이 자리에 서리라는 생각조차 해보지 않았습니다." 트위터를 비롯한 소셜네트워크에는 비난이 쏟아졌다. 저런 엄청난 재능을 가진 사람이, 어린 나이에 농구계의 미래로 인정받은 사람이 어떻게 자신이 약자라고 주장할 수 있는가? 사실 어려운 환경에서 성장한 사람은 운동 기량과 상관없이 불리한 입장에 서게 된다. 다시 말해 제임스가 이룬 것은 처음에 보이는 것보다 훨씬 이례적으로 대단한 것이라는 얘기다. 데이터 역시 같은 이야기를 한다.

# 2부
# 빅데이터의 힘

# Everybody Lies

# 2장

## 프로이트가 옳았을까?

나는 최근 거리를 걸어가는 한 사람을 가리켜 penistrian이라고 쓴 것을 봤다. 눈치챘는가? pedestrian(보행자)이 아닌 penistrian이 다. 나는 사람들이 만드는 오자誤字들의 거대한 데이터세트 속에 서 이 단어를 발견했다. 어떤 사람이 누군가가 걸어가는 것을 보고 penis(성기)라는 단어를 쓴다. 그렇다면 여기에는 무슨 의미가 있을 까?

또 최근에 결혼식장에 들어가면서 바나나 먹는 꿈을 꿨다는 한 남자를 알게 됐다. 사람들이 꿈을 기록하는 앱의 거대한 데이터세트 안에서 발견한 것이다. 한 남자가 남근 형상을 한 과일을 먹으면서 여성과의 결혼을 상상한다. 여기에도 무슨 의미가 있을까?

지그문트 프로이트Sigmund Freud가 옳았던 걸까? 그의 이론이 처 음 대중의 주목을 받은 이래 이 질문에 대한 가장 솔직한 대답은 어 깨를 으쓱이는 반응일 것이다. 오스트리아 태생의 영국인 철학자 카 를 포퍼Karl Popper는 이에 대해 입장을 명확하게 밝혔다. 포퍼는 프로 이트의 이론에 반증 가능성이 없다고 주장한 것으로 유명하다. 이론 이 진실인지 거짓인지를 검증할 방법이 없기 때문이다.

프로이트라면 누군가 penistrian이라고 적으면서 억눌린 성적 욕구를 드러내고 있다고 말할 것이다. 당사자는 아무것도 아니라고 그저 pedaltrian처럼 아무 의미 없는 오타일 뿐이라고 반응할지 모른다. 귀에 걸면 귀걸이, 코에 걸면 코걸이인 상황이다. 프로이트는 결혼식에서 바나나 먹는 꿈을 꾼 남성에게 당신은 내밀하게 성기를 생각하고 있으며 그 꿈은 여성이 아닌 남성과 결혼하고자 하는 진짜 욕구를 드러내는 것이라고 말할지도 모른다. 그 남자는 그저 바나나 꿈을 꿨을 뿐이라고 말할 수 있다. 결혼식장에 걸어 들어가면서 사과를 먹는 꿈을 꿀 수도 있지 않은가? 이 역시 귀에 걸면 귀걸이, 코에 걸면 코걸이다. 프로이트의 이론을 실제로 검증할 방법은 없었다. 지금까지는 그랬다.

데이터과학은 프로이트 이론의 많은 부분을 반증 가능하게 만든다. 데이터과학은 그의 유명한 이론을 시험대에 올린다. 꿈속에서 등장하는 남근 상징부터 시작해보자. 꿈을 기록한 거대한 데이터 세트를 이용하면 남근을 상징하는 대상이 얼마나 자주 등장하는지 쉽게 알 수 있다. 음식은 이 연구의 초점으로 삼을 수 있는 좋은 소재다. 음식은 많은 꿈에 등장하며 바나나, 오이, 핫도그 등 많은 음식이 남근 형상을 하고 있다. 우리는 다른 음식보다 특정 음식이 나오는 꿈을 더 자주 꾸게 만드는 요인(얼마나 자주 그 음식을 먹는지, 사람들 대부분이 그 음식을 얼마나 맛있다고 생각하는지 그리고 그 음식이 정말로 남근을 상징하는지)을 측정할 수 있다.

사람들에게 인기 있는 두 가지 음식을 택한다. 단, 하나는 남근 모양이다. 이제 이 두 가지 음식이 꿈에 다른 빈도로 등장하는지 시험하면 된다. 남근 모양의 음식이 다른 음식보다 꿈에 자주 나오지 않는다면 남근 상징은 꿈에서 그렇게 의미 있는 요인이 아닐 것이다. 빅데이터 덕분에 프로이트 이론은 반증 가능해진다.

나는 꿈을 기록하는 앱인 섀도Shadow에서 데이터를 받았다. 그러고는 꿈 수만 개에 등장한 음식들을 코드화했다.

대체로 왜 우리는 특정 음식 꿈을 꿀까? 주요한 예측변수는 우리가 그 음식을 얼마나 자주 먹느냐다. 꿈에 가장 많이 나오는 물질은 물이다. 가장 많이 등장하는 음식은 닭고기, 빵, 샌드위치, 밥 등으로 모두 프로이트와는 관계가 없다.

꿈에 특정 음식이 얼마나 많이 나오느냐를 결정짓는 또 다른 변수는 사람들이 그것을 얼마나 맛있다고 생각하느냐다. 꿈에 가장 많이 등장하는 두 가지 음식은 프로이트 학설과는 거리가 멀지만 맛있는 음식으로 정평이 난 초콜릿과 피자다.

그렇다면 남근 형상을 한 음식은 어떨까? 그런 음식들은 놀랄 만큼 자주 꿈에 스며들까? 그렇지 않다.

바나나는 꿈에 두 번째로 자주 등장하는 과일이다. 그런데 바나나는 우리가 두 번째로 많이 먹는 과일이기도 하다. 따라서 바나나가 꿈에 자주 등장한다고 해서 굳이 프로이트를 들춰낼 필요는 없다. 오이는 꿈에 일곱 번째로 자주 등장하는 채소이자 일곱 번째로 많이 소비되는 채소다. 그러니 잠잘 때 오이가 자주 떠오르는 이유를 설명하기 위해 오이의 모양을 문제 삼을 필요가 없다. 핫도그는 햄버거보다 꿈에 나오는 빈도가 훨씬 낮다. 이는 사람들이 핫도그보다 햄버거를 더 자주 먹는다는 사실과 일치한다.

과일과 채소 전체에 걸쳐 회귀분석(사회과학자들이 다양한 요인의 영향을 따로 분리할 수 있게 해주는 방법)을 한 결과, 나는 특정 과일이나 채소가 남근 모양이라고 해서 자주 먹는 인기 순위로 예상되는 수준 이상으로 꿈에 등장할 가능성은 없다는 점을 발견했다.[1]

다음으로 '프로이트의 말실수Freudian slips'에 대해 생각해보자. 심리학자들은 우리가 말을 잘못하거나 글을 잘못 쓰는 방식으로 무의식적인 욕구(주로 성적인 욕구)를 드러낸다는 가설을 세웠다. 빅데이터를 이용해서 이를 시험할 수 있을까? 한 가지 방법이 있다. 우리의 말실수가 외설적인 방향으로 기우는지 확인하면 된다. 숨겨진 성적 욕망이 정말로 프로이트의 말실수로 슬쩍 드러나는 것이라면 penis(성기), cock(음경), sex(섹스) 같은 단어가 포함된 실수가 불균형적으로 많이 나타나야 할 것이다.

마이크로소프트 연구자들이 수집한 4만 개가 넘는 오타 데이터세트를 연구한 것도 이 때문이다.[2] 그 데이터세트에는 사람들이 실수를 하자마자 고친 것도 포함됐다. 이러한 타이핑 실수 수만 개에는 성적인 것이 대단히 많았다. 앞에서 언급한 penistrian도 있었고, 어떤 사람은 security(보안) 대신에 sexurity라고, rocks(바위) 대신에 cocks라고 쓰기도 했다. 하지만 성적인 것과 아무 연관이 없는 실수도 대단히 많았다. window(창문)를 pindow로, vegetable(채소)을 fegetable로, afternoons(오후)를 aftermoons로, refrigerators(냉

장고)를 refriderators라고 썼다.

그렇다면 성적인 실수가 특별히 많은가?

이를 시험하기 위해 우선 마이크로소프트 데이터세트를 이용해서 사람들이 얼마나 자주 특정한 문자를 실수로 바꿔 쓰는지에 관한 모델을 만들었다. 나는 사람들이 얼마나 자주 t를 s로, g를 h로 바꾸는지 계산했다. 이후 사람과 같은 방식으로 실수하는 컴퓨터 프로그램을 만들었다. 이 로봇을 에러봇Error Bot이라 부르자. 에러봇은 t를 s로, g를 h로 그리고 다른 알파벳들도 마이크로소프트 연구에서 사람들이 하는 실수와 같은 빈도로 바꿔 썼다. 나는 사람들이 잘못 쓴 단어들로 프로그램을 구동시켰다. 에러봇은 pedestrian, rocks, windows, refrigerator를 쓰려고 노력했지만 사람들과 똑같은 빈도로 r을 t로 잘못 써서 예컨대 rocks를 tocks라고 썼다. r과 c도 사람들과 같은 빈도로 바꿔 써서 rocks를 cocks로 썼다.

부주의한 보통 사람과 에러봇을 비교함으로써 무엇을 알 수 있을까? 에러봇은 사람들이 하는 것과 같은 방식으로 철자를 바꿔 쓰는 실수를 수백만 번 했고, 프로이트의 말실수에 해당하는 수많은 실수를 저질렀다. 에러봇은 seashell(조개껍데기)을 sexshell로 적었고 lipstick(립스틱)을 lipsdick(dick은 남성 성기 - 옮긴이)으로, luckiest(운이 무척 좋은)를 fuckiest(fuck은 성교하다 - 옮긴이)로 잘못 적었다. 요점은 이것이다. 무의식이라는 것이 당연히 존재하지 않는 에러봇도 성적인 것으로 볼 수 있는 실수를 사람과 같은 수준으로 저지른다. 사회과학자들이 늘 말하듯이 더 많은 연구가 필요하긴 하지만, 사람들은 성적으로 해석되는 실수를 우연으로 볼 수 있는 수준보다 많이 하지 않는다.

다시 말해 penistrian, sexurity, cocks 같은 실수가 내밀한 욕구를 드러낸다는 이론처럼 실수와 금지된 것 사이의 연관성을 찾을 필요는 없다. 손끝에서 벌어지는 이런 작은 실수는 전형적인 빈도로 등장하는 오타로 설명할 수 있다. 사람들은 실수를 많이 한다. 당신도 실수를 충분히 많이 한다면 결국 lipsdick, fuckiest, penistrian 같은 것을 쓰게 될 것이다. 원숭이도 충분히 오랫동안 타이핑하면 'to be or not to be(사느냐 죽느냐)'라고 쓰는 날이 올 것이다. 사람은 오랫동안 타이핑을 하면 penistrian을 쓰기도 한다.

실수가 무의식적인 바람을 드러낸다는 프로이트 이론은 실제로 반증이 가능하다. 그리고 나의 데이터 분석에 따르면 그 이론은 틀렸다.

빅데이터는 바나나가 그저 바나나일 뿐이며 penistrian은 단순히 pedestrian의 오타라고 말해준다.


그렇다면 프로이트의 모든 이론이 전적으로 틀렸을까? 처음으로 폰허브 데이터에 접근했을 때 나는 어느 정도는 프로이트적인 사실을 발견했다. 사실 데이터 연구를 하는 동안 가장 놀라운 발견이었는데, 바로 유명 포르노 사이트 방문자 중 충격적일 정도로 많은 수의 사람이 근친상간을 묘사한 포르노를 찾는다는 점이었다.

가장 유명한 포르노 사이트인 폰허브에서 남성들이 찾는 100대 검색어 중에 열여섯 개가 근친상간을 주제로 한 포르노다. 조금 불쾌할지도 모르겠지만 검색어에는 '누나와 남동생' '새엄마와 관계를 갖는 아들' '엄마와 아들' '엄마와 아들의 관계' '실제 오빠와 여동생' 등이 있다. 남성이 검색하는 근친상간 비디오 대다수에는 엄마와 아들이 등장한다. 여성은 어떨까? 폰허브에서 여성들이 검색한 100대 검색어 중 아홉 개는 근친상간을 주제로 한 비디오이며 거기에도 비슷한 이미지가 등장한다. 따라서 여성들이 검색하는 근친상간 비디오에는 아빠와 딸이 많이 등장한다.

이 데이터에서 프로이트가 말한 오이디푸스 콤플렉스의 희미한 향기를 찾기란 어렵지 않다. 프로이트는 이성 부모와의 성 경험에 대한 욕구가 어린 시절에는 보편적이지만 이후에는 억압된다는 가설을 세웠다. 이 빈 출신 심리학자가 자신의 분석 기술을 폰허브 데이터에 적용할 수 있을 때까지 살았더라면 좋았을걸 그랬다. 여기서는 성인들이 이성 부모에 대한 관심을 (매우 뚜렷하게) 자각하고 거의 억누르지 않는 것처럼 보이니 말이다.

물론 폰허브 데이터는 사람들이 그런 비디오를 보는 동안 공상 속에서 누구를 떠올리는지 확실하게 말해주지 못한다. 정말 부모와 섹스를 갖는 상상을 할까? 구글 검색은 그러한 욕구가 있는 사람이 많다는 더 많은 단서를 준다.

'나는 내 ……와 섹스를 하고 싶다'라는 형식의 모든 검색을 고려해보자.[3] 이 문장을 완성시키는 가장 흔한 방법은 빈칸에 '엄마'를 집어넣는 것이다. 이런 형식의 검색 중 4분의 3은 근친상간과 관련되어 있다. 그리고 이것은 특별한 문구나 표현 때문에 벌어지는 현상이 아니다. 예를 들어 '나는 ……에게 끌린다'라는 형식의 검색에서는 근친상간 욕구를 인정하는 모습을 더 많이 찾아볼 수 있다. 프로이트 선생은 실망하겠지만 이런 검색이 흔하지는 않다는 것을 말해둬야겠다. 미국에서 어머니에게 끌리는 마음을 인정하는 사람은 연간 몇천 명 정도다. 더불어 앞으로 더 자세히 논의하겠지만 프로이트에게 구글 검색이 때로 금지된 방향으로 편향되곤 한다는 사실도 알려줘야 할 것이다.

하지만 검색에서 생각보다 훨씬 많이 언급될 정도로 많은 사람이 부적절한 대상에 끌린다는 것만은 사실이다. 상사? 직원? 학생? 치료사? 환자? 아내의 친한 친구? 딸의 친한 친구? 처제? 친한 친구의 아내? 사람들이 고백한 욕구 중 어떤 것도 엄마에 대한 욕구에 비기지 못한다. 폰허브 데이터를 결합하면 어떤 의미가 분명히 드러난다.

성적 취향이 어린 시절의 경험으로 형성된다는 프로이트의 보편적 주장의 근거는 구글과 폰허브 데이터의 다른 부분에서도 찾을 수 있다. 구글과 폰허브는 적어도 남성들이 어린 시절과 관련된 과도한 환상을 유지한다는 것을 드러낸다. 아내들이 남편과 관련해 검색한 내용에 따르면 성인 남자가 가장 집착하는 것 중에는 기저귀를 차고 싶은 욕구와 앞서 논의한 것처럼 특히 인도의 경우 모유를 먹고 싶어하는 욕구가 있다. 더구나 카툰 포르노(남자 청소년들 사이에서 인기 있는 만화 캐릭터들의 노골적인 섹스 장면이 등장하는 만화)가 엄청난 인기를 모으고 있다.4 포르노 사이트에서 남성들이 가장 자주 검색하는 여성의 직업에 관해서도 생각해보라. 18세에서 24세 사이의 남성은 여성이 베이비시터로 등장하는 포르노를 가장 자주 검색한다.[5] 25~64세의 남성도 마찬가지다. 65세 이상의 남성 역시 같다. 이외에 모든 연령의 남성이 가장 많이 검색하는 여성의 직업 네 개 중 두 개는 교사와 치어리더다. 어린 시절이 성인 남성의 환상에서 아주 큰 역할을 하는 것이 분명해 보인다.

전에는 없던 성인의 성생활에 관한 이 모든 데이터를 이용해 성적 취향이 정확히 어떻게 형성되는지 알아낼 능력이 아직 내겐 없다. 하지만 앞으로 몇십 년 안에 다른 사회과학자들과 내가 성인의 성생활에 관한 새롭고 반증 가능한 이론을 만들고 실제 데이터를 통해 그 이론을 실험할 수 있을 것이다.

성인의 성생활에 관한 데이터 기반 이론의 일부가 될 것이 분명한 기본 주제 몇 가지는 이미 예상할 수 있다. 프로이트가 특유의 잘 정의되고 보편적인 아동기와 억압에 관해 한 이야기와는 다른 얘기가 될 것이다. 하지만 폰허브 데이터에 대한 나의 첫 조사를 근거로 생각하면, 성인의 성적 취향에 관한 최종 결론에 프로이트가 강조했던 몇 가지 핵심 주제는 확실히 등장할 것이다. 어린 시절은 중요한 역할을 할 것이고, 어머니도 마찬가지다.

10년 전만 해도 이런 식으로 프로이트를 분석할 수 없었다. 프로이트가 살아 있던 80년 전은 말할 것도 없다. 그렇다면 이런 데이터 정보원이 어째서 분석에 도움이 되는지 깊이 생각해보자. 이 생각은 빅데이터가 그토록 강력한 이유를 파악하는 데 도움이 될 것이다.

앞서 말한 대로, 엄청난 데이터 더미가 있다고 해서 자동으로 통찰이 생기지는 않는다. 데이터의 크기 자체는 과대평가되고 있다. 그렇다면 빅데이터가 왜 그렇게 큰 힘을 갖는 것일까? 왜 빅데이터가 우리 자신을 보는 방법에 혁명을 일으킨다는 것일까? 나는 빅데이터가 그것만의 독특한 네 가지 힘을 갖고 있다고 생각한다. 프로이트에 관한 분석은 이 네 가지 힘의 좋은 예가 된다.

프로이트에 관한 이 논의에서 포르노물을 아주 진지하게 여기고 있다는 것을 눈치챘을지도 모르겠다. 앞으로도 포르노 분야에서 얻은 데이터는 여기 자주 등장할 것이다. 놀랍게도 사회과학자들은 포르노 데이터를 거의 이용하지 않는다. 그들 대부분은 자신이 경력을 쌓으면서 의지한 전형적인 설문조사 데이터세트를 이용하는 것을 편안하게 여긴다. 하지만 잠깐만 생각해봐도 포르노의 광범위한 이용과 그에 따른 검색 및 시청 데이터는 인간의 성적 취향을 이해하는 데 가장 중요한 부분이다. 아마 그 어떤 것보다 중요한 부분일 것이다. 쇼펜하우어Arthur Schopenhauer, 니체Friedrich Nietzsche, 프로이트, 푸코Michel Foucault라면 군침을 삼킬 데이터다. 이 데이터는 그들이 살아 있을 때는 존재하지 않았다. 20년 전에도 존재하지 않았다. 지금에야 존재한다. 이전에는 짐작만 할 뿐 확인할 수 없었던 영역에 다양한 창을 열어주는 독특한 데이터 출처가 많다. 새로운 유형의 데이터 제공이 빅데이터의 첫 번째 힘이다.

포르노 데이터와 구글 검색 데이터는 새로울 뿐만 아니라 솔직하다. 디지털 시대 이전에는 자신의 쑥스러운 생각을 다른 사람들에게 숨기며 살았다. 디지털 시대에도 여전히 다른 사람들에게 그런 생각을 숨긴다. 하지만 인터넷과 익명성을 보호해주는 구글이나 폰허브 같은 특정 사이트에서는 태도가 달라진다. 이런 사이트들은 일종의 '디지털 자백약'으로 기능해서 근친상간에 대한 광범위한 매혹을 드러낸다. 빅데이터를 통해 우리는 사람들이 원한다고 말하는 것, 하고 있다고 말하는 것이 아니라 사람들이 정말로 원하고, 정말로 하고 있는 일이 무엇인지를 볼 수 있다. 솔직한 데이터 제공이 빅데이터의 두 번째 힘이다.

지금은 데이터가 워낙 많기 때문에 작은 규모의 집단에 관한 유의미한 정보도 존재한다. 예를 들어 오이 꿈을 꾸는 사람의 수와 토마토 꿈을 꾸는 사람의 수를 비교할 수 있다. 작은 집단도 클로즈업해서 볼 수 있는 것이 빅데이터의 세 번째 힘이다.

빅데이터에는 강력한 힘(프로이트에 관한 내 짧은 연구에서는 사용되지 않았지만 미래의 연구에서는 사용될 수 있는 힘)이 하나 더 있다. 빠르게 대조군 실험을 할 수 있다는 점이다. 이로써 단순히 상관관계만이 아니라 인과관계도 확인할 수 있다. 이런 유형의 검증은 현재 기업이 많이 사용하고 있지만 곧 사회과학자들에게도 강력한 도구가 될 것이다. 인과적 실험의 실행 가능성이 빅데이터의 네 번째 힘이다.

이제 각각의 힘을 분석하고 빅데이터가 왜 그렇게 중요한지 정확하게 탐색할 차례다.

# 3장

## 데이터를 보는
## 새로운 눈

매달 어느 금요일 오전 6시, 맨해튼 거리는 대부분 적막하다. 거리에 늘어선 상점들은 정면을 보안용 강철문으로 가린 채 닫혀 있고 위쪽 아파트들은 어둡고 조용하다.

반면 뉴욕 경제의 중심지인 로어맨해튼에 있는 세계적인 투자은행 골드만삭스Goldman Sachs 층은 환하게 불이 켜져 있고 직원 수천 명이 엘리베이터를 타고 내린다. 오전 7시면 회사의 거의 모든 책상이 채워질 것이다.

다른 날이라면 이 시간 이곳은 생기가 없다고 설명해도 틀리지 않지만, 이 금요일 아침만은 에너지와 흥분으로 가득하다. 이날 주식시장에 큰 영향을 끼칠 정보가 도착할 예정이다.

정보가 풀리면 몇 분 지나지 않아 뉴스 사이트에 보도된다. 정보가 풀리면 몇 초 되지 않아 골드만삭스를 비롯한 금융회사는 그에 관한 열띤 논의, 논쟁, 분석에 돌입한다. 요즘 금융계는 실제로 1,000분의 1초 단위로 움직인다. 골드만삭스를 비롯한 금융회사는 정보가 시카고에서 뉴저지로 이동하는 시간을 1,000분의 4초 줄이고자(1,000분의 17초에서 1,000분의 13초로) 수천만 달러를 들여 광섬유 케이블 접근권을 얻었다. 금융회사에는 정보를 읽고 그 정보를 기초로 거래하는 알고리즘이 있다.[1] 모두가 1,000분의 1초 사이의 문제다. 이 중요한 정보가 풀리면 시장은 눈을 한 번 깜빡이는 것보다 빠른 시간 안에 움직인다.

그럼 골드만삭스를 비롯한 금융기관이 그토록 가치 있게 생각하는 중요한 데이터는 무엇일까? 바로 월간 실업률이다.

이 비율은 금융기관이 정보를 받고, 분석하고, 최대한 빨리 조치를 취하기 위해 필요하다면 무슨 일이든 하게 만들 정도로 주식시장에 막대한 영향을 끼친다. 하지만 사실 이 정보는 미국 노동통계청이 실시하는 전화 설문조사에서 나오며 발표될 때에는 이미 3주(1,000분의 20억 초)나 지나 있다.

기업은 정보 흐름에 걸리는 시간 1,000분의 1초를 줄이겠다고 수백만 달러를 쓰고 있는데 정부가 실업률을 계산하는 데 그렇게 긴 시간이 걸린다는 것이 이상할 것이다.

사실 앨런 크루거Alan Krueger가 오바마 대통령의 경제자문위원장을 맡았을 때 가장 우선시한 목표 역시 이 중요한 수치를 조금이라도 빨리 얻는 것이었다.[2] 그는 성공하지 못했다. 그는 "노동통계청은 자원이 부족하거나 그게 아니면 20세기식 사고에 갇혀 있다"고 결론 내렸다.

정부가 짧은 시간 안에 속도를 높이기 어렵다면 대강이라도 좀 더 빨리 실업 통계를 얻을 수 있는 방법은 없을까? 인간이 인터넷에서 클릭하는 거의 모든 것이 어딘가에 기록되는 이런 첨단 기술 시대에 일을 안 하고 있는 사람이 몇 명인지 알아내는 데 정말 몇 주일이나 기다려야 할까?

전 구글 엔지니어인 제러미 긴즈버그Jeremy Ginsberg의 연구에서 가능성이 있는 해법 하나를 발견했다. 긴즈버그는 정부가 발표하는 의료 데이터가 실업 데이터와 마찬가지로 계산에 상당히 오랜 시간이 걸린다는 사실을 발견했다. 미국 질병통제예방센터가 독감 데이터를 발표하는 데에는 일주일이 걸린다. 의사와 병원은 될 수 있는 한 빨리 데이터를 받아야 하는데 말이다.

긴즈버그는 독감으로 아픈 사람들이 독감 관련 내용을 검색하리라고 생각했다. 그들은 구글에 증상을 보고할 것이다. 긴즈버그는 이런 검색으로 현재 독감 발병률을 상당히 정확하게 측정할 수 있겠다는 아이디어를 떠올렸다. 실제로 '독감 증상'과 '근육통' 같은 검색어는 독감이 얼마나 빨리 퍼지는지를 보여주는 중요한 지표로 밝혀졌다.[3]*

한편 구글 엔지니어들은 의료뿐 아니라 다양한 분야에서 동일한 분석 유형으로 실험할 수 있는 수단을 외부 연구자들에게 제공하는 서비스인 구글 코럴레이트Google Correlate를 만들었다. 연구자들은 장시간에 걸쳐 추적한 데이터가 어떤 구글 검색과 가장 관련이 큰지 확인할 수 있다.

예를 들어 구글의 수석 경제학자인 핼 배리언Hal Varian과 나는 구

---

* 구글 플루Google Flu의 초기 버전에는 중요한 결함이 있었지만, 연구자들은 최근 이 모델을 재보정해서 독감 예측 성공률을 높였다.

글 코럴레이트를 이용해서 어떤 검색이 주택가격을 가장 근접하게 추적하는지 알 수 있었다.[4] 주택가격이 오를 때 미국인은 '80/20 융자' '주택 건축업자' '평가율' 같은 문구를 검색한다. 주택가격이 떨어질 때는 '쇼트 세일short sale(남은 대출액보다 적은 가격을 받고 부동산을 처분하는 일 – 옮긴이) 절차' '언더워터 모기지underwater mortgage'(대출액이 부동산 가치보다 높은 상황 – 옮긴이) '융자 구제' 등을 검색한다.

그렇다면 실업률도 주택가격이나 독감처럼 구글 검색을 리트머스 시험지로 이용할 수 있을까? 사람들이 구글에 무엇을 검색하는지 보고 얼마나 많은 사람이 실업 상태에 있는지 판단할 수 있을까? 그리고 정부가 설문 결과를 수집해서 분석하는 것보다 훨씬 빠르게 실업률을 파악할 수 있을까?

나는 2004년부터 2011년까지의 미국 실업률을 구글 코럴레이트에 집어넣었다. 그 시기 엄청난 양의 구글 검색 중 무엇이 실업률와 가장 긴밀한 연관이 있었을까? 나는 '고용센터' 또는 그와 비슷한 것을 상상했다. 결과를 보니 그에 대한 검색도 많았지만 가장 많지는 않았다. '새 일자리'였을까? 그 역시 높은 순위에 있었지만 가장 많지는 않았다. 이 기간 동안 가장 인기가 높았던 검색어는 '슬럿로드Slutload'였다. 가장 자주 찾은 검색어가 포르노 사이트였던 것이다. 첫눈에는 이상하게 보이겠지만 생각해보면 일자리를 잃은 사람들은 시간이 많을 테고 그들 대부분이 집에 처박혀서 혼자 무료한 시간을 보낼 것이다. 상관관계가 높은 또 다른 검색어는(이번에는 부모 동반 관람 가능 등급이다) '스파이더 솔리테어Spider Solitaire'(혼자서 하는 카드게임 - 옮긴이)다. 당장 시간이 남아도는 사람들을 떠올리면 놀라운 일도 아니다.

이 한 가지 분석을 근거로 '슬럿로드'나 '스파이더 솔리테어'를 추적하는 것이 실업률을 예견하는 최선의 방법이라고 주장할 생각은 아니다. 일자리를 잃은 사람들이 이용하는 기분 전환 거리는 시간이 지나면 바뀔 수 있으며(어느 시점에는 다른 포르노 사이트인 '로튜브Rawtube'의 상관관계가 가장 높았다) 특정한 단어 자체가 많은 실업자를 끌어들이는 것도 아니다. 하지만 나는 기분 전환과 관련된 검색어의 조합으로 실업률을 추적할 수 있다는 것, 그리고 이 방식이 실업률을 예측하는 아주 좋은 모델이 될 수 있다는 것을 발견했다.

이러한 사례는 빅데이터가 가진 첫 번째 힘인 데이터의 자격에 관한 새로운 상을 분명하게 보여준다.

구글 이전에도 영화표 판매량 같은 특정 레저 활동에 관한 정보가 시간이 남아도는 사람이 얼마나 많은지에 관한 단서를 제공할 수는 있었다. 하지만 사람들이 솔리테어를 얼마나 자주 하고 포르노를 얼마나 자주 보는지 알 수 있는 가능성에는 새롭고 거대한 힘이 있다. 이 데이터들은 경제가 어떻게 돌아가는지 좀 더 빨리 측정하는 데 도움을 줄 것이다. 최소한 정부가 더 빠르게 설문조사를 수행하고 그 결과를 분석하는 법을 알게 되기까지는 말이다.

캘리포니아주 마운틴뷰에 있는 구글의 사내 생활은 맨해튼에 있는 골드만삭스 본사와 매우 다르다. 오전 9시에 구글 사무실은 거의 비어 있다. 직원이 있다 해도 무료 아침식사로 바나나 블루베리 팬케이크, 달걀 흰자 스크럼블, 정수된 큐컴버 워터(오이를 넣어 마시는 물-옮긴이)를 만드는 직원일 것이다. 도시에서 벗어나 일하는 직원들도 있다. 볼더나 라스베이거스 등 사무실이 아닌 곳에서 회의를 하거나 타호 호수로 무료 스키 여행을 가기도 한다. 점심시간 즈음에는 모래밭으로 된 배구 코트와 잔디가 깔린 축구장이 직원들로 가득 찬다. 구글의 멕시칸 레스토랑에는 내가 먹어본 것 중 최고의 부리토가 있다.

세계에서 가장 크고 경쟁력 있는 기술 기업이 어떻게 이렇게 느긋하고 여유로울 수 있을까? 구글은 다른 기업들이 할 수 없는 방식으로 빅데이터를 활용해 자동화된 돈의 흐름을 구축한다. 구글은 이 책에서 중요한 역할을 한다. 구글 검색이 단연코 빅데이터의 주요 원천이기 때문이다. 하지만 구글의 성공 자체가 새로운 종류의 데이터 더미 위에서 이루어졌다는 사실을 기억해야 한다.

20세기에 인터넷을 사용해본 독자라면 당시에 존재했던 다양한 검색엔진들, 곧 메타크롤러MetaCrawler, 라이코스Lycos, 알타비스타AltaVista 등을 기억할 것이다. 그리고 이 검색엔진들이 그리 쓸 만하지 않았음을 기억할 것이다. 운이 좋아야 간신히 원하는 것을 찾을 수 있었고 대부분은 그렇지 못했다. 1990년대 후반에 인기 있었던 검색엔진에 '빌 클린턴Bill Clinton'을 타이핑하면 '빌 클린턴은 재

수 없다'고 주장하는 사이트나 클린턴에 관한 더러운 농담이 담긴 사이트가 무작위로 등장했다.[5] 당시 미국 대통령이었던 인물과 관련성 높은 정보를 찾기란 쉽지 않았다.

1998년에 구글이 등장했다. 구글의 검색 결과는 어떤 경쟁 엔진보다 우위에 있었다. 1998년 구글에 '빌 클린턴'을 검색하면 그의 웹사이트와 백악관 이메일 주소, 인터넷에 존재하는 그의 전기들을 볼 수 있었다. 구글은 마법 같았다.

구글 창립자 세르게이 브린Sergey Brin과 래리 페이지Larry Page는 어떤 일을 했던 것일까?

다른 검색엔진은 사용자가 검색한 문구가 가장 많이 들어가는 웹사이트를 보여줬다. 빌 클린턴에 관한 정보를 찾으면 인터넷상에서 빌 클린턴을 가장 많이 언급한 웹사이트를 찾는 식이다. 이런 서열 시스템이 불완전한 이유는 여러 가지이지만 그중 하나는 시스템을 혼란시키기 쉽다는 데 있다. 이런 시스템에서는 '빌 클린턴 빌 클린턴 빌 클린턴 빌 클린턴 빌 클린턴'이라는 문장이 페이지 어딘가에 숨어 있는 농담 사이트가 백악관 공식 웹사이트보다 높은 점수를 받는다.*

---

* 1998년 구글 이전에 인기를 얻었던 검색엔진에 '자동차'를 검색하면 포르노 사이트가 감당할 수 없을 정도로 많이 등장했다.[6] 이들 포르노 사이트들이 검색엔진의 운용 방식을 악용해 흰 배경에 흰 글씨로 '자동차'라는 단어를 많이 적어넣었기 때문이다. 이 사이트들은 이런 방법으로 자동차를 사려고 마음먹었다가 포르노에 마음을 빼앗긴 사람들로 클릭 수를 높였다.

브린과 페이지는 단순히 단어 수를 세는 것보다 훨씬 더 가치가 큰 새로운 유형의 정보를 기록하는 방법을 찾았다. 웹사이트들은 어떤 주제에 관해 이야기하면서 종종 그 주제를 이해하는 데 도움이 된다고 생각하는 사이트들을 링크해놓는다. 예를 들어 빌 클린턴을 언급한 《뉴욕타임스》 기사에 백악관 공식 웹사이트 링크를 걸어놓는 식이다.

이렇게 링크된 모든 웹사이트는 빌 클린턴에 관한 훌륭한 정보를 준다. 브린과 페이지는 모든 주제에 관해 이 모든 정보를 종합할 수 있었다. 그들은 《뉴욕타임스》 기사, 리스트서브Listserv(특정 그룹 전원에게 전자우편으로 메시지를 자동 전송하는 시스템 - 옮긴이) 수백만 개, 블로거 수백 명, 그리고 인터넷에 있는 모든 사람의 의견을 크라우드소싱(대중의 참여로 기업이 문제를 해결하는 방식 - 옮긴이)할 수 있었다.[7] 대다수의 사람들이 빌 클린턴에 관한 가장 중요한 링크가 그의 공식 웹사이트라고 생각한다면, 대부분의 사람들이 빌 클린턴을 검색하면서 보고자 하는 웹사이트도 아마 그의 공식 웹사이트일 것이다.

이런 종류의 링크는 다른 검색엔진은 고려조차 해보지 않은 데이터였지만 해당 주제에 관한 가장 유용한 정보를 매우 잘 예측할 수 있게 해줬다. 요점은 구글이 검색 분야에서 지배적인 위치에 오를 수 있었던 이유가 단순히 경쟁자들보다 많은 데이터를 수집했기 때문이 아니라는 점이다. 그들은 '더 나은' 유형의 데이터를 찾음으로써 검색 분야의 지배자가 됐다. 구글은 링크 분석 덕분에 론칭

한 지 2년도 되지 않아 인터넷에서 가장 인기 있는 검색엔진으로 성장했다. 현재 브린과 페이지 두 사람의 자산 가치는 각각 500억 달러(약 65조 원)가 넘는다(2022년 현재 두 사람의 자산 가치는 각각 1천억 달러를 돌파했고, 둘을 합하면 약 300조 원이 넘는다 - 옮긴이).

구글과 마찬가지로, 모든 사람이 세상을 이해하기 위해 데이터를 이용하려고 한다. 빅데이터 혁명은 점점 더 많은 데이터를 수집하는 것이 아니라 '적절한' 데이터를 수집하는 것이다.

하지만 인터넷에서만 새로운 데이터를 수집하고 적절한 데이터를 얻음으로써 엄청나게 파격적인 결과를 낼 수 있는 것은 아니다. 전체적으로 이 책은 어떻게 하면 웹상의 데이터가 사람들을 더 잘 이해하는 데 도움이 될 수 있을지에 관해 이야기하지만, 다음 부분은 웹 데이터와는 아무런 관련이 없다. 사실 사람과도 관련이 없다. 하지만 새롭고 비전형적인 데이터에 엄청난 가치가 있다는 이 장의 요점을 분명히 보여주는 데 도움이 될 것이다. 그리고 여기서 설명하는 원칙들은 디지털 기반 데이터 혁명을 이해하는 데 도움이 될 것이다.

## 신체 데이터

2013년 여름 뉴욕주 북부의 작은 마구간에 보통보다 큰 몸집에 갈기가 검은 적갈색 말 한 마리가 있었다. 그 말은 새러토가스프링스에서 8월에 열린 패시그팁턴 셀렉트 이얼링 세일Fasig-Tipton Select Yearling Sale에 나온 한 살짜리 말 152마리 중 한 마리이자 그해에 낙찰된 한 살짜리 말 1만 마리 중 한 마리였다.

경주마에 거금을 쏟아붓는 부자들은 자신이 말에게 이름을 붙여주는 영예를 누리려 한다. 때문에 이 적갈색 말은 경매에 나온 다른 대부분의 말들과 마찬가지로 아직 이름 없이 마구간 번호인 85번으로 불렸다.

이 경매에서 85번 말은 두드러질 게 거의 없었다. 혈통이 좋았지만 대단치는 않았다. 아비 말인 파이어니어오브 더 나일Pioneer of the Nile은 최고의 경주마였지만 자손들은 그리 좋은 성적을 거두지 못했다. 게다가 85번은 외모에 미심쩍은 부분도 있었다. 예를 들어 발목에 긁힌 자국이 있었는데 부상의 흔적은 아닌지 염려하는 구매자도 있었다.

당시 85번을 소유하고 있던 이집트 맥주계의 거물 아메드 자얏Ahmed Zayat은 이 말을 팔고 다른 말 몇 마리를 사기 위해 뉴욕 북부에 왔다.

거의 모든 말 소유주가 그렇듯이 자얏은 어떤 말을 살지 선택하는 데 도움을 줄 전문가 팀을 고용했다. 하지만 그의 전문가 팀은 다른 말 소유주들이 주로 이용하는 전문가들과 약간 달랐다. 이런 행사에서 흔히 보이는 말 전문가들은 주로 켄터키나 플로리다 시골 출신에 교육을 많이 받지는 않았지만 말 관련 사업을 하는 집안 출신의 중년 남성들이었다. 그렇지만 자얏의 전문가들은 EQB라는 작은 기업에 속한 사람들이었다. EQB의 책임자인 제프 세이더Jeff Seder는 전형적인 말 사육가가 아니라 필라델피아 출신에 하버드대학교에서 학위를 여러 개 받은 특이한 인물이었다.

자얏은 전에도 EQB와 일했기 때문에 절차에 익숙했다. 그들은 며칠간 말을 평가한 다음 자얏에게 85번 대신 구매할 말 다섯 마리 정도를 추천할 예정이었다.

하지만 이번에는 달랐다. 그들은 평가 후 자얏에게 와서 요구대로 일을 할 수가 없다고 말했다. 그날 경매에 나온 다른 말 151마리 중에서 어떤 말도 추천할 수가 없다고 했다. 대신 예상치 못하게 필사적인 애원에 가까운 제안을 했다. 절대 85번을 팔아서는 안 된다는 것이었다. EQB는 이 말이 이번 경매에 나온 최고의 말일뿐더러 그해 최고의 말, 어쩌면 10년 만에 한 번 나올 법한 최고의 말이라고 선언했다. 팀은 그에게 강력하게 권고했다. "이 말을 파느니 차라리 집을 파십시오."[8]

다음 날 85번은 자신을 인카르도 블러드스톡Incardo Bloodstock이라고 칭하는 한 남성에게 30만 달러(약 3억 9천만 원)에 팔렸다. 화려한 팡파레 따위는 없었다. 인카르도 블러드스톡은 이후 아메드 자얏의 가명으로 밝혀졌다. 세이더의 주장을 들은 자얏은 자신의 말을 되사는, 전례를 찾아보기 힘든 조치를 취했다(경매 규칙에 따라 판매를 취소할 수 없었기에 자얏은 가명을 써서 거래해야 했다). 경매에서 85번보다 비싸게 팔린 말은 62마리였다. 그중 두 마리는 경매가가 100만 달러(약 13억 원)가 넘었다.

3개월 후 자얏은 85번의 이름을 아메리칸 파로아라고 지었다. 18개월 후 기온이 25도인 어느 토요일 저녁 뉴욕시 교외에서 아메리칸 파로아는 30여 년 만에 탄생한 삼관마Triple Crown의 자리에 올랐다.

아무도 알아보지 못했던 85번 말에서 제프 세이더는 무엇을 봤을까? 이 하버드 출신 남자는 어떻게 해서 말을 이렇게 제대로 평가할 수 있었을까?

당시 64세였던 세이더를 나는 아메리칸 파로아가 삼관마에 오르고 1년도 더 지나, 타는 듯이 더운 6월의 오후 플로리다주 오캘러에서 처음 만났다.[9] 일주일에 걸쳐 두 살짜리 말들의 쇼케이스가 펼쳐지고 경매로 마무리되는 행사가 열리고 있었다. 2013년 자얏이 자신의 말을 되샀던 행사와 비슷했다.

세이더는 멜 브룩스Mel Brooks 같은 우렁찬 목소리에, 머리카락이 풍성하고, 발걸음에 독특한 활기가 있는 남자였다. 그는 카키색 바지에 멜빵을 차고, 회사 로고가 적힌 검은색 셔츠를 입고, 보청기를 끼고 있었다.

다음 3일 동안 그는 자신이 살아온 이야기와 어떻게 말을 그렇게 잘 평가하게 됐는지에 관해 들려줬다. 그는 먼 길을 돌아 지금의 일을 하게 됐다. 세이더는 하버드대학교를 우등으로 졸업한 사람들의 모임인 파이 베타 카파Phi Beta Kappa 회원이었고 하버드대학교에서 법학과 경영학 학위도 받았다. 26세에 뉴욕 시티그룹Citigroup에서 투자분석가로 일했지만 행복하지 않았고 열정을 다 잃은 느낌이었다. 어느 날, 렉싱턴 애비뉴에 있는 새 사옥 아트리움에 앉아 있던 그는 자신이 광활한 평야가 그려진 큰 벽화를 자세히 살피고 있다는 사실을 깨달았다. 그 그림을 보고 그는 전원과 말에 대한 자신의 애정을 다시 떠올렸다. 그는 집으로 가서 스리피스 정장을 입은 자신의 모습을 거울에 비춰봤다. 그리고 자신이 은행가가 되어 뉴욕에 살 사람이 아님을 깨달았다. 그는 다음 날로 회사를 그만뒀다.

세이더는 펜실베이니아 시골로 이사했고 텍스타일에서 스포츠의학에 이르기까지 다양한 분야를 경험하다가 마침내 자신이 열정을 가진 분야인 경주마의 성패 예측에 모든 시간을 바치기 시작했다. 경마에 관한 수치는 주먹구구식이었다. 미국에서 가장 유명한 오캘러 경매에는 두 살짜리 말 1,000마리가 공개되는데 그중에서 다섯 마리만이 경주에서 우승한다. 나머지 995마리에게는 어떤 일이 생길까? 약 3분의 1은 경주를 하기에는 느린 말로 판명된다.[10] 다른 3분의 1은 부상을 입는다. 대체로 전속력으로 질주할 때의 엄청난 압력을 견디지 못하기 때문이다(매년 미국의 경마장 경주로에서 말 수백 마리가 죽는다.[11] 대부분 다리가 부러졌기 때문이다).[12] 그리고 나머지 3분의 1은 바틀비증후군Bartleby syndrome이라고 부를 만한 증상을 일으킨다. 허먼 멜빌Herman Melville의 뛰어난 단편소설에 등장하는 필경사 바틀비는 "하고 싶지 않습니다"라면서 일을 멈추고 고용주의 모든 요청을 거부한다. 많은 말이 경마 경력을 쌓은 지 얼마 되지 않아 뛰고 싶지 않으면 뛸 필요가 없다는 것을 깨닫는다. 경주 초반에 빠르게 달리다가도 어느 순간에 속도를 늦추거나 완전히 멈춘다. 발굽과 관절에 통증을 느끼면서까지 빨리 달려야 할 이유가 어디 있단 말인가? 그들은 "하고 싶지 않습니다"라고 결정한다(나는 말이든 사람이든 이런 바틀비들이 좋다).

이렇게 성공 확률이 낮은데 그중에서 수익을 낼 말을 어떻게 고를 수 있을까? 긴 세월 동안 사람들은 어떤 말이 성공할지 예측하는 가장 좋은 방법이 혈통 분석이라고 믿어왔다. 말 전문가란 말의 부마, 모마, 조부마, 조모마, 형제자매마에 관해서 사람들이 알고자 할 만한 사항을 줄줄 읊을 수 있는 사람이었다. 예를 들어 에이전트는 어떤 큰 말의 모계에 큰 말이 많을 경우 그 말이 "제 치수에 맞게 왔다"고 말한다.

그렇지만 한 가지 문제가 있다. 혈통이 중요하긴 하지만 그것은 경주마의 성공에서 일부만을 설명할 뿐이다. 경마에서 가장 영예로운 '올해의 말'로 뽑힌 모든 말의 형제마들이 어떤 성적을 거뒀는지 고려해보자. 이들은 최고의 혈통을 보유하고 있다. 세계적인 말이라는 똑같은 가족력을 갖고 있는 것이다. 그러나 이들 중 4분의 3은 경주에서 우승하지 못한다.[13] 데이터는 말의 성공을 예측하는 전통적인 방법에 개선할 사항이 아주 많다고 말하고 있다.

혈통에 예언력이 별로 없다는 건 놀라운 일도 아니다. 인간을 생각해보자. 혈통을 기반으로 열 살짜리 소년들을 뽑아 미래의 팀을 구성하려는 NBA 구단주가 있다고 가정하자. 에이전트를 고용해서 '매직' 존슨'Magic' Johnson의 아들인 어빈 존슨 3세Earvin Johnson III를 평가해달라고 한다.[14] 에이전트는 "지금까지는 치수가 아주 좋습니다"라고 말한다. "부계 혈통으로 보아 타당한 치수입니다. 시력이 좋고 이타심이 있고 키도 크고 속도도 빠를 겁니다. 외향적이고 성격이 좋아 보입니다. 자신감 있게 걷고, 매력적이죠. 좋은 선택입니다." 불행히도 14년 뒤에 구단주는 프로 농구선수로는 작은 키 188센티미터에 〈E! 채널티〉에서 활동하는 패션 블로거를 얻게 된다. 어빈 존슨 3세는 유니폼 디자이너에는 어울리겠지만 코트에서는 거의 도움이 되지 않을 것이다.

마주들이 말을 선택하듯이 팀을 꾸린 NBA 구단주는 패션 블로거와 함께 마이클 조던의 아들인 제프리 조던Jeffrey Jordan과 마커스 조던Marcus Jordan도 낚아챌 것이다. 그러나 이들은 평범한 대학 선수가 됐다. 이 구단이 클리블랜드 캐벌리어스Cleveland Cavaliers와 맞붙는다고 생각해보라. 캐벌리어스를 이끄는 르브론 제임스는 어머니의 키가 165센티미터다.[15] 혈통을 기반으로 지도자를 뽑는 나라가 있다고 생각해보자. 미국은 조지 W. 부시George W. Bush와 같은 사람들이 이끌게 된다(유감이다. 언급하지 않을 수 없었다).

경주마 에이전트들은 혈통 외에 다른 정보들도 이용한다. 예를 들어 두 살짜리 말의 걸음걸이와 외형을 분석한다. 나는 오캘러에서 여러 에이전트와 이야기를 나누며 몇 시간을 보냈다. 실제로 무엇을 찾는지 그들 스스로도 합의가 거의 이뤄지지 않는다는 것을 판단하는 데 충분한 시간이었다.

이런 걷잡을 수 없는 모순과 불확실성에 일부 말 구매자들이 무한대처럼 보이는 자금을 갖고 있다는 사실이 더해지면, 그 시장이 매우 비효율적이라는 결론이 나온다. 10년 전 153번 말은 다른 어떤 말보다 빨리 달리는 두 살짜리 말이었다. 대부분의 에이전트 눈에 아름다웠고 역대 최고의 경주마였던 노던 댄서Northern Dancer와 세크러테리엇Secretariat의 후손이니 혈통도 나무랄 데가 없었다. 아일랜드의 억만장자와 두바이의 족장, 두 사람이 그 말을 사고 싶어 했다. 그들은 입찰 경쟁을 벌였고 그 경쟁은 곧 자존심 싸움으로 변했다. 경마 관계자 수백 명이 멍하게 지켜보는 가운데 경매가는 계속 치솟았고 결국 이 두 살짜리 말은 1,600만 달러(약 208억 원)에 팔렸다. 말 한 필에 치러진 최고가였다. 153번 말은 그린 몽키Green Monkey라는 이름을 얻고 세 번의 경주에 참가해 고작 1만 달러(약 1,300만 원)을 벌어들이고 은퇴했다.[16]

세이더는 말을 평가하는 전통적인 방법에는 전혀 관심이 없었다. 그의 관심은 오로지 데이터에 있었다. 그는 경주마들의 다양한 특성을 평가했고 그중 어떤 것이 성적과 관련되는지 확인했다. 세이더가 월드와이드웹World Wide Web이 발명되기 5년 전에 이 계획을 세웠다는 점을 밝혀둬야겠다. 하지만 그의 전략은 데이터과학에 기반을 두고 있었으며, 그의 이야기는 빅데이터를 사용하는 모든 사람에게 교훈을 준다.

수년 동안 세이더는 좌절을 거듭했다. 그는 말 콧구멍의 크기를 재서 그것과 말의 최종 수입에 관한 세계 최초이자 최대의 데이터세트를 만들었다. 그러고는 콧구멍 크기로 말의 성적을 예측하지 못한다는 사실을 발견했다. 그는 말의 심장 상태를 진단하기 위해 심

전도를 측정하고 죽은 말의 사지를 절단해서 신속연축근(속근) 부피를 측정했다. 경기 전에 살을 지나치게 빼면 느려질 수 있다는 이론을 기초로 말 배설물의 크기를 확인하기 위해 마구간 밖에서 삽을 잡기도 했다. 어떤 것도 경마 성적과 관련이 없었다.

12년 전 그는 큰 돌파구를 찾았다. 세이더는 말 내부 장기의 크기를 측정하기로 했다. 기존 장비로는 불가능했기 때문에 휴대용 초음파 검사기를 만들었다. 결과는 놀라웠다. 심장의 크기, 특히 좌심실의 크기가 말의 성공에 주요한 예측변수이자 가장 중요한 변수였다. 중요한 또 다른 장기는 비장이었다. 비장이 작은 말은 돈을 거의 벌지 못했다.

세이더는 몇 가지 성과를 더 거뒀다. 말이 질주하는 비디오 수천 개를 디지털화해서 말의 어떤 움직임이 경주에서의 성공과 관계 있는지 알아냈다. 그는 두 살짜리 말 중에 200미터를 달리고 난 후 쌕쌕거리는 소리를 내는 말이 있다는 사실을 발견했다. 이들 중 일부는 1백만 달러(약 13억 원)에 육박하는 가격으로 팔리기도 했지만 세이더의 데이터는 쌕쌕거리는 소리를 내는 말은 결코 성공하지 못한다고 말하고 있었다. 때문에 그는 조수를 시켜 결승선 근처에 앉아 있다가 쌕쌕거리는 숨소리를 내는 말을 걸러내도록 했다.

오캘러 경매에 나오는 약 1,000마리의 말 중에 세이더의 시험을 모두 통과하는 말은 대략 열 마리다. 그는 혈통은 완전히 무시했다. 혈통은 말이 팔리는 가격에 영향을 줄 뿐이다. 그는 이렇게 말했다. "혈통은 말이 훌륭한 경주마가 될 가능성 중 아주 적은 부분을 말해줄 뿐입니다. 그 말이 좋다는 것을 알 수 있는데, 어디서 그 자질을 얻었는지까지 신경 쓸 필요가 있을까요?"

어느 날 밤 세이더는 오캘러 힐튼호텔의 자기 방으로 나를 초대했다. 방에서 그는 자신의 어린 시절, 가족, 경력에 관해 들려줬고 아내와 딸, 아들의 사진을 보여줬다. 그는 필라델피아고등학교에 있던 유대인 학생 세 명 중 하나였고, 고등학교에 입학했을 때 키가 147센티미터였다고 한다(대학 때 175센티미터까지 자랐다). 그는 자신이 가장 좋아하는 말 핑키 피즈완스키Pinky Pizwaanski에 관해 이야기했다. 세이더는 이 말을 사서 한 게이 기수의 이름을 붙였다. 그는 핑키가 그리 좋은 성적을 거두지는 못했지만 언제나 무척 노력하고 있다고 느꼈다.

마지막으로 그는 85번에 관해 기록했던 모든 데이터가 들어 있는 파일을 보여줬다. 그의 경력에 가장 크게 기여한 파일이었다. 기밀사항 아니었을까? 그럴지도 모른다. 하지만 그는 상관없다고 말했다. 그에게는 비밀을 지키는 것보다 자신이 옳다는 게 밝혀져서 말의 다리를 가르고, 똥을 옮기고, 초음파 기계를 만든 20년간의 노력이 가치 있었다는 점을 세상에 보여주는 게 더 중요했다.

여기에 85번에 관한 데이터 일부가 있다.

세이더와 그의 팀이 85번에 그토록 집착한 데에는 이유가, 그것도 명명백백한 이유가 있었다. 85번의 좌심실이 백분위수 99.61에 들었던 것이다.

그뿐이 아니었다. 심장과 비장을 비롯한 다른 주요 장기들 모

한 살짜리 85번 마(훗날의 아메리칸 파로아)의 백분위수

|  | 백분위수 |
|---|---|
| 키 | 56 |
| 몸무게 | 61 |
| 혈통 | 70 |
| **좌심실** | 99.61 |

두가 유난히 컸다. 세이더가 발견한 바에 따르면 일반적으로 경주할 때에는 좌심실이 클수록 좋다. 하지만 다른 장기는 다 작은데 좌심실만 이 정도로 크다면 질병의 징후일 수도 있다. 아메리칸 파로아는 모든 주요 장기가 평균보다 컸고 좌심실이 거대했다. 데이터는 85번이 10만 마리 중에, 아니 100만 마리 중에 하나 나올까 말까 한 말이라고 외치고 있었다.

데이터과학자들은 세이더의 기획에서 무엇을 배울 수 있을까?

첫째, 가장 중요한 점은 어떤 분야에 혁신을 일으키기 위해 새로운 데이터를 이용하려 할 때는 기존의 방법이 형편없는 분야에 들어가는 것이 가장 좋다는 사실이다. 세이더가 상대했던 혈통에 집착하는 경주마 에이전트에게는 개선의 여지가 많았다. 구글이 상대해서 이긴, 단어 수에 집착하는 검색엔진도 마찬가지였다.

검색 데이터를 이용해 독감을 예측하는 구글의 시도는 꼭 검색 데이터가 아니어도 지난주의 데이터와 간단한 계절 조정(더 정확

한 통계분석을 위해 기후, 온도, 생활습관 등의 계절 요인을 제거하는 통계 기법 - 옮긴이)만 이용해도 독감을 잘 예측할 수 있다는 약점이 있었다.[17] 그 단순하고 강력한 모델에 검색 데이터가 얼마나 도움이 되는지에 대해서는 아직도 논란이 있다. 구글 검색은 기존의 데이터가 건강 상태를 측정하는 데 좀 더 취약한 부문에서 더 유망할 것이고, 장기적으로 구글 STD(성병 - 옮긴이) 같은 것이 구글 플루보다 가치가 있다고 밝혀지리라는 것이 내 생각이다.

두 번째 교훈은 어떤 모델이 예측에 효과적인 이유에 관해서는 지나치게 많이 생각할 필요가 없다는 점이다. 세이더는 좌심실의 크기가 말의 성패를 예측하는 데 왜 그렇게 중요한지 완벽하게 설명해내지 못했다. 비장의 가치에 대해서도 정확하게 해명하지 못했다. 예측이라는 비즈니스에서는 어떤 것이 효과가 있는지 알면 되지, 그 이유까지 알 필요는 없다.

예를 들어 월마트Wal-Mart는 전 매장의 매출 데이터를 이용해서 어떤 제품을 선반에 얹을지 파악한다. 2004년 미국 동남부를 강타했던 파괴적인 폭풍 허리케인 프랜시스가 상륙하기 전에 월마트는 도시 사람들의 쇼핑 습관이 바뀔 것을 정확하게 추측했다. 그들은 이전에 허리케인이 왔을 때의 매출 데이터를 자세히 연구해 사람들이 무엇을 사려 하는지 확인했다. 가장 두드러진 품목은 무엇이었을까? 스트로베리 팝타르트Strawberry Pop-Tarts(굽거나 데워 먹는 딸기잼이 든 페이스트리 - 옮긴이)였다.[18] 이 제품은 허리케인이 다가오고 있을 때 평소보다 일곱 배 많이 팔렸다.

월마트는 이 분석을 기반으로 스트로베리 팝타르트를 실은 트럭들을 95번 고속도로를 통해 허리케인 경로에 있는 매장에 보냈다. 실제로 이 팝타르트는 불티나게 팔렸다.

왜 팝타르트일까? 아마도 냉장이나 복잡한 요리가 필요치 않기 때문일 것이다. 그렇다면 왜 딸기 맛일까? 아무런 실마리가 없다. 하지만 허리케인이 찾아오면 사람들이 딸기 맛 팝타르트에 손을 뻗는 것만은 분명하다. 따라서 허리케인이 불어닥치기 전 월마트는 스트로베리 팝타르트를 선반에 가득 채운다. 그 둘의 관계에 어떤 이유가 있는지는 중요치 않다. 중요한 것은 관계 자체다. 언젠가 식품과학자들이 허리케인과 딸기 맛 페이스트리의 연관성을 알아낼지도 모른다. 하지만 그런 설명을 기다리는 동안에도 월마트는 허리케인이 다가오면 스트로베리 팝타르트로 선반을 채우고, 라이스 크리스피Rice Krispies(시리얼의 한 종류 - 옮긴이)는 맑은 날을 위해 치워둘 것이다.

이 교훈은 오를리 아셴펠터Orley Ashenfelter 이야기에서도 명확하게 드러난다. 세이더가 이 원칙을 말에 적용했다면 프린스턴대학교 경제학자 아셴펠터는 와인에 적용했다.

10여 년 전, 아셴펠터에게는 불만이 하나 있었다. 그는 프랑스 보르도 지역에서 레드 와인을 다량으로 구매했는데 높은 가격만큼 맛있고 가치가 있을 때도 있었지만 실망스러울 때도 많았다. 아셴펠터는 같은 값을 지불한 와인의 품질이 왜 이렇게 다른지 궁금했다.

어느 날 아셴펠터는 저널리스트이자 와인 감정가인 친구로부터

한 가지 비법을 들었다. 좋은 와인인지 알아볼 수 있는 비결은 생장기의 날씨라고 했다.

이는 아센펠터의 호기심을 자극했다. 아센펠터는 친구의 말이 정말인지 파악하기 위한 탐색을 이어갔고, 계속해서 더 좋은 와인을 살 수 있었다. 그는 30년에 걸친 보르도 지역의 날씨 데이터를 다운로드했다. 와인의 경매가도 수집했다. 와인이 처음 팔린 때로부터 긴 시간이 흐른 뒤에 벌어지는 경매는 와인의 품질이 어땠는지를 말해준다.

결과는 놀라웠다. 생장기의 날씨만으로도 와인 품질의 상당 부분을 설명할 수 있었다. 와인의 품질은 '포도 재배 제1법칙'이라고 부를 수 있는 단순한 공식으로 설명할 수 있다.

가격(단위: 달러)=12.145+(0.00117×겨울의 강수)+(0.0614× 생장기 평균 기온) - (0.00386×가을의 강수)

보르도 지역의 와인 품질이 이렇게 나타나는 이유가 뭘까? 포도 재배 제1법칙을 어떻게 설명해야 할까? 아센펠터의 와인 공식은 포도가 제대로 익으려면 적정 온도와 초기의 물대기가 필요하다는 식으로 어느 정도는 설명할 수 있다. 하지만 이 예측 공식의 세부사항은 모든 이론을 넘어서며, 와인 분야의 전문가도 완벽하게 이해할 수 없을 것이다.

겨울 강수 1센티미터가 왜 숙성된 와인의 가격을 평균적으로 정확히 0.1센트 올리는 것일까? 왜 0.2센트가 아닐까? 왜 0.05센트가 아닐까? 이런 질문에는 아무도 대답하지 못한다. 하지만 겨울에 비가 1,000센티미터 더 온다면 와인 한 병에 1달러를 기꺼이 더 내야 할 것이다.

아셴펠터조차 이 회귀분석 결과가 왜 이렇게 나왔는지 정확히 알지 못했다. 하지만 그는 와인을 구매하는 데 이 공식을 이용했고 그에 따르면 "결과가 아주 좋았다".[19] 그가 마시는 와인의 품질이 눈에 띄게 나아졌다.

어떤 와인이 좋은 맛을 낼까? 어떤 제품이 팔릴까? 어떤 말이 빨리 달릴까? 이처럼 당신의 목표가 미래를 예측하는 것이라면 당신의 모델이 어떻게 좋은 효과를 내는지 정확한 이유를 너무 궁금해할 필요는 없다. 정확한 수치만 얻으면 그만이다. 이것이 제프 세이더가 주는 두 번째 교훈이다.

미래의 삼관마를 예측하는 세이더의 성공적인 시도에서 배울 수 있는 마지막 교훈은 어떤 것이 데이터로서 의미가 있을지 결정할 때는 개방적이고 유연해야 한다는 점이다. 세이더가 등장하기 이전에도 다른 경주마 에이전트들 역시 데이터에 신경을 썼다. 그들은 경기 기록과 혈통표를 면밀하게 살폈다. 세이더의 천재성은 이전에 다른 사람들이 보지 않았던 데이터를 찾아서 비전형적인 데이터 출처를 고려했다는 데 있다. 신선하고 독창적인 시각은 데이터과학자들에게 성과로 돌아올 수 있다.

# 단어 데이터

2004년 어느 날, 하버드대학교 박사과정에 있는 두 명의 젊은 경제학자가 동성애 결혼을 합법화한 최근의 메사추세츠주 법원 판결을 읽고 있었다. 미디어에 전문지식이 있는 맷 겐츠코프Matt Gentzkow와 제시 셔피로Jesse Shapiro는 흥미로운 점을 발견했다. 같은 이야기를 전하는 두 신문의 논조가 완전히 달랐던 것이다. 보수적이라는 평판을 듣는 《워싱턴타임스The Washington Times》는 "매사추세츠에서는 동성애자들homosexuals이 '결혼'을 한다"라고 표제를 달았다. 진보적이라는 평을 받는 《워싱턴포스트The Washington Post》는 "동성커플same-sex couples이 승리했다"라고 보도했다.

　언론사마다 보도 방향이 다르고 같은 이야기도 다른 초점에서 다룰 수 있다는 점은 새롭지 않았다. 사실 겐츠코프와 셔피로는 수년 동안 경제학 지식을 이용해서 언론편향을 이해할 수 있지 않을까 생각하고 있었다. 왜 어떤 언론사의 견해는 더 진보적이고, 어떤 언론사는 더 보수적일까?

　하지만 겐츠코프와 셔피로는 이 문제를 어떻게 다뤄야 할지 아이디어를 떠올리지 못했다. 미디어의 주관성을 체계적이고 객관적으로 측정할 수 있는 방법을 알아낼 수 없었다.

　당시 겐츠코프와 셔셔피로가 이 동성애 결혼 기사를 흥미롭게 생각한 이유는 단순히 두 신문사의 논조가 달라서가 아니었다. 그 논조가 '어떻게' 다른가가 중요했다. 논조는 단어 선택에 뚜렷한 차이를 드러냈다. 《워싱턴타임스》가 쓴 homosexuals는 동성애자를 묘사하는 구식 용어로, 폄하하는 의미가 들어 있다. 반면《워싱턴포스트》가 사용한 same-sex couples는 동성 관계가 사랑의 또 다른 형태일 뿐이라는 점을 강조했다.

겐츠코프와 셔피로는 언어가 편견을 이해할 수 있는 열쇠이지 않을까 생각했다. 진보주의자와 보수주의자는 꾸준히 서로 다른 문구를 사용할까? 신문이 기사에 사용하는 단어를 데이터로 바꿀 수 있을까? 이것이 미국 언론에 관해 무엇을 드러낼 수 있을까? 언론이 진보적인지 보수적인지 알아낼 수 있을까? 2004년 당시 이런 질문은 한가한 사람이나 던지는 쓸모없는 질문이 아니었다. 신문에 등장하는 수십억 개의 단어는 더 이상 인쇄용지나 마이크로필름에 갇혀 있지 않았다. 미국에 있는 거의 모든 신문의 모든 기사에 포함된 모든 단어를 기록한 웹사이트들이 있었다. 겐츠코프와 셔피로는 이들 사이트를 모아서 신문의 편향을 측정할 수 있는 단어가 무엇인지 재빨리 시험했다. 그 결과 그들은 뉴스 매체가 어떻게 작동하는지에 관한 우리의 이해를 향상시킬 수 있었다.

하지만 그들이 발견한 결과를 이야기하기 전에 잠깐 겐츠코프와 셔피로의 이야기와 신문의 단어를 수량화한 그들의 시도에 관해 알아보고, 다양한 분야의 학자들이 인간의 본성을 더 잘 이해하기 위해 이런 새로운 유형의 데이터인 단어를 어떻게 이용하는지 이야기해보자.

언어적 표현은 사회과학자들이 늘 관심을 가져온 주제다. 그렇지만 이를 연구하려면 글을 정독해야 했고, 엄청난 양의 글을 데이터로 전환하기란 어려운 일이었다. 이제는 컴퓨터와 디지털화를 통해 엄청난 양의 문서 전체에 들어 있는 단어를 쉽게 도표화할 수 있게 되면서 언어적 표현도 빅데이터 분석 대상이 됐다. 구글이 이용하는 링크는 단어로 구성된다. 내가 연구하는 구글 검색 역시 마찬가지다. 이 책에는 언어적 표현이 자주 주인공으로 등장한다. 단어는 빅데이터 혁명에서 매우 중요하기 때문에 단어만 따로 다루는 부분을 이렇게 마련했다. 사실 현재 빅데이터 분석에서는 언어가 많이 사용되기 때문에 전적으로 언어적 표현만을 연구하는 '데이터로서의 텍스트text as data'라는 분야도 존재한다.

이 분야에서 가장 눈에 띄는 발전의 결과물은 구글 엔그램Google Ngram이다. 몇 년 전 두 명의 젊은 생물학자, 에레즈 에이든Erez Aiden 과 장바티스트 미셸Jean-Baptiste Michel은 특정한 단어가 어떻게 확산되는지에 관해 새로운 통찰을 얻으려고 연구 조교에게 먼지 쌓인 문서 속의 단어들을 일일이 세게 했다. 어느 날 에이든과 미셸은 세계의 많은 책을 디지털화하는 구글의 새로운 프로젝트에 관해 들었고 곧장 이것이 언어의 역사를 이해하는 훨씬 더 쉬운 방법이 되리라는 것을 깨달았다.

에이든은 《디스커버Discover》에서 이렇게 말했다. "우리의 방법이 끔찍하게 구식이라는 것을 깨달았습니다. 이런 거대한 규모의 디지털화에 대적할 수 없을 것이 분명했습니다." 그들은 검색 회사와 협력하기로 결정했고, 구글 엔지니어들의 도움으로 디지털화된 책 수백만 권에서 특정한 단어와 문구를 검색하는 서비스를 만들었다. 그 결과 연구자들은 1800년부터 2010년까지 매년 특정 단어나 문구가 얼마나 자주 등장했는지 확인할 수 있었다.

매년 책에 등장하는 단어와 문구의 빈도로 우리가 알 수 있는 것은 무엇일까? 우선, 소시지의 인기는 천천히 높아졌고 피자의 인기는 비교적 최근에 빠르게 높아졌다는 사실을 발견했다.

그보다 훨씬 심오한 교훈도 있다. 예를 들어 구글 엔그램은 민족정체성이 어떻게 형성되는지 알려준다. 이 흥미로운 사례는 에이든과 미셸의 책《빅데이터 인문학Uncharted》에 등장한다.

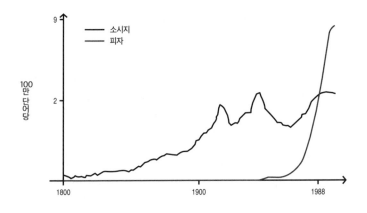

먼저 간단한 질문을 하나 하자. 현재 미국은 통합된 국가인가, 분열된 국가인가? 대부분의 사람들과 생각이 같다면, 당신은 오늘날 미국은 고도의 정치적 양극화로 인해 분열되어 있다고 말할 것이

다. 미국이 과거만큼이나 분열되었다고 말할지도 모르겠다. 미국은 현재 색으로 나뉜다. 붉은색 주는 공화당, 푸른색 주는 민주당 하는 식이다. 하지만 《빅데이터 인문학》에서 에이든과 미셸은 미국이 과거에 얼마나 분열되었는지를 드러내기 위해 한 가지 흥미로운 데이터 포인트에 주목한다. 바로 사람들이 미국에 관해 이야기할 때 사용하는 표현이다.

내가 이전 단락에서 사용한 단어에 주목해보라. 나는 "The United States is divided(미국은 분열된 국가)"라고 적었다. 나는 미국을 단수로 취급했다. 이것이 정상적이고 문법에 맞는 표준 용법이다. 당신이 특별히 눈치채지 못한 것도 당연하다.

그렇지만 미국인들이 항상 이런 식으로 말했던 것은 아니다. 국가 성립 초기에 미국인들은 미국을 복수로 취급했다. 예를 들어 존 애덤스John Adams는 1799년 연두교서에서 "영국 여왕 폐하와의 조약에서 미국은(the United States in their treaties with his Britanic Majesty)"이라고 말했다. 내가 1800년에 이 책을 썼다면 "The United States are divided"라고 적었을 것이다. 이 작은 용법의 차이는 오랫동안 역사가들의 관심을 받아왔다. 미국을 주들의 집합으로 보지 않고 하나의 국가로 생각하기 시작한 시점이 있다는 것을 드러내기 때문이다.

언제 이런 일이 일어났을까? 《빅데이터 인문학》에 따르면 역사가들은 답을 확실히 알지 못했다. 체계적으로 알아볼 방법이 없었기 때문이다. 하지만 많은 사람은 남북전쟁이 원인이 아닐까 오랫동안 짐작해왔다. 사실 미국 역사학회의 전 회장이자 퓰리처상 수상자인 제임스 맥퍼슨James McPherson은 "남북전쟁은 미국이 단수 명사로 변화한 시점이다"라고 단언했다.

하지만 이 말은 틀린 것으로 밝혀졌다. 에이든과 미셸은 구글 엔그램을 통해 이를 체계적으로 확인할 방법을 찾았다. 그들은 미국 건국 이래 발간된 모든 책에서 매년 The United States are와 The United States is라는 문구가 얼마나 자주 사용됐는지 확인했다. 변화는 매우 점진적이었고 남북전쟁이 끝나고 한참 지난 뒤까지 그 속도가 빨라지지 않았다.

남북전쟁이 끝나고 15년 뒤에도 The United States are가 The United States is보다 많이 사용되어 미국이 언어학적으로는 여전히 분열되어 있었음을 보여줬다. 사고방식의 변화는 군사적 승리보다 느렸다.

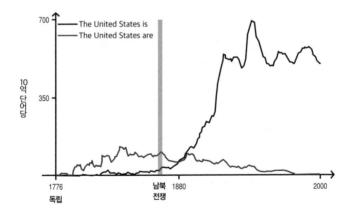

미국이 어떻게 하나가 되었는지에 관한 이야기는 이쯤 해두자. 남성과 여성은 어떻게 인연이 될까? 여기에서도 단어가 도움을 준다. 예를 들어 우리는 첫 데이트에서 남성과 여성이 어떤 이야기를 하는가를 근거로 그들이 두 번째 데이트를 할지 예측할 수 있다.

대니얼 맥팔런드Daniel McFarland, 댄 주래프스키Dan Jurafsky, 크레이그 롤링스Craig Rawlings로 구성된 스탠퍼드대학교와 노스웨스턴대학교 여러 분야의 과학자 팀이 이를 보여줬다. 그들은 이성 간 스피드 데이트speed date(독신 남녀가 애인을 찾을 수 있도록 여러 사람을 돌아가며 잠깐씩 만나보게 하는 행사 - 옮긴이)에 참여한 수백 명을 연구해서 참가자들이 유대감을 느끼고 두 번째 데이트를 하고 싶어할지 예측할 수 있는 요소를 찾으려 했다.[20]

연구팀은 먼저 전형적인 데이터를 사용했다. 사람들에게 키, 몸무게, 취미를 묻고 이런 요소들이 연애 감정이 생겼다고 보고한 사람들과 어떤 연관성이 있는지 시험했다. 평균적으로 여성은 키가 크고 취미가 같은 남성을 선호했다. 평균적으로 남성은 마르고 취미가 같은 여성을 선호했다. 새로울 것이 없었다.

하지만 과학자들은 새로운 유형의 데이터도 수집했다. 그들은 사람들이 데이트에 녹음기를 가져가게 했다. 이 데이트 기록은 이후 디지털화됐고, 과학자들은 데이트에서 오고 간 단어, 웃음, 어조를 코드화할 수 있었다. 남성과 여성은 관심의 신호를 어떻게 보내고 파트너들은 그런 관심을 어떻게 얻어낼까?

연구팀은 이런 언어 데이터로 남성과 여성이 상대방에게 어떻게 호감을 전달하는지 알아냈다. 남성이 사용하는 방법 중 하나는 매우 분명하다. 여성의 농담에 웃는다. 그보다 덜 눈에 띄는 방법도 있다. 말을 할 때 음의 높낮이를 제한한다. 단조로운 목소리가 여성들에게 남성적으로 들린다는 연구가 있는데, 남성들은 여성이 마음에 들 때 아마도 무의식적으로 자신의 남성성을 과장하는 듯하다.

여성은 목소리의 높낮이에 변화를 줘서 좀 더 부드럽게 말하고 대화를 짧게 주고받음으로써 관심을 표현한다. 반면 여성이 사용하는 특정한 단어 중에는 관심이 없음을 드러내는 주요 단어들도 있다. '아마'나 '그럴 거예요'라는 식의 얼버무리는 단어나 구절은 상대에게 관심이 없다는 뜻이다.

마시는 음료가 '별로'라거나 '약간' 춥다거나 '아마도' 다른 전채요리를 먹을 거라고 그녀가 말한다면 '대체로' '아마도' '별로' 당신이 마음에 들지 않는다는 뜻으로 받아들이면 된다.

여성이 자기 이야기를 한다면 상대에게 관심이 있을 가능성이 높다. 관계를 진전시키고 싶은 남성이 여성의 입에서 들을 수 있는 가장 긍정적인 말은 '나'로 밝혀졌다. '나'에 대해 말한다는 것은 그녀가 편안하다는 신호다. '있잖아요'나 '제 말은'처럼 자신을 드러내는 표현을 사용한다면 그 여성은 상대에게 관심이 있을 가능성이 높다. 왜일까? 과학자들은 이러한 말이 듣는 사람의 주의를 끈다고 말한다. 이런 말은 우호적이고 따뜻하며 관계의 진전을 바라고 있다는 뜻이다. 여러분도 내 말이 무슨 뜻인지 알지 않나?

관심을 둔 사람과 데이트하려면 어떤 대화를 나눠야 할까? 데이터에 따르면 남성이 여성에게 호감을 얻는 대화법은 다양하다. 여성은 자신이 유도하는 대로 따르는 남성을 좋아한다. 남성이 여성의 농담에 웃고, 화제를 바꾸지 않고 여성이 내놓은 주제로 대화를 계속한다면 그녀는 관계를 더욱 친밀하게 느낄 것이다. 이 사실은 전혀 놀랍지 않다.* 여성들은 지지와 공감을 표현하는 남성을 좋아한다. 남성이 "대단하네요!"나 "정말 멋진데요"라고 말하면 여성이 호감을 느낄 가능성은 대폭 상승한다. "힘들죠"나 "슬펐겠네요"라는 말을 사용할 때도 마찬가지다.

여성들에게는 나쁜 소식이 있다. 이 데이터가 남성의 불쾌한 진실을 확인해주는 듯 보이기 때문이다. 남성들이 여성에게 반응하는 여러 요소 중에서 대화는 극히 작은 역할을 할 뿐이다. 남성에게는 외모가 그 무엇보다 중요하다. 그렇긴 하지만 자신에게 남성이 조금이나마 호감을 더 갖게 하는 데 여성이 사용할 수 있는 단어가 하나 있는데, 바로 앞에서 말한 '나'라는 말이다. 남성은 자기 이야기를 하는 여성을 좋아할 가능성이 더 높다. 여성 역시 자기 이야기를 나눈 데이트에서 유대감을 느꼈다고 보고할 확률이 높다. 따라서 첫 번째 데이트에서 여성에 관한 이야기를 많이 나눴다면 좋은 신호라

---

* 내가 증명하기 위해 애쓰고 있는 이론이 있다. 빅데이터가 지난날 레너드 코언 Leonard Cohen(많은 히트곡을 남긴 캐나다 출신 싱어송라이터-옮긴이)이 말한 모든 것이 사실이라고 확인해주는 이론이다. 예를 들어 코언은 조카에게 여성을 유혹하는 방법을 알려준 적이 있다.[21] "귀를 기울여. 그리고는 더 귀를 기울여. 다 들었다고 생각되면 좀 더 귀를 기울여." 이 조언은 과학자들이 여기서 발견한 것과 거의 비슷하다.

고 볼 수 있다. 여성은 편안하다는 신호를 보냈고, 아마 남성이 대화를 독점하지 않아서 고마웠을 것이다. 남성은 여성이 마음을 터놓아 좋았을 것이다. 두 번째 데이트가 성사될 가능성이 높다.

마지막으로 데이트 대화에서 가장 문제시되는 지표는 물음표다. 데이트에서 질문이 많이 나왔다면 남녀 모두 유대감을 느꼈다고 보고할 가능성이 낮다. 직관과 어긋나는 듯 보인다. 질문은 관심의 표현이 아닌가? 하지만 첫 데이트에서 질문은 대부분 지루하다는 신호다. "취미가 뭐예요?" "형제가 몇 명이신가요?" 사람들은 대화가 끊겼을 때 이런 질문을 한다. 최고의 첫 데이트라면 단 하나의 질문이 마지막에 나온다. "우리 다시 만날까요?" 이것이 그 데이트에서 유일한 질문이라면 대답은 "좋아요"일 것이다.

남성과 여성이 다른 방식으로 이야기하는 경우는 서로를 유혹하려 할 때만이 아니다. 그들은 일반적으로 다르게 이야기한다.

심리학자들이 페이스북에 올라온 글 수십만 개에 사용된 단어를 분석하고[22] 남성과 여성이 사용하는 단어의 빈도를 측정했다. 이후 그들은 영어권에서 남성들이 가장 많이 쓰는 단어와 여성들이 가장 많이 쓰는 단어가 무엇인지 발표했다.

선호되는 단어를 보면 대부분 고개가 끄덕여진다. 예를 들어 여성은 남성에 비해 '쇼핑'과 '머리 스타일'에 관한 이야기를 훨씬 자주 한다. 남성은 여성보다 '축구'와 '엑스박스 게임기'에 관한 이야기를 훨씬 자주 한다. 굳이 심리학자가 빅데이터를 분석하지 않아도 알 수 있는 일이다.

하지만 좀 더 흥미로운 결과도 있다. 여성은 남성에 비해 '내일'이라는 단어를 훨씬 많이 사용한다. 아마도 남성들이 앞으로의 일을 생각하는 데 재주가 없기 때문일 것이다. so(매우)라는 단어에 o를 덧붙여 강조하는 것은 더할 나위 없이 여성적인 언어 습관이다. 여성들이 과도하게 많이 사용하는 단어 중에는 soo, sooo, soooo, sooooo, soooooo가 있다.

어린 시절 f가 들어간 욕을 마구 해대는 여성을 많이 봐서인지는 모르겠지만, 나는 욕을 하는 것이 남녀의 동등한 특성이라고 생각해왔다. 그런데 그렇지가 않았다. 남성은 여성에 비해서 fuck, shit, bullshit, fucking, fuckers 같은 욕을 훨씬 자주 사용했다.

다음에 대부분의 남성이 사용하는 단어와 대부분의 여성이 사용하는 단어를 보여주는 워드 클라우드word cloud를 실었다. 단어가 크게 보일수록 그 단어의 사용이 해당 성별에 더 많이 치우쳐 있다는 뜻이다.

이 연구에서 마음에 드는 점은 오랫동안 존재해왔지만 우리가 인식하지 못했던 패턴을 새로운 데이터가 알려준다는 것이다. 남성과 여성은 항상 다른 방식으로 말해왔다. 하지만 수만 년 동안 이 데이터는 음파가 공중으로 흩어지자마자 없어졌다. 이제 이 데이터를 컴퓨터에 보존하고 컴퓨터로 분석할 수 있다.

내 성별에 맞춰 다시 말해보면, "단어들은 존나 먼지 하나 없이 사라졌었다. 이제 풋볼도 엑스박스도 그만두고 이 망할 것들을 연구해야지. 어떤 놈이 신경 쓸지는 몰라도."

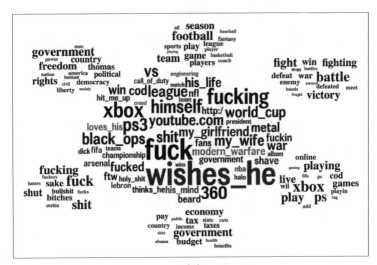

남성

여성

남성과 여성만이 아니다. 사람들은 연령에 따라 다른 단어를 사용한다. 여기서 노화가 어떻게 진행되는지 단서를 얻을 수 있다. 동일한 연구를 통해 페이스북에서 연령에 따라 사람들이 불균형하게 사용하는 단어들도 알 수 있다. 나는 이 그림을 '마시고 일하고 기도하고'라고 부른다. 사람들은 10대 때 술을 마신다. 20대 때는 일을 한다. 30대 이후에는 기도를 한다.

글을 분석하는 강력하고 새로운 도구로 '감성 분석sentiment analysis'이라는 것이 있다. 과학자들은 이제 어떤 글의 특정한 단락이 얼마나 행복한지, 얼마나 슬픈지를 측정할 수 있다.

이를 위해 여러 팀의 과학자들이 많은 사람에게 영어 단어 수만 개를 긍정적인 것과 부정적인 것으로 코드화해달라고 요청했다. 이

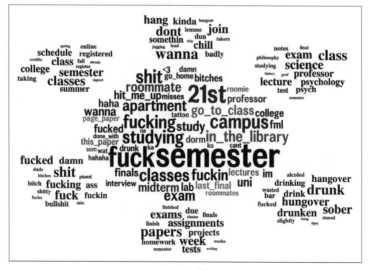

19~22세

23~29세

30~65세

방법론에 따르면 가장 긍정적인 단어군에는 happy(행복한), love(사랑), awesome(기막히게 좋은) 등이 있었다. 가장 부정적인 단어군에는 sad(슬픈), death(죽음), depression(우울)이 포함됐다. 과학자들은 거대한 단어 세트로 이뤄진 감성 지표를 만들었다.

그들은 이 지표를 이용해 글의 특정 단락에 있는 단어의 평균적인 기분을 측정한다. 누군가가 '나는 행복하고, 사랑에 빠져 있으며, 기막히게 기분이 좋다'라고 적는다면 감성 분석은 그 글을 극히 행복한 글로 코드화할 것이다. 누군가가 '세상의 모든 죽음과 우울한 일을 생각하니 슬프다'라고 적는다면 감성 분석은 그 글을 극히 슬픈 글로 코드화할 것이다. 다른 글들은 양극단 사이 어딘가에 자리할 것이다.

글의 기분을 코드화함으로써 무엇을 배울 수 있을까? 페이스북의 데이터과학자들은 아주 흥미로운 가능성 하나를 제시했다. 매일 한 나라의 국민총행복을 측정하는 것이다. 사람들의 상태 메시지가 긍정적이라면 그 나라는 그날 행복한 것으로 추정한다.

페이스북의 데이터과학자들은 크리스마스가 1년 중 가장 행복한 날이라는 발견도 했다. 나는 이 분석을 신뢰하지 않는다(그리고 전체 프로젝트에 대해서도 약간 회의적이다. 일반적으로 나는 많은 사람이 크리스마스에 혼자 있거나 가족과 싸워도 슬픔을 드러내지 않는다고 생각한다). 좀 더 일반적으로, 나는 페이스북 상태 업데이트를 신뢰하지 않는다. 그 이유는 다음 장에서 논의하겠지만 우선은 소셜미디어에서 자신의 삶에 관해 거짓말을 하는 경향 때문이라고

만 말해두겠다.

크리스마스에 외롭고 비참해도 얼마나 불행한지를 포스팅해서 친구들을 걱정시키고 싶지는 않을 것이다. 크리스마스가 전혀 즐겁지 않아도 페이스북에는 '근사하고 최고로 좋고 멋진 행복한 삶'이 고맙다고 쓰는 사람이 많다는 것이 내 생각이다. 이후 그 글들은 미국의 국민총행복을 상당히 높이는 것으로 코드화된다. 정말로 국민총행복을 코드화하려면 페이스북 상태 업데이트 외에 더 많은 데이터 출처를 이용해야 한다.

모든 것을 고려해도 크리스마스가 즐거운 날이라는 발견은 타당한 사실처럼 보인다. 우울감에 대한 구글 검색과 갤럽의 설문조사 역시 크리스마스가 연중 가장 행복한 날이라고 말해준다. 도시괴담과는 달리 명절 앞뒤로는 자살률이 떨어진다. 크리스마스에 슬프고 외로운 사람도 더러 있지만 행복한 사람이 더 많다.

요즘 사람들은 앉아서 글을 읽는 대부분 시간을 페이스북 상태 업데이트를 살펴보는 데 쓴다. 하지만 그리 오래지 않은 과거에 인간은 책으로 글을 읽었다. 감성 분석은 여기에서도 우리에게 많은 것을 가르쳐준다.

현재 USC 버클리정보대학원에 재직하고 있는 앤디 레이건 Andy Reagan과 동료 과학자들은 책 수천 권에 있는 글과 영화 대본을 다운로드했다.[23] 이후 그들은 이야기의 각 부분이 얼마나 행복하거나 슬픈지 코드화할 수 있었다.

《해리포터와 죽음의 성물Harry Potter and the Deathly Hallows》을 예

로 들어보자. 레이건 연구진은 줄거리의 주요 지점에서 분위기가 어떻게 변화하는지를 아래 표로 나타냈다. 감성 분석으로 감지한 분위기의 고저가 주요 사건과 일치한다는 데 주목하라.

《해리포터와 죽음의 성물》 J. K. 롤링J.K Rowling 지음

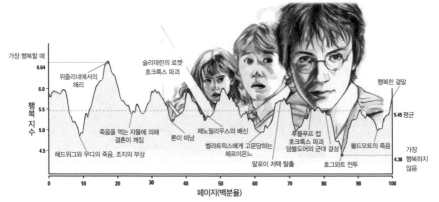

시각화 작업: 팀 헤도노미터(@HEDONOMETER TEAM), 앤디 레이건(@ANDYREAGAN)
삽화: 커시(STRAY-CATS-@HOTMAIL.COM)

다른 이야기들은 대부분 구조가 좀 더 단순하다. 윌리엄 셰익스피어 William Shakespeare의 비극, 《존 왕King John》을 예로 들어보자. 이 희곡에서는 제대로 되는 일이 하나도 없다. 영국의 존 왕은 왕위를 단념하라는 요구를 받는다. 그는 교황에게 불복종한 죄로 파면을 당한다. 전쟁이 일어난다. 존 왕의 조카는 아마도 자살로 사망한다. 다른 사람들도 죽는다. 마지막으로 존 왕은 불만을 품은 수도승에 의해 독살당한다.

이 희곡이 흘러가는 과정을 감성 분석하면 다음과 같다.

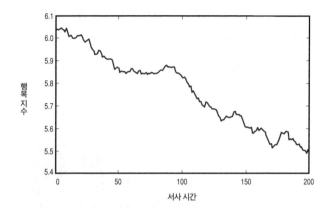

다시 말해 컴퓨터는 단어만을 통해서 악화되는 상황을 감지할 수 있다.

이번엔 영화 〈127시간127 Hours〉을 생각해보자. 기본적인 줄거리는 다음과 같다.

한 등산가가 유타주 캐니언랜즈 국립공원에서 다른 등산객들과 하이킹을 한다. 이후에 그는 혼자 떨어져 걷다가 홱 미끄러지고 바위 사이에 손과 손목이 끼인다. 여러 가지 방법으로 탈출을 시도해보지만 모두 실패한다. 낙담한 그는 결국 팔을 잘라내고 탈출한다. 이후에 그는 결혼을 하고, 가정을 꾸리고, 등반을 계속하지만 이제는 떠날 때마다 메모를 남긴다.

영화 흐름에 따른 레이건 연구진의 감성 분석은 다음과 같다.

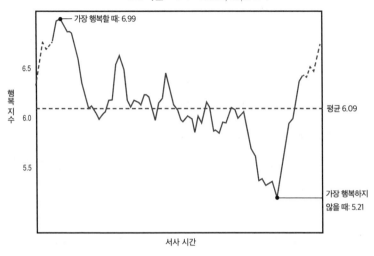

<127시간> 대니 보일Danny Boyle 감독

가장 행복할 때: 6.99

행복
지수

6.5

6.0 ······ 평균 6.09

5.5

가장 행복하지
않을 때: 5.21

서사 시간

그렇다면 이 이야기에 담긴 수천 개의 감정으로부터 무엇을 배울 수 있을까?

컴퓨터과학자들은 대부분의 이야기가 비교적 간단한 여섯 가지 구성 중 하나에 맞아떨어진다는 것을 발견했다. 레이건 연구진의 표를 참조한 여섯 가지 구성은 다음과 같다.

가난뱅이에서 부자로(상승)
부자에서 가난뱅이로(하락)
궁지에 몰린 사람(하락 이후 상승)
이카루스(상승 이후 하락)

신데렐라(상승 이후 하락 이후 상승)

오이디푸스(하락 이후 상승 이후 하락)

이 단순한 구성에 포착되지 않은 작은 우여곡절이 있을 수 있다. 예를 들어 〈127시간〉은 '궁지에 몰린 사람' 구성에 속하지만 감성이 일시적으로 나아지는 순간도 있다. 대부분 이야기의 전체적인 구조는 이 여섯 가지 중 하나에 해당된다. 《해리포터와 죽음의 성물》은 예외지만.

이야기의 구조가 어떻게 변화하는가? 시간이 지나면서 더 복잡해지는가? 문화에 따라 이야기의 유형이 다른가? 사람들이 가장 좋아하는 이야기의 유형은 무엇인가? 여성과 남성이 매력을 느끼는 이야기 구성이 다른가? 다른 나라 사람들은 어떤가? 이처럼 우리는 여러 가지 질문에 답을 찾을 수 있다.

결국 데이터로서의 텍스트는 사람들이 정말로 원하는 것이 무엇인지에 관해 예상치 못한 통찰을 선사한다. 작가와 실무자의 생각과 사람들이 원하는 것 사이에는 차이가 있을 테니 말이다. 그 방향을 가리키는 단서들은 이미 존재한다.

와튼경영대학원 교수 조나 버거Jonah Berger와 캐서린 L. 밀크먼 Katherine L. Milkman은 어떤 유형의 이야기가 널리 퍼지는지에 관해 연구했다.[24] 그들은 《뉴욕타임스》에서 이메일로 전송될 가능성이 가장 높은 기사가 긍정적인 이야기인지 부정적인 이야기인지를 실험했다. 그들은 3개월에 걸쳐 《뉴욕타임스》의 모든 기사를 다운로드했고 감성 분석을 이용해서 기사의 분위기를 코드화했다. 긍정적인 이야기로는 〈도시와 사랑에 빠진 이방인들〉〈자선계의 토니상〉 등이 있었다. 〈한국 여배우의 자살과 웹상의 괴소문〉〈독일: 아기 북극곰 사육자 사망〉은 당연히 부정적인 이야기로 나타났다.

교수들은 이야기가 배치된 위치도 조사했다. 홈페이지에 올라왔나? 우측 상단? 좌측 상단? 또 언제 기사가 나왔는지도 확인했다. 화요일 늦은 밤? 월요일 아침?

그들은 《뉴욕타임스》 사이트에서 비슷한 위치에 비슷한 시간에 실린 긍정적인 기사 하나와 부정적인 기사 하나를 비교해서 어떤 기사가 이메일로 공유될 가능성이 높은지 확인했다.

어떤 기사가 공감을 얻을까? 긍정적인 기사일까, 부정적인 기사일까?

바로 긍정적인 기사다. 연구자들은 '내용이 긍정적일수록 널리 전파될 가능성이 높다'고 결론 내렸다.

여기서 주목할 점은 사람들이 폭력적이고 파멸적인 이야기에 끌린다는 기자들의 일반적인 통념과 결과가 반대되는 것처럼 보인다는 것이다. 언론 매체가 사람들에게 암울한 이야기를 많이 전달한다는 것은 사실일지 모른다. 보도국에는 '피 흘리는 기사가 주목받는다If it bleeds, it leads'라는 격언이 전해진다. 그렇지만 와튼경영대학교 교수들이 수행한 이 연구는 사람들이 명랑하고 기운을 돋우는 이야기를 원할지도 모른다는 것을 암시한다. '미소를 지으면 퍼간다If it smiles, it's emailed'라는 새로운 격언이 나와야 할지도 모르겠다.

이 이야기는 여기까지 하겠다. 이제 단어가 진보적인지 보수적인지를 어떻게 알 수 있을지, 그리고 그것이 현대 언론 매체에 관해 우리에게 무엇을 알려주는지 생각해보자. 이는 좀 더 복잡한 문제로 겐츠코프와 제시 셔피로의 이야기로 돌아가야 한다. 이 두 경제학자는 두 신문이 동성 결혼을 다른 방식으로 묘사한 것을 보고 언어를 사용해서 정치적 편향성을 알아낼 수 있을지 의문을 가졌다.

이 야심찬 두 젊은 학자는 먼저 연방의회의사록Congressional Record에 쓰인 표현을 검토했다. 이 기록은 이미 디지털화되어 있었기 때문에 2005년 민주당 하원의원들이 사용한 모든 말과 공화당 하원의원들이 사용한 모든 말을 다운로드할 수 있었다. 그들은 민주당 의원과 공화당 의원이 눈에 띄게 더 많이 사용한 단어가 있는지 확인했다.

실제로 그런 단어가 존재했다. 각 범주에 들어가는 몇 가지 사례를 공개한다.

| 민주당 의원들이<br>훨씬 많이 사용한 말 | 공화당 의원들이<br>훨씬 많이 사용한 말 |
| --- | --- |
| 상속세Estate tax | 상속세Death tax |
| 사회보장연금 민영화 | 사회보장연금 개혁 |
| 로자 파크스Rosa Parks | 사담 후세인Saddam Hussein |
| 노동자 권리 | 사유재산권 |
| 가난한 사람들 | 정부 지출 |

이러한 차이를 무엇으로 설명할 수 있을까?

민주당 의원과 공화당 의원들이 같은 개념을 묘사하면서 다른 단어를 사용한 경우도 있었다. 2005년 공화당 의원들은 연방 상속세를 인하하기 위해 노력했다. 그들은 이를 death tax(금방 사망한 사람에게 세금을 매기는 것같이 들린다)라고 표현한다. 민주당 의원들은 이를 estate tax(부자들에게 매기는 세금처럼 들린다)라고 묘사했다. 마찬가지로 공화당 의원들은 사회보장연금을 개인 퇴직연금 계정으로 옮기려고 노력했다. 공화당원들에게 이것은 '개혁'이었다. 민주당원들에게 이것은 좀 더 위험하게 들리는 '민영화'였다.

때로 언어의 차이는 무엇에 역점을 두느냐의 문제다. 짐작건대 공화당 의원과 민주당 의원은 모두 시민권의 영웅인 로자 파크스에게 존경의 마음을 품고 있을 것이다. 하지만 민주당 의원들이 로자 파크스에 대해서 더 자주 이야기했다. 마찬가지로 민주당 의원과 공화당 의원은 모두 이라크 전 대통령 사담 후세인을 사악한 독재자로 생각하겠지만, 공화당 의원들은 이라크전쟁을 정당화하기 위해 그를 반복해서 언급했다. 마찬가지로 '노동자 권리'와 '가난한 사람들'에 대한 염려는 민주당의 핵심 원칙이다. '사유재산권'과 '정부 지출' 삭감은 공화당원들의 핵심 원칙이다.

이런 언어 사용은 차이가 상당히 크다. 예를 들어 2005년 공화당 하원의원들은 death tax를 365회 사용했고 estate tax는 단 46회 사용했다. 민주당 하원의원의 경우 그 패턴이 반대였다. 그들은 death tax는 단 35회 사용했지만 estate tax는 195회 사용했다.

이러한 단어가 하원의원이 민주당원인지 공화당원인지를 말해 줄 수 있다면 신문이 어느 쪽으로 편향되어 있는지도 알 수 있겠다는 것이 학자들의 생각이었다. 공화당 하원의원이 상속세에 반대하도록 사람들을 설득할 때 death tax라는 말을 사용한다면 보수적인 신문들도 그럴 것이다. 비교적 진보적인 《워싱턴포스트》는 death tax보다 estate tax를 13.7배 더 많이 사용했다. 비교적 보수적인 《워싱턴타임스》는 비슷한 비율로 death tax를 estate tax보다 더 많이 사용했다.

인터넷 덕분에 겐츠코프와 셔피로는 미국의 여러 신문이 사용하는 언어를 분석할 수 있었다. 학자들은 뉴스라이브러리닷컴Newslibrary.com과 프로퀘스트닷컴proquest.com이라는 두 웹사이트를 이용해 신문 433개를 디지털화했다. 이후 그들은 정치성이 부여된 구문 1,000개가 신문에서 얼마나 자주 사용되는지 헤아려서 신문의 정치적 관점을 측정했다. 이를 통해 가장 진보적인 신문은 《필라델피아데일리뉴스Philadelphia Daily News》로, 가장 보수적인 신문은 《빌링스(몬태나)가제트Billings (Montana) Gazette》로 드러났다.

광범위한 매체의 언론편향을 포괄적으로 측정하면 언론에 대한 가장 중요한 질문에 대답할 수 있을 것이다. 왜 출판물은 좌나 우로 편향될까?[25]

경제학자들은 즉각 한 가지 핵심 요소, 곧 해당 지역의 정치 성향에 집중했다. 필라델피아나 디트로이트처럼 어떤 지역이 전반적으로 진보적이면 그곳의 1등 신문은 진보적이다. 어떤 지역이 빌링스나 텍사스주 애머릴로처럼 보수적이라면 그곳의 1등 신문은 보수적이다. 다시 말해 신문은 독자가 원하는 것을 주고자 한다.

신문사 사주의 입김이 작용할 수 있지 않을까 생각할지도 모르지만, 보통 신문사를 소유한 사람은 우리 생각만큼 정치적 편향에 영향을 끼치지 않는다. 같은 사람이나 같은 회사가 전혀 다른 성향의 신문을 소유할 때 어떤 일이 벌어지는지 주목해보자. 뉴욕타임스컴퍼니는 겐츠코프와 서피로가 진보적이라고 밝혀낸 《뉴욕타임스》를 소유하고 있다. 이 신문은 인구의 약 70퍼센트가 민주당 지지자인 뉴욕시에 기반을 둔다. 한편 이 회사는 연구 당시 보수 편향으로 평가된 《스파턴버그헤럴드저널Spartanbug Herald-Journal》도 소유하고 있었다. 이 신문은 인구의 약 70퍼센트가 공화당을 지지하는 사우스캐롤라이나 스파턴버그에 기반을 둔다. 물론 예외도 있다. 루퍼트 머독Rupert Murdoch이 회장으로 있는 뉴스코퍼레이션News Corporation은 누구나 보수적이라고 생각하는 《뉴욕포스트New York Post》를 소유하고 있다.[26] 하지만 전체적으로 볼 때 연구 결과는 소유주보다는 시장이 신문의 편향성을 결정한다는 사실을 보여준다.

이 연구는 우리가 뉴스 매체에 대해서 생각하는 방법에 큰 영향을 끼친다. 많은 사람들, 특히 마르크스주의자들은 대중에게 영향을 주려는 기업이나 부자들이 미국의 저널리즘을 지배해서 사람들에게 그들의 정치적 견해를 강요한다고 생각했다. 하지만 겐츠코프와 서피로의 논문은 소유주의 두드러진 동기는 그것이 아니라고 말한다. 소유주는 대중에게 그들이 원하는 것을 줘서 더 큰 부를 쌓고자 한다.

의문이 하나 더 있다. 더 중요하고 더 도발적이고 논란거리가 될 의문이다. 미국 뉴스 매체들은 평균적으로 우편향인가 좌편향인가? 매체는 평균적으로 진보적인가 보수적인가?

겐츠코프와 서피로는 신문들이 좌편향이라는 것을 발견했다. 보통의 신문은 공화당 하원의원보다 민주당 하원의원과 비슷한 단어를 선택했다.

"아하! 내 이럴 줄 알았어!" 보수적인 독자는 이렇게 외칠 것이다. 많은 보수주의자가 오랫동안 신문이 좌익의 견해를 지지하도록 대중을 움직이려 한다고 의심해왔다.

하지만 이 논문은 그렇지 않다고 말한다. 사실 진보 편향은 신문 독자들의 요구에 맞춘 결과일 뿐이다. 신문 독자층은 평균적으로 약간 좌편향이다(겐츠코프와 서피로는 이에 대한 데이터를 갖고 있다). 신문이 평균적으로 좌편향인 이유는 그것이 독자들이 원하는 견해이기 때문이다.

거대한 음모 따위는 없다. 그저 자본주의가 존재할 뿐.

겐츠코프와 서피로의 연구 결과는 뉴스 매체가 지구상의 다른 산업과 같은 방식으로 운영된다고 암시한다. 슈퍼마켓은 사람들이 좋아하는 아이스크림으로 선반을 채우고, 신문은 사람들이 원하는 견해가 무엇인지 파악해서 그것으로 지면을 채운다. 서피로는 내게 이렇게 말했다.[27] "그저 사업일 뿐이죠." 이것이 뉴스, 분석, 의견 같은 난해한 문제들을 그 구성 요소인 단어로 분해하고 정량화했을 때 우리가 배울 수 있는 사실이다.

## 사진 데이터

전통적으로 학자나 사업가들은 데이터가 필요하면 설문조사를 했다. 설문지의 숫자나 체크 박스를 통해 만들어진 데이터는 형태가 깔끔했다. 이제는 그렇지 않다. 구조적이고, 깨끗하고, 단순한 설문조사 기반의 데이터는 끝났다. 새로운 시대에는 우리가 생활하면서 남긴 복잡한 흔적이 데이터의 주된 원천이다.

앞서 살펴봤듯이 단어가 데이터다. 클릭이 데이터다. 링크가 데이터다. 오타가 데이터다. 꿈속에 나온 바나나가 데이터다. 어조가 데이터다. 쌕쌕거리는 숨소리가 데이터다. 심장박동이 데이터다. 비장의 크기가 데이터다. 검색어는 가장 계시적인 데이터다.

사진 역시 데이터로서의 면모를 드러냈다.

한때 먼지 쌓인 선반의 책과 정기간행물에 갇혀 있던 단어가 디지털화된 것처럼 사진 역시 앨범이나 상자에서 해방됐다. 사진은 비트로 변형되고 클라우드로 방출된다. 글이 역사적인 교훈(사람들이 말하는 방식이 어떻게 변화했는지를 보여주는 등)을 주듯이 사진 역시 우리에게 역사적인 교훈(사람들이 포즈를 취하는 방식이 어떻게 변화했는지 보여주는 등)을 준다.

브라운대학교와 버클리대학교의 컴퓨터과학자 네 명이 한 팀으로 기발한 연구를 수행했다. 그들은 디지털 시대의 발전을 기회로 이용했다. 많은 고등학교가 졸업앨범을 스캔해서 온라인에서 이용할 수 있게 한 것을 활용한 것이다. 연구자들은 인터넷에서 1905년에서 2013년까지의 미국 고등학교 졸업앨범 949개를 찾았다.[28] 여기에는 졸업생 수만 명의 사진이 들어 있었다. 그들은 컴퓨터 소프트웨어를 사용해서 10년을 단위로 '평균적인' 얼굴을 만들었다. 다시 말해 그들은 사람들의 눈, 코, 입, 머리의 평균적인 위치와 형태를 알아낼 수 있었다. 성별로 나눠 살펴본 지난 100여 년 동안의 평균적인 얼굴은 다음과 같다.

눈에 띄는 게 있는가? 미국인들, 특히 여성들이 웃기 시작했다. 20세기 초반에는 돌처럼 무표정했으나 끝쪽으로 오면 환하게 웃고 있다.

왜 이런 변화가 생겼을까? 미국인들이 더 행복해진 것일까?

아니다. 다른 학자들이 이 질문의 답을 구하는 데 도움을 줬다.

적어도 내게는 그 이유가 아주 흥미로웠다. 사진이 처음 발명됐을 때 사람들은 사진을 그림처럼 생각했다. 그림 말고는 사진과 비교할 수 있는 것이 없었다. 때문에 사진의 대상은 그림의 대상을 따라 했다.[29] 초상화의 모델로 자리에 앉은 사람들은 그림이 그려지는 긴 시간 동안 미소를 짓고 있을 수 없어서 진지한 표정을 지었다. 사진의 대상도 같은 표정을 지었다.

무엇이 사람들을 바꿔놓았을까? 기업, 이윤, 마케팅이다. 20세기 중반 필름·카메라 회사인 코닥Kodak은 사람들이 특별한 때만 사진을 찍는 데 불만을 느끼고 사람들이 더 자주 사진을 찍게 하는 전략을 고안했다. 코닥은 광고에서 사진과 행복을 결부시켰다. 목표는 사람들이 자신이 얼마나 즐거운 시간을 보내고 있는지 남들에게 보여주고자 할 때마다 사진 찍는 습관을 갖게 하는 것이었다. 모두가 미소를 짓는 고등학교 졸업앨범의 사진은 성공적인 광고 캠페인의 결과물이다. 페이스북과 인스타그램Instagram에 올라오는 사진들도 마찬가지다.

하지만 사진 데이터는 고등학교 졸업생들이 "치즈"라고 말하기 시작할 때가 언제인지에 관해 훨씬 더 많은 것을 말해준다. 놀랍게도 이미지는 경제가 어떻게 돌아가고 있는지도 이야기해줄 수 있다.

〈우주공간에서의 경제성장 측정Measuring Economic Growth from Outer Space〉이라는 도발적인 제목의 학술논문을 생각해보자. 논문에 이런 제목이 붙으면 나는 반드시 읽어본다. 이 논문의 저자인 J. 버넌 헨더슨J. Vernon Henderson, 애덤 스토리가드Adam Storeygard, 데이비드 N. 웨일David N. Weil은 많은 개발도상국에서 기존 척도로 국내 총생산GDP을 측정하는 것이 비효율적이라는 것을 알았다. 경제활동 대부분이 기록되지 않고, 경제 생산량을 측정해야 하는 정부기관의 자원이 제한적이기 때문이다.

연구자들은 조금 파격적인 아이디어를 떠올렸다. 밤에 조명이 얼마나 많은지가 GDP 측정에 도움을 줄 수 있다고 생각한 것이다.[30] 이들은 지구 주위를 하루에 열네 번 도는 미국 공군 위성이 찍은 사진에서 정보를 얻었다.

어떻게 야간 조명이 GDP를 측정하는 좋은 수단이 될 수 있을까? 가난한 지역은 전기료를 내기 어렵다. 결과적으로 경제 상황이 나쁘면 가정과 마을은 밤에 전기 사용량을 최대한 줄인다.

1998년 아시아 금융위기 때 인도네시아의 야간 조명은 급격히 감소했다. 한국은 1992년에서 2008년 사이에 야간 조명이 72퍼센트 증가했다. 눈에 띄는 강력한 경제적 성과와 부합하는 결과다. 같은 기간 북한의 야간 조명은 형편없는 경제적 성과에 따라 감소했다.

1998년 마다가스카르 남부에서 엄청난 양의 루비와 사파이어가 발견됐다. 한적한 트럭 정류소였던 일라카카는 무역의 중심지가 됐다. 1998년 이전에 일라카카에는 야간 조명이 거의 없었으나 5년 뒤에는 엄청나게 많이 생겨났다.

연구자들은 야간 조명 데이터가 경제 생산량을 완벽하게 측정하지는 못한다고 인정한다. 위성이 밤에 얼마나 많은 조명을 사진에 담는지를 통해서 경제 상황이 어떤지 정확하게 알 수는 없다. 연구자들은 이 방법을 기존의 경제 데이터가 더 정확한 미국 같은 선진국에서 사용하는 것을 추천하지 않는다. 공정하게 말하면 개발도상국에서도 야간 조명은 공식적인 수단만큼만 유용하다고 볼 수 있다. 하지만 취약한 정부 데이터와 불완전한 야간 조명 데이터를 결합하면 한 가지만 사용할 때보다 더 나은 추정치가 나온다. 한마디로 우주공간에서 찍은 사진으로 개발도상국 경제를 좀 더 잘 이해할 수 있다.

부드러운 목소리를 가진 컴퓨터공학 박사 조지프 라이싱어 Joseph Reisinger는 야간 조명 연구자들이 개발도상국 경제를 다룬 기존의 데이터세트를 보고 얼마나 혼란을 느꼈을지 공감한다. 2014년 4월, 라이싱어는 나이지리아가 GDP 추정치를 업데이트한 일을 지적한다. 이전의 추정치에서 빠뜨린 새로운 부분을 계산에 넣자 GDP 추정치가 약 90퍼센트나 높아졌다.[31]

"나이지리아는 아프리카 최대 경제국입니다." 라이싱어가 말했다.[32] 그의 목소리가 조금씩 높아졌다. "그런데 우리는 그 나라에 관해 알고자 하는 가장 기본적인 것조차 알지 못합니다."

그는 경제 성과를 정확하게 확인할 방법을 찾고 싶었다. 그가 찾은 해법은 무엇이 데이터를 구성하는지를 새롭게 상상하는 방법과 더불어 그 일이 어떤 가치가 있는지를 보여주는 좋은 예다.

라이싱어는 프레미스Premise라는 회사를 설립하고 개발도상국 근로자들을 고용했다. 그러고는 스마트폰으로 무장한 이 직원들에게 경제적으로 중요해 보이는 흥미로운 장면을 사진으로 남기는 일을 맡겼다.

　직원들은 주유소 외관이나 슈퍼마켓의 과일 바구니를 같은 장소에서 반복해서 찍는다. 이 사진들을 프레미스로 보내고 프레미스의 다른 직원들(컴퓨터과학자들)은 사진을 데이터로 전환한다. 주유소에 늘어선 줄의 길이부터 슈퍼마켓에 사과가 얼마나 많은지, 그 사과가 얼마나 잘 익었는지, 사과 바구니에 달린 가격은 얼마인지까지 모든 것을 코드화한다. 갖가지 활동을 포착한 사진을 바탕으로 프레미스는 경제 산출량과 인플레이션 추정치를 만들기 시작한다. 개발도상국에서는 주유소의 긴 줄이 경제문제의 주요한 지표다. 사과를 살 수 없거나 사과가 덜 익은 것도 마찬가지다. 프레미스의 중국 현지 사진들은 공식 데이터가 나오기 훨씬 전에 중국의 2011년 식료품비 인플레이션과 2012년 식료품비 디플레이션을 예측하는 데 도움을 줬다.

　프레미스는 이 정보를 은행과 헤지펀드 회사에 팔고 세계은행 World Bank과도 협력한다.

　좋은 아이디어가 대개 그렇듯이 프레미스의 아이디어는 꾸준히 좋은 결과를 내고 있다. 최근 세계은행은 필리핀의 담배 지하경제 규모에 관심을 뒀다. 그들은 특히 정부가 현장을 급습하는 등 세금을 내지 않고 담배를 생산하는 제조업자를 단속하려는 노력이 어떤 효과를 내는지 알고자 했다. 프레미스는 어떤 영리한 아이디어를 냈을까? 그들은 거리에 보이는 담뱃갑을 사진으로 찍은 다음 합법적인 담배에 붙는 납세필 인지가 있는 담뱃갑이 얼마나 되는지 확인했다. 프레미스는 지하경제에서 담배가 차지하는 부분이 2015년에는 컸으나 2016년에는 상당히 줄어들었음을 발견했다. 정부의 노력이 효과를 발휘한 것이다. 보통 이렇게 숨겨진 것(불법 담배)들을 확인하려면 새로운 데이터가 필요하다.

앞에서 본 것처럼 디지털 시대를 맞아 데이터를 이루는 요소에 큰 변화가 일어났고 이 새로운 정보에서 많은 통찰을 얻을 수 있었다. 무엇이 매체 편향성을 주도하는지, 무엇이 첫 데이트를 성공시키는지, 개발도상국들의 경제가 어떻게 돌아가고 있는지 아는 것은 시작에 지나지 않는다.

수백억 달러를 벌어들이는 브린과 페이지의 회사를 필두로 많은 사람이 이 새로운 데이터로 많은 돈을 벌어들이고 있다. 우연이 아니다. 조지프 라이싱어도 꽤나 많은 돈을 벌고, 주위에서는 프레미스가 매년 수천만 달러의 수익을 올린다고 추정한다. 투자자들은 최근 프레미스에 5,000만 달러를 쏟아부었다.[33] 이는 프레미스가 《플레이보이Playboy》처럼 사진을 찍어 파는 업계에서 가장 가치 있는 기업으로 인정받는다는 의미다.

현재 사용할 수 있는 새로운 유형의 모든 데이터를 활용하고 무엇이 데이터로 간주되는지 광범위한 시각으로 보는 것은 학자들은 물론 기업가들에게도 가치가 크다. 현대 데이터과학자들은 데이터를 보는 전통적 관점에 얽매여서는 안 된다. 슈퍼마켓의 대기 줄을 찍은 사진도 귀중한 데이터가 된다. 꽉 찬 슈퍼마켓 쓰레기통도 데이터다. 사과가 잘 익었는지도 데이터다. 우주에서 찍은 사진도 데이터다. 입술의 곡률도 데이터다. 모든 것이 데이터다!

이 모든 새로운 데이터로 사람들의 거짓말을 꿰뚫어볼 수 있다.

# 4장

# 디지털 자백약

누구나 거짓말을 한다.

퇴근길에 술을 몇 잔 마셨는지, 체육관에 얼마나 자주 가는지, 새로 산 신발이 얼마인지, 그 책을 읽었는지에 관해 거짓말한다. 아프지 않을 때 아프다고 전화한다. 하지 않을 거면서도 연락하겠다고 말한다. 상대와 상관이 있는데도 상관없는 일이라고 말한다. 사랑하지 않으면서도 사랑한다고 말한다. 우울한데도 행복하다고 말한다. 남자가 좋으면서도 여자를 좋아한다고 말한다.

사람들은 친구에게 거짓말을 한다. 상사에게, 아이들에게, 부모에게, 의사에게, 남편에게, 아내에게 거짓말을 한다. 그리고 스스로에게 거짓말을 한다.

또한 설문조사에서도 분명히 거짓말을 한다.

당신에게 간단한 설문조사를 하려 한다.

시험에서 부정행위를 한 적이 있습니까? _____

누군가를 죽이는 상상을 한 적이 있습니까? _____

거짓으로 답하고 싶은 유혹을 느꼈는가? 설문조사에 답할 때 사람들은 당혹스러운 행동이나 생각을 축소해서 이야기한다. 사람들은 멀쩡하게 보이기를 원한다. 설문조사가 대부분 익명인데도 말이다. 이것을 사회적 바람직성 편향social desirability bias이라고 부른다.

1950년에 발표된 한 논문은 설문조사가 그러한 편향의 희생양이라는 강력한 증거를 제시했다.[1] 연구자들은 덴버 주민 중 몇 퍼센트가 투표를 했는지, 기부를 했는지, 도서관 대출카드를 갖고 있는지 등에 대한 데이터를 공적인 정보원에서 수집했다. 그러고는 주민들에게 설문조사를 실시해 그 비율이 서로 같은지 확인했다. 결과는 놀라웠다. 주민들이 설문조사에 보고한 내용은 연구자들이 수집한 데이터와 크게 달랐다. 이름을 쓰는 칸이 없었는데도 대다수 사람들이 유권자 등록을 했고, 투표를 했으며, 기부를 한다고 과장했다.

| | 설문조사 결과 | 공식 수치 |
|---|---|---|
| 유권자 등록을 마쳤다. | 83% | 69% |
| 지난 대통령 선거에 투표했다. | 73% | 61% |
| 지난 시장 선거에 투표했다. | 63% | 36% |
| 도서관 대출카드가 있다. | 20% | 13% |
| 최근 공동모금회Community Chest에 기부했다. | 67% | 33% |

65년 동안 변한 것이 있을까? 인터넷 시대에는 도서관 대출카드가 없어도 창피하지 않다. 이처럼 창피하거나 당혹스러운 상황이 변화했더라도 여론조사관을 속이려는 사람들의 경향은 여전히 강

하다.

한 여론조사는 메릴랜드대학교 졸업생들에게 대학 경험에 관해 다양한 질문을 한 뒤 답변을 공식 기록과 비교했다.[2] 참가자들은 자신을 좋게 보이게 하는 방식으로 계속해서 잘못된 정보를 제공했다. 평점 2.5 이하로 졸업했다고 말한 사람은 2퍼센트가 되지 않았지만 실제로는 약 11퍼센트였다. 44퍼센트가 지난해 대학에 기부했다고 말했지만 실제로는 약 28퍼센트였다.

여론조사가 지난 2016년 도널드 트럼프의 승리를 예언하지 못한 데에는 거짓말이 큰 역할을 했을 가능성이 높다.[3] 대체로 여론조사는 트럼프에 대한 지지를 약 2퍼센트포인트 과소평가했다. 어떤 이들은 트럼프에게 투표할 것이라고 말하기 창피했을 것이고, 어떤 이들은 트럼프로 마음을 굳혀놓고도 아직 결정을 하지 못했다고 말했을 것이다.

사람들이 익명의 설문조사에서도 그릇된 정보를 주는 이유는 무엇일까? 미시간대학교 명예교수이자 사회적 바람직성 편향 분야에서 세계 최고의 전문가인 로저 투랑조Roger Tourangeau에게 직접 물어봤다. 그는 우리가 '선의의 거짓말'을 좋아하는 것이 문제의 핵심이라고 설명했다. "사람들은 평생 세 번에 한 번 꼴로 거짓말을 합니다. 그 버릇이 설문조사에서도 나오는 것입니다."

게다가 우리에게는 자기 자신에게도 거짓말을 하는 이상한 버릇이 있다. 투랑조는 "자신이 학생으로서 엉망이라는 걸 인정하기 꺼린다"라고 표현한다.[4]

스스로에게 거짓말을 하는 경향은 많은 사람이 자신이 평균 이상이라고 말하는 이유를 설명한다.[5] 이 문제는 얼마나 심각할까? 기업 엔지니어의 40퍼센트 이상이 자신의 실력이 상위 5퍼센트에 든다고 말한다. 대학교수의 90퍼센트 이상이 자신은 평균 이상의 성과를 내고 있다고 말한다. 고등학교 졸업생의 4분의 1은 자신의 사교성이 상위 1퍼센트에 든다고 생각한다. 스스로를 속이고 있는데 설문조사에서 솔직할 수는 없다.

설문조사에서 우리가 거짓말을 하는 또 다른 이유는 인터뷰를 진행하는 낯선 사람에게 좋은 인상을 주고 싶어하는 강한 욕구 때문이다. 투랑조는 이를 이렇게 표현한다. "당신이 아주 좋아하는 이모와 닮은 사람이 걸어 들어온다. 이모에게 지난달에 대마초를 피웠다고 이야기하고 싶은가?"* 모교에 돈을 한 푼도 기부하지 않았다고 인정하고 싶은가?

이런 이유 때문에 개인적인 상황이 개입되지 않을수록 사람들은 더 솔직해진다. 진실한 답을 이끌어내려면 대면 설문조사보다 전

---

* 단순히 설문조사를 망치기 위해서 거짓말을 하기도 한다.[6] 이는 10대와 관련된 모든 연구에서 10대를 이해하는 우리의 능력을 근본적으로 어지럽히는 큰 문제다. 연구자들은 어려서 입양된 10대와 약물 사용, 음주, 수업 빼먹기 등 다양한 부정적 행동 사이에 상관관계가 있다는 것을 발견했다. 그런데 후속 연구에서 그들은 이러한 상관관계가 스스로 입양됐다고 보고한 10대 중에서 실제로는 입양이 되지 않은 19퍼센트에 의해 설명된다는 것을 발견했다. 이후의 연구는 유의미한 비율의 10대들이 설문조사에서 키가 213센티미터이고 몸무게가 180킬로그램이며 아이가 셋 있다고 말한 것을 발견했다. 한 설문조사는 학술연구원에게 의수나 의족을 사용하고 있다고 보고한 답변의 99퍼센트가 장난이었다는 것을 발견했다.

화 설문조사가 낫고, 전화 설문조사보다 인터넷 설문조사가 낫다. 사람들은 다른 사람들과 함께 방에 있을 때보다 혼자 있을 때 사실을 솔직하게 인정할 것이다.

그렇지만 민감한 주제에 관해서는 모든 설문조사 방법이 상당한 오류를 낳는다. 투랑조는 이를 설명하면서 경제학자들이 자주 쓰는 '유인incentive'(동기를 유발하는 행동의 목적물 - 옮긴이)이라는 용어를 쓴다. 사람들에게는 설문조사에서 진실을 말할 유인이 없다.

그렇다면 우리는 사람들이 정말로 어떤 생각을 하고 어떤 일을 하는지 어떻게 알 수 있을까?

공식적인 데이터 출처가 존재하는 경우도 있다. 예를 들어 사람들이 기부에 대해서 거짓말을 하더라도 자선단체는 해당 지역의 기부에 관한 실제 수치를 갖고 있다. 하지만 공식 기록에 남지 않는 행동을 알고자 할 때나 사람들의 생각(진짜 신념, 감정, 욕구)에 관해 알고자 할 때는 설문조사 외에는 다른 정보원이 없다. 지금까지는 그랬다.

이것이 빅데이터의 두 번째 힘이다. 특정한 온라인 출처는 사람들에게 다른 곳에서는 인정하지 않는 것을 인정하게 한다. 빅데이터는 디지털 자백약 역할을 한다. 구글 검색을 생각해보자. 사람들을 더 솔직하게 만드는 조건은 무엇인가? 온라인? 그렇다. 혼자? 그렇다. 설문조사 관리자가 없는 것? 그렇다.

구글 검색에는 진실을 말하게 하는 또 다른 커다란 이점이 있다. 유인이다. 당신이 인종차별적인 농담을 즐긴다고 가정해보자.

이런 정치적으로 적절치 못한 일을 설문조사에 털어놓을 유인은 전혀 없다. 그렇지만 온라인에서 재미난 인종차별적 농담을 검색한다는 데는 확실한 유인이 있다. 이번에는 당신이 우울증으로 고생하고 있다고 가정해보자. 설문조사에서 사실대로 말할 유인은 없다. 하지만 구글에 우울증의 증상과 효과적인 치료법을 물어보는 데에는 강력한 유인이 있다.

당신이 스스로에게 거짓말을 하고 있을 때에도 구글은 진실을 알 수 있다. 선거 며칠 전에 당신이나 이웃들은 투표 장소에 가서 선거권을 행사하겠다는 올바른 생각을 했을 것이다. 하지만 당신이나 이웃이 투표 방법이나 투표 장소에 관한 정보를 검색해보지 않았다면, 데이터과학자들은 해당 지역의 투표율이 낮으리라고 예상할 것이다. 마찬가지로 우울증으로 고생하고 있다는 것을 스스로 인정하지 않는다고 해도 당신은 구글에 대성통곡을 한다거나 침대에서 일어나기 어려운 증상에 관해 검색해볼 것이다. 그렇다면 내가 이 책의 앞부분에서 분석한 해당 지역의 우울증 관련 검색에 당신이 포착될 것이다.

구글을 이용한 경험을 떠올려보자. 추측건대 당신은 고상한 사람들 앞에서는 인정하기 어려운 행동이나 생각을 검색창에 입력하곤 할 것이다. 사실 미국인 대다수가 구글에 매우 사적인 사항을 이야기한다는 너무도 강력한 증거가 있다. 예를 들어 미국인들은 '날씨'보다 '포르노'를 더 많이 검색한다.[7] 남성 25퍼센트와 여성 8퍼센트만이 포르노를 본다고 인정한 설문조사 데이터와는 거리가 한

참 멀다.[8]

　구글 검색엔진이 자동으로 검색어를 완성하는 방식을 보면서 당신도 구글 검색의 솔직함을 눈치챘을 것이다. 검색엔진은 가장 흔한 검색어를 바탕으로 자동 검색어를 제안한다. 따라서 자동 완성 기능은 사람들이 구글에서 무엇을 검색하는지에 관한 실마리를 준다. 사실 여기에는 약간 오해의 소지가 있다. 구글은 '성기' '성교' '포르노'처럼 부적절하다고 여겨지는 특정 단어들은 제안하지 않는다.[9] 이는 자동 완성이 실제 검색어보다 덜 신랄하다는 뜻이다. 그렇다 하더라도 여전히 민감한 내용이 자주 등장한다.

　구글 검색창에 '왜'라고 입력하면 현재 자동으로 완성되는 처음 두 가지 질문은 '왜 하늘은 파란가요?'와 '왜 윤일閏日이 있나요?'다. 이 질문들이 '왜'로 시작하는 문장을 완성하는 가장 흔한 두 가지 방법인 것이다. 세 번째는 '왜 내 똥은 초록색인가요?'다. 자동 완성 기능이 마음을 흔들 때도 있다. '…… 싶은 것이 정상인가요?'라고 입력하면 첫 번째 제안은 '죽이고'다. '……를 죽이고 싶은 것이 정상인가요?'라고 입력하면 첫 번째로 등장하는 제안은 '가족'이다.

　구글 검색이 우리가 평소에 바라보는 세상과 다른 그림을 보여줄 수 있다는 데 증거가 더 필요한가? 아이를 갖거나 갖지 않은 결정을 후회하는 것과 관련된 검색은 어떤가. 결정을 내리기 전에 사람들은 자신이 잘못된 선택을 하고 있는 건 아닌지 두려워한다. 질문은 거의 언제나 "아이를 '갖지 않기로' 한 것을 후회하게 될까요?"

다. 구글에는 아이를 갖기로 한 것보다 아이를 갖지 않기로 한 것을 후회하게 될까 하는 질문이 일곱 배 많다.

아이를 갖거나 입양하거나 갖지 않겠다는 결정을 한 뒤에 사람들은 때로 자신의 선택을 후회한다고 구글에 고백한다. 충격적일지 모르겠으나 결정한 뒤에 이 수치가 역전된다. 후회한다고 말하는 사람 중에는 자녀가 있는 성인이 그렇지 않은 성인보다 3.6배 많다.[10]

이 장을 읽는 동안 염두에 둬야 할 점이 하나 있다. 구글은 부적절한 생각이나 다른 사람과는 의논할 수 없다고 느끼는 생각 쪽으로 편향되어 있다. 그럼에도 숨겨진 생각을 알아내려 한다면 그런 은밀한 생각을 캐내는 구글의 능력이 도움이 될 것이다. 아이를 가져서 후회하는 것과 갖지 않아서 후회하는 것 사이의 큰 격차는 이 경우에 부적절해 보이는 생각이 얼마나 의미심장한지 말해주는 듯하다.

'아이 가진 것을 후회한다'와 같은 검색에는 어떤 의미가 있을까. 구글은 날씨, 지난밤 경기의 우승팀, 자유의 여신상이 세워진 시기 같은 정보를 바로 찾아볼 수 있는 정보원 역할을 한다. 하지만 때로 우리는 자기검열이 없는 생각을 구글에 입력한다. 그렇게 해서 도움을 받으리라는 희망도 딱히 없이 말이다. 이때 검색창은 일종의 고해실 역할을 한다.

'추위가 싫어요' '사람들이 짜증나요' '슬퍼요' 같은 검색이 매년 수천 건씩 올라온다. 물론 '슬퍼요'와 같은 구글 검색을 한 수천 명은 해당 연도에 슬픔을 느끼는 수억 명 중 극히 일부에 지나지 않는다. 나는 연구를 통해 정보를 찾는 검색이 아니라 생각을 표현하는 검색은 그런 생각을 하는 사람들 중 소규모 표본에 의해 이뤄진다는 사실을 발견했다. 마찬가지로 매년 미국인들이 올리는 '아이 가진 것을 후회해요'라는 7,000건의 검색은 그런 생각을 하는 사람들의 작은 표본에 해당한다.

많은 (아마도 대부분의) 사람에게 아이는 큰 기쁨이다. 나의 어머니는 "너와 너의 그 멍청한 데이터 분석"이 손자들의 수를 줄일 거라고 걱정했지만, 이 연구는 아이를 갖고 싶다는 나의 마음을 바꿔놓지 않았다. 하지만 그런 부적절한 후회는 흥미롭다. 전통적인 데이터세트에서는 보지 못했던 인류의 또 다른 측면이기 때문이다. 우리 문화는 언제나 근사하고 행복한 가족의 이미지로 뒤덮여 있다. 대부분의 사람들은 아이 갖는 것을 후회할지도 모른다는 생각조차 하지 않는다. 하지만 후회하는 사람은 있다. 그들은 이 사실을 어느 누구 앞에서도 인정하지 않을 것이다. 단 구글 앞에서만은 예외다.


## 섹스에 관한 진실

얼마나 많은 미국 남성이 동성애자일까? 이것은 성에 관한 연구에서 전설이 된 질문이다. 사회과학자들이 대답하기 가장 어려워하는 질문이기도 하다. 심리학자들은 더 이상 미국 남성의 10퍼센트가 동성애자라는 앨프리드 킨제이 Alfred Kinsey의 그 유명한 추정을 믿지 않는다. 킨제이는 수감자와 매춘부를 표본으로 과다 추출한 설문조사 결과에 근거했기 때문이다. 현재의 대표 조사들은 미국 남성의 2~3퍼센트가 동성애자라고 말한다. 하지만 성적 취향은 사람들이 오랫동안 거짓말을 해온 주제다. 나는 빅데이터를 이용하면 이 질문에 더 나은 답을 찾을 수 있다고 생각한다.

먼저 설문조사 데이터를 좀 더 자세히 살펴보자. 설문조사는 동성애에 관대하지 못한 주보다는 관대한 주에 훨씬 많은 동성애 남성이 있다고 말한다. 예를 들어 갤럽의 조사에 따르면, 동성 결혼에 대한 지지도가 가장 낮은 미시시피주보다 가장 높은 로드아일랜드주에서 동성애 인구의 비율이 거의 두 배 높다.[11]

이에 대해서는 그럴듯한 설명이 두 가지 있다. 첫째, 동성애에 관대하지 못한 주에서 태어난 동성애 남성이 동성애에 관대한 주로 이주할 수 있다. 둘째, 관대하지 못한 주에 있는 동성애 남성이 자신의 성적 취향을 드러내지 못할 수 있다. 거짓말할 가능성이 더 높은 것이다.

다른 빅데이터 출처인 페이스북에서 첫 번째 설명(이주)에 관해 간파할 수 있다. 페이스북에서는 사용자가 관심을 갖고 있는 성별을 밝힐 수 있다. 이를 밝힌 남성 사용자의 약 2.5퍼센트가 남성에게 관심이 있다고 했다.[12] 설문조사 결과와 비슷하게 맞아떨어진다. 페이스북은 동성애에 관대한 주와 그렇지 못한 주에서 동성애자 인구의 차이가 크다는 것도 보여준다. 페이스북에 표현된 동성애 인구는 미시시피주보다 로드아일랜드주가 두 배 많다. 페이스북은 이주에 관한 정보도 제공한다. 나는 자신이 동성애자라고 공개한 사용자들의 고향을 코드화했다. 이로써 얼마나 많은 동성애자가 동성애에 관대하지 못한 주를 떠나 좀 더 관대한 지역으로 이동했는지 추정할 수 있었다. 답은? 오클라호마시티에서 샌프란시스코로 이동하는 것과 같은 명백한 이동이 눈에 띄었다. 하지만 주디 갈랜드Judy Garland 의 CD를 챙겨들고 개방적인 곳으로 이주하는 사람들은 이러한 인구 격차 요인을 절반도 설명해주지 않는다는 것이 나의 추정이다.*

페이스북으로 고등학생만을 집중적으로 연구할 수도 있다. 이들은 특별한 집단이다. 고등학생은 스스로 거주지를 선택하기 힘들기 때문이다. 이주가 동성애자라고 공개한 인구의 주州 간 격차를 설명한다면, 고등학생 사용자들 사이에서는 이런 차이가 발견되지 않아야 한다. 그렇다면 고등학생에 대한 데이터는 어떤 이야기를 하고 있을까? 동성애에 관대하지 않은 주에는 동성애자라고 밝힌 남학생이 훨씬 적었다. 미시시피주에서는 남자 고등학생 1,000명당 동성애자라고 밝힌 사람이 단 두 명이다. 단지 이주 때문이 아닌 것이다.

모든 주에 비슷한 숫자의 동성애 남성이 태어나고, 이주만으로 일부 주에 동성애자라고 공개한 남성이 많은 이유를 충분히 설명할 수 없다면, 비공개 동성애자들이 큰 부분을 차지하고 있음이 분명하

* 농담이라 해도 내가 주디 갈랜드를 향한 남성의 선호를 동성애와 결부한 것을 불쾌하게 생각하는 사람이 있을 것이다. 모든 (또는 대부분의) 동성애 남성이 여가수에게 매력을 느낀다고 암시하려는 것이 아니다. 하지만 검색 데이터는 고정관념에도 어느 정도 타당한 이유가 있다고 보여준다. 나는 주디 갈랜드를 검색하는 남성이 이성 포르노보다 동성 포르노를 검색할 가능성이 세 배 높은 것으로 추산한다. 빅데이터는 참인 고정관념도 있다고 말한다.

다. 이렇게 해서 우리는 구글, 많은 사람이 많은 것을 기꺼이 털어놓는 그곳으로 돌아간다.

포르노 검색을 이용해서 각 주에 '정말로' 얼마나 많은 동성애 남성이 있는지 시험할 수 있지 않을까? 나는 전국적으로 포르노를 검색하는 남성의 약 5퍼센트가 게이 포르노를 검색한다고 추산한다(구글 검색과 구글 애드워즈의 데이터를 이용했다. 분석 대상에는 '게이 포르노'는 물론, 인기 있는 게이 포르노 사이트인 '로켓튜브 Rocket Tube' 같은 단어 검색도 포함된다).[13]

지역적으로 어떤 차이가 있을까? 전체적으로 동성애에 관용적인 주가 그렇지 않은 주에 비해 게이 포르노 검색이 많다. 이주하는 동성애자들이 있는 것을 감안하면 이해가 간다. 하지만 설문조사나 페이스북이 시사하는 차이만큼 크지는 않다. 나의 추산에 따르면 미시시피주에서 남성들이 검색한 포르노 중 4.8퍼센트가 게이 포르노로, 이는 설문조사나 페이스북의 수치보다 훨씬 높다. 오히려 이 수치는 로드아일랜드주에서 검색한 포르노 중 게이 포르노가 차지하는 비율인 5.2퍼센트에 가깝다.

그렇다면 미국 남성 중 동성애자는 얼마나 될까? 남성이 검색한 포르노 중 게이 포르노라는 척도는 미국 동성애 인구의 실제 크기를 합리적으로 추산해내는 것으로 보인다. 약 5퍼센트에 이르는 이 수치를 구하는 조금 덜 간단한 방법이 또 하나 있다. 여기에는 약간의 데이터과학이 필요하다. 관용성과 동성애자라고 공개한 인구 사이의 관계를 활용하면 되는데, 간단치 않은 방법이니 잠깐 인내심을 가져주길 바란다.

　나의 선행 연구에 따르면 특정 주에서 동성 결혼을 지지하는 인구 비율이 20퍼센트포인트 올라갈 때마다 페이스북에 자신이 동성애자라고 공개하는 그 주 출신 남성이 약 1.5배 많아진다. 이를 기반으로 동성애에 완벽하게 관용적인, 지역민 전체가 동성 결혼을 지지하는 가상의 지역이 있다면 그중 동성애자라고 공개한 사람이 몇 명이나 될지 추산할 수 있다. 나는 포르노 검색 데이터와 꼭 맞는 약 5퍼센트라고 추정한다. 동성애에 완벽하게 관용적인 환경에 가장 가까운 캘리포니아주 해안 지역의 고등학교 남학생 중 페이스북에 자신이 동성애자라고 공개한 비율은 4퍼센트다. 나의 계산과 맞아떨어진다.[14]

　밝히자면 나에게는 아직 여성의 동성애 비율을 추산해낼 수 있는 능력이 없다. 여기서는 포르노 수치가 크게 도움이 되지 않는다. 여성은 포르노를 보는 비율이 훨씬 낮아서 표본의 대표성이 낮기 때문이다. 그리고 포르노를 본다고 해도 실제로는 남성에게 주로 매력을 느끼는 여성조차도 레즈비언 포르노를 보는 듯하다. 여성들이 폰허브에서 보는 비디오 20퍼센트는 레즈비언 포르노다.

　미국 남성의 5퍼센트가 동성애자라는 것은 추정치일 따름이다. 어떤 남성은 양성애자이며, 어떤 남성(특히 젊은 남성)은 자신의 정체성을 확실하게 알지 못한다. 따라서 이 수치는 영화를 보거나 투표를 하는 사람의 숫자처럼 정확하게 헤아릴 수가 없다.

　하지만 내 추정의 한 가지 결과는 명확하다. 미국, 특히 동성애에 관대하지 않은 주에 사는 남성들 중에는 자신이 동성애자라고 공개하지 못하는 사람이 대단히 많다. 그들은 페이스북에 자신의 성적 취향을 드러내지 않는다. 설문조사에서도 자신의 성적 취향을 인정하지 않는다. 심지어 그들 중 대다수가 여성과 결혼까지 한다.

남편이 동성애자인지 의심하는 여성들은 꽤나 많다. '남편이 게이일까요?'라는 검색은 놀라울 정도로 흔하다. '남편이……'라고 시작하는 검색이 '게이'로 완성되는 경우는 2위인 '바람을 피우는 걸까요?'를 10퍼센트 차이로 따돌린다. '알코올 중독일까요?'보다 여덟 배가 많고 '우울증일까요?'보다 열 배가 많다.

어쩌면 더 중요할 수도 있는 사실이 있다. 남편의 성적 취향을 묻는 검색은 동성애에 덜 관용적인 지역에서 훨씬 더 많이 나타난다. 이런 질문을 하는 여성의 비율이 가장 높은 주는 사우스캐롤라이나와 루이지애나다. 사실 25개 주 중에서 이 질문의 빈도가 높은 21개 주는 동성 결혼에 대한 지지도가 전국 평균보다 낮다.

남성의 성적 취향을 알아내는 데 유용한 데이터 출처는 구글과 포르노 사이트만이 아니다. 빅데이터에는 성적 취향을 감추는 것이 무엇을 의미하는지에 관한 더 많은 증거가 있다. 나는 생활정보 사이트 크레이그리스트Craigslist에서 남성들이 '가벼운 만남' 상대를 구하는 광고를 분석했다. 남성과의 가벼운 만남을 원하는 광고 비율은 동성애에 관대하지 않은 주에서 더 높았다. 비율이 가장 높은 주는 켄터키, 루이지애나, 앨러배마였다.

비공개 동성애자에 관해 더 알아보기 위해 구글 검색 데이터로 돌아가보자. '게이 포르노' 검색 직후나 직전에 가장 흔히 이뤄지는 검색은 '동성애 테스트'다. 동성애에 관용적이지 않은 주에서는 '동성애 테스트' 검색이 약 두 배 많다.

'게이 포르노'와 '동성애 테스트'를 오가며 검색한다는 것은 무슨 의미일까? 짐작건대, 상당한 혼란과 극심한 고통을 암시한다. 이들 남성 중에는 동성애 포르노에 대한 관심이 있다고 해서 자신이 동성애자는 아니라는 점을 확인하고 싶은 사람도 있으리라고 추측하는 것이 합리적이다.

구글 검색 데이터에서는 특정 사용자의 검색 이력을 확인할 수 없다. 그렇지만 2006년 AOLAmerica Online, Inc.이 사용자의 검색 표본을 학자들에게 공개했다. 다음은 한 익명의 사용자가 6일에 걸쳐 검색한 내용의 일부다.

| 금요일 03:49:55 | 무료 동성애 모음 |
| --- | --- |
| 금요일 03:59:37 | 라커룸 동성애 모음 |
| 금요일 04:00:14 | 동성애 모음 |
| 금요일 04:00:35 | 게이 섹스 모음 |
| 금요일 05:08:23 | 긴 게이 퀴즈 |
| 금요일 05:10:00 | 괜찮은 게이 테스트 |
| 금요일 05:25:07 | 혼란스러운 남성을 위한 게이 테스트 |
| 금요일 05:26:38 | 게이 테스트 |
| 금요일 05:27:22 | 나는 게이인가 테스트 |
| 금요일 05:29:18 | 동성애 모음 |

| 금요일 05:30:01 | 나체 남성 모음 |
|---|---|
| 금요일 05:32:27 | 무료 나체 남성 모음 |
| 금요일 05:38:19 | 인기 동성애 섹스 모음 |
| 금요일 05:41:34 | 인기 남성 항문 성교 |
| 수요일 13:37:37 | 나는 게이인가 테스트 |
| 수요일 13:41:20 | 게이 테스트 |
| 수요일 13:47:49 | 인기 남성 항문 성교 |
| 수요일 13:50:31 | 무료 동성애 섹스 비디오 |

이 사용자는 확실히 성적 취향에 확신이 없어 보인다. 구글 데이터는 이와 같은 남성이 꽤나 많다고 말한다. 그리고 그들 대부분은 동성애 관계에 그리 관용적이지 않은 주에 살고 있다.

나는 이 수치 뒤에 있는 사람들을 좀 더 자세히 살펴보려고 비공개 동성애 남성들을 전문적으로 돕는 미시시피주의 한 정신과 의사에게 환자 중에 나와 이야기를 나누고 싶어할 만한 사람이 없겠느냐고 물었다. 의사는 아내와 40년 이상 결혼생활을 한 퇴직 교수인 60대 남성을 소개해줬다.

약 10년 전, 스트레스에 완전히 짓눌린 그는 정신과 의사를 찾았고 결국 자신의 성적 취향을 인식하게 됐다. 그는 자신이 남성에게 매력을 느낀다는 점을 늘 알고 있었지만 보편적인 현상이며 모든 남성이 이를 감추고 있다고 생각했다. 치료를 시작하고 얼마 되지 않아 그는 동성 상대와 처음으로 섹스를 했다. 제자였던 20대 후반의 남성과의 섹스를 그는 "황홀했다"고 표현했다.

그와 아내는 섹스를 하지 않는다. 그는 결혼생활을 끝내거나 공개적으로 남자와 만난다면 죄책감을 느낄 것 같다고 말했다. 사실상 그는 인생의 모든 중요한 결정을 후회하고 있었다.

이 은퇴한 교수와 그의 아내는 낭만적인 사랑이나 섹스 없이 또 하룻밤을 보낼 것이다. 엄청나게 진보하긴 했지만 한편으로는 편협함 또한 지속되고 있기 때문에 다른 미국인 수백만 명도 같은 길을 걷게 될 것이다.

남성의 5퍼센트가 동성애자이고 많은 사람이 그 사실을 감추고 있다는 것을 알고도 당신은 크게 놀라지 않았을 것이다. 이런 결과로 대부분의 사람이 충격받을 만한 때와 장소는 따로 있다.

"이란에는 당신네 나라처럼 게이들이 없소."[15] 2007년 당시 이란 대통령이었던 마무드 아마디네자드Mahmoud Ahmadinejad가 한 말이다. 러시아 소치의 시장 아나톨리 파코모프Anatoly Pakhomov는 2014년 동계 올림픽을 개최하기 직전에 동성애자에 관해 이렇게 말했다. "우리 도시에는 그런 사람들이 없습니다."[16] 하지만 소치와 이란의 검색 데이터는 게이 포르노에 대한 관심이 매우 크다고 말해준다.[17]

여기에서 자연스레 궁금증이 생긴다. 오늘날 미국에서 흔한 성적 관심사 중에 아직도 충격적인 것이 있을까? 이는 당신이 흔하다고 생각하는 것이 무엇이며 얼마나 쉽게 충격을 받는지에 따라 달라진다.

폰허브에서 높은 순위의 검색어 대부분은 그리 놀랍지 않다. 남성의 경우 '10대' '스리섬threesome'(세 명이 함께 하는 성행위 - 옮긴이) '구강 섹스', 여성의 경우 '격렬한 섹스' '유두 빨기' '외음부를 핥는 남자'다. 낮은 순위로 내려오면 폰허브 데이터에 존재하리라고는 생각지도 못한 페티시가 등장한다. '항문에 사과' '동물 인형과 성교'를 검색하는 여성들이 있는가 하면 '콧물 페티시'와 '누드 십자가 예수'를 검색하는 남성들이 있다. 하지만 이러한 검색은 드물다. 이 큰 포르노 사이트에서 한 달에 열 건 정도가 나올 뿐이다.

폰허브 데이터를 검토하면 대단히 명확해지는 관련 사항이 또 하나 있다. 사람은 가지각색이라는 점이다. 여성들이 '키 큰 남자', '가무잡잡한 남자' '잘생긴 남자'를 자주 검색하는 것은 놀랍지 않다. 하지만 어떤 여성들은 '키 작은 남자' '창백한 남자' '못생긴 남자'를 검색한다. '장애가 있는 남자' '성기가 작은 뚱뚱한 남자' '뚱뚱하고 못생긴 늙은 남자'를 검색하기도 한다. 남성들은 '마른 여자' '가슴이 큰 여자' '금발 여자'를 자주 검색하지만 때로 '뚱뚱한 여자' '가슴이 작은 여자' '녹색 머리칼의 여자'를 검색한다. '대머리 여자' '난쟁이 같은 여자' '유두가 없는 여자'를 검색하는 남성도 있다. 이 데이터는 키가 크거나 피부가 가무잡잡하거나 잘생기지 않은 남자나 마르고, 가슴이 크고, 금발이 아닌 여성에게 고무적일 수 있다.*

흔하지만 충격적인 검색에는 또 어떤 것이 있을까? 남성들이 가장 많이 하는 검색 150위 중 나는 프로이트에 관한 장에서 논의했던 근친상간 관련 검색어에 가장 놀랐다. 남성의 욕구 중 거의 논의되지 않은 다른 주제에는 '성전환자'(77위)와 '할머니'(110위)가 있다. 남성들의 폰허브 검색에서 약 1.4퍼센트를 차지하는 검색어는 '남근이 있는 여자'다. 약 0.6퍼센트(34세 이하 남성 검색의 0.4퍼센트)는 '노인'이다. 2만 4,000건의 남성 검색 중 단 한 건만이 '어린 청소년'이다. 이는 폰허브가 모든 형태의 아동 포르노를 금지하며 아동 포르노의 소유가 불법이라는 사실과 관계가 있을 것이다.

여성의 폰허브 인기 검색어 중에는 많은 독자가 불쾌해할 만한 포르노 장르가 있다. 바로 여성에게 폭력적인 성교다. 이성애 포르노에 대한 여성 검색의 25퍼센트는 '고통스러운 항문 성교' '공개적인 수치' '잔혹한 윤간' 등 여성의 고통과 굴욕을 강조한다. 5퍼센트는 합의 없는 성교, 곧 '강간'이나 '강제적 성교'를 찾는다. 폰허브가 이런 동영상을 금지하고 있는데도 말이다. 이런 단어의 검색률은 여성이 남성보다 최고 두 배 높다. 여성들이 여성에게 폭력을 행하는 포르노 장르에 훨씬 더 많은 관심을 보인다는 것이 내 데이터 분석의 결과다.

물론 환상과 실제는 다르다는 점을 반드시 기억해야 한다. 폰허

* 나는 이 데이터가 최적의 짝 찾기 전략에도 시사하는 바가 있다고 생각한다. 확실히 사람들은 자신을 내보이고, 거절을 많이 받되, 거절당하는 것을 기분 나쁘게 받아들여서는 안 된다. 이런 과정을 통해 결국 당신과 같은 사람에게 가장 매력을 느끼는 짝을 찾을 수 있을 것이다. 다시 말하지만, 당신이 어떻게 생겼든 간에 당신에게 끌리는 사람은 존재한다. 내 말을 믿으시라.

브에 방문하는 여성 중 소수는 강간의 이미지를 검색한다. 이는 말할 필요도 없이 여성들이 실제로 강간당하기를 원한다는 뜻이 아니며 무시무시한 범죄인 강간의 심각성을 감소시키지도 않는다. 포르노 데이터는 실제로는 일어나길 바라지 않고 다른 사람들에게는 결코 언급하지 않는 환상이 우리에게 있다는 것을 말해준다.

비공개 동성애자들만이 은밀한 환상과 비밀을 품는 건 아니다. 섹스에 관해서라면 사람들은 비밀이 많다.[18]

서론에서 말했듯이 미국인들은 매년 팔리는 콘돔보다 훨씬 많은 콘돔을 사용한다고 말한다. 섹스 중에 사용하는 콘돔 횟수를 부풀린다고 받아들일 수도 있지만, 여러 증거에 따르면 우선 그들은 섹스 횟수도 과장한다. 15세에서 44세까지 여성의 약 11퍼센트는 활발하게 성생활을 하며 임신 중이 아니고 피임을 하지 않는다고 대답한다.[19] 과학자들은 그들의 섹스 횟수를 비교적 보수적으로 추정해도 다달이 그들 중 10퍼센트는 임신을 하게 될 것이라고 예상한다.[20] 이 숫자만 계산해도 미국에서 발생하는 전체 임신(가임기 여성 113명 중 한 명)보다 많아진다.[21] 성에 집착하는 문화에서는 섹스를 많이 하지 않는다고 인정하기가 어려울 수 있다.

이해나 조언을 얻기 위해서 구글 검색창에 대고 이야기할 수도 있다. 구글에는 대화를 하지 않으려는 남편(또는 아내)에 대한 불만보다 섹스를 원하지 않는 배우자에 대한 불만이 열여섯 배 많다. 미혼의 애인들 사이에서는 문자메시지에 답이 안 온다는 불만보다 섹스를 원하지 않는다는 불만이 5.5배 많다.

구글 검색은 이런 섹스 없는 관계의 장본인이 누군지 보여준다. 결과는 꽤나 놀랍다. 여자친구가 섹스를 원하지 않는다는 불만보다 남자친구가 섹스를 원치 않는다는 불만이 두 배 많다. 남자친구에 대한 불만 중 단연 1위는 '남자친구가 저와 섹스를 하지 않으려 해요'다(구글 검색은 성별에 따라 분리되지 않지만 앞의 분석에서 남성의 95퍼센트가 이성애자이기 때문에 '남자친구'를 언급하는 검색 중에서 남자가 올린 것은 그리 많지 않을 것이다).

이를 어떻게 해석해야 할까? 정말로 남성이 여성보다 섹스를 억제하고 있다는 의미일까? 꼭 그렇다고는 할 수 없다. 앞서 말했듯이 구글 검색은 초조한 사람들이 하는 이야기에 편향될 수 있다. 남성들은 친구들에게 여자친구가 섹스에 관심이 없다고 쉽게 이야기하는 반면, 여성들은 친구들에게 남자친구가 그렇다고 편하게 이야기하지 못할 수도 있다. 그러니 구글 데이터를 보고 남성이 여성보다 섹스를 피할 확률이 정말로 높다고 말할 수는 없다. 하지만 섹스를 피하는 남자들이 흔하다는 의미이기는 하다.

구글 데이터는 사람들이 섹스를 그렇게 자주 피하는 이유도 보여준다. 엄청난 불안, 대부분은 부적절한 불안감 때문이다. 남성들이 성기 크기에 대해 염려한다는 것은 딱히 새로운 소식이 아니다. 하지만 염려하는 정도는 생각보다 심각하다.

남성들은 신체의 다른 어떤 기관보다 생식기에 관한 질문을 많이 올린다. 폐, 간, 발, 귀, 코, 목, 뇌를 합친 것보다 많다. 남자들은 기타 튜닝하는 법, 오믈렛 만드는 법, 타이어 바꾸는 법보다 성기를 크게 만드는 법을 더 많이 검색한다. 구글에서 드러나는 바에 따르면 스테로이드와 관련된 남성의 가장 큰 걱정은 건강을 해치는가 여부보다 성기를 작게 만들지 않는가다. 남성들은 나이 들면서 몸과 정신이 어떻게 변화하는가와 관련해 나이 들면 성기가 작아지는가라는 질문을 구글에 가장 많이 한다.

여담인데, 남성 성기와 관련해 구글에 가장 많이 올라오는 질문 중 하나는 '내 성기는 얼마나 큰가요?'다. 남자들이 자를 드는 대신에 구글에 이런 질문을 한다는 게 바로 디지털 시대의 정수 아닐까?*

여성들도 성기 크기에 관심을 가질까? 구글 검색에 따르면 좀처럼 그렇지 않다. 여성이 상대의 성기에 관해 한 번 검색할 때, 남성은 자신의 성기에 관해 170번 검색한다. 여성이 상대의 성기에 관해 검색하고 관심을 둔다면 그 내용이 크기와 연결될 때가 많기는 하지만 반드시 작아서는 아니다. 성기 크기에 대한 불만의 40퍼센트는 너무 크다는 것이다. '섹스 중의 ……'라는 문장에서 가장 많이 검색되는 단어는 '통증'이다('출혈' '오줌' '울음' '방귀'가 2~5위를 차지한다). 하지만 남성이 성기 크기를 변화시키는 방법에 관해 검색할 때 작게 만드는 방법에 관한 정보를 구하는 비중은 1퍼센트에

---

* 나는 이 책의 제목을 '내 성기는 얼마나 큰가요? 구글 검색은 인간 본성에 관해 우리에게 무엇을 알려주는가?'로 하고 싶었다. 하지만 편집자는 그렇게 하면 책이 많이 안 팔릴 거라고 경고했다. 공항 서점에서 그런 제목의 책을 쑥스러워 누가 사겠냐는 이유였다. 당신도 그렇게 생각하는가?

불과하다.

남성들이 섹스와 관련해서 두 번째로 많이 하는 질문은 어떻게 성적 접촉 시간을 늘리는가다. 이것 역시 남성의 불안과 여성의 관심이 일치하지 않는 것 같다. 남자친구가 절정에 빨리 이르게 하는 방법은 절정을 늦추는 방법과 거의 같은 수준으로 검색된다. 사실 여성들이 가장 흔하게 하는 고민은 남자가 절정에 언제 이르느냐가 아니라 왜 절정에 이르지 않느냐다.

우리는 남성의 신체 이미지에 관해서는 자주 언급하지 않는다. 여성이 외모에 대해 전반적으로 관심이 많은 것은 사실이다. 하지만 현실은 고정관념만큼 치우쳐 있지 않다. 사람들이 방문하는 웹사이트를 추적하는 구글 애드워즈에 대한 나의 분석에 따르면, 미용과 몸매 가꾸기에 관심을 보인 사람 중 42퍼센트가 남성, 체중 감량의 경우 33퍼센트가 남성, 성형수술의 경우 39퍼센트가 남성이었다. 가슴과 관련된 '방법'의 전체 검색 중 약 20퍼센트는 남성의 여성형 유방 제거 방법이 차지했다.

하지만 몸매에 자신 없는 남성이 생각보다 많다 해도 외모에 대한 불안은 여성이 여전히 앞선다. 디지털 자백약은 여성의 자기회의에 관해 어떤 것을 밝혀낼 수 있을까? 미국에서는 매년 유방 확대술에 관한 검색이 700만 건 이상 이뤄진다. 공식 통계는 매년 여성 30만 명이 유방 확대수술을 받는다고 말한다.

또한 여성들은 자신의 엉덩이에 확신을 갖지 못한다. 그런데 그 불만의 내용이 최근 급격하게 변화했다.

2004년, 미국 일부 지역에서는 엉덩이 변화와 관련해 가장 흔한 검색이 엉덩이를 작게 만드는 방법이었다. 엉덩이를 크게 만들려는 욕망은 흑인 인구가 많은 지역에 압도적으로 집중되어 있었다. 하지만 2010년부터 큰 엉덩이에 대한 욕구가 다른 지역으로까지 확산되었다. 이러한 관심은 4년 만에 세 배 증가했다. 2014년에는 모든 주에서 엉덩이를 크게 만드는 방법을 묻는 검색이 엉덩이를 작게 만드는 방법을 묻는 검색보다 많아졌다. 요즘 미국에서는 유방 확대술 다섯 건에 엉덩이 확대술 한 건 비율로 검색이 이뤄진다.

　　큰 엉덩이에 대한 여성들의 선호가 남성들의 기호와도 일치할까? 흥미롭게도 그렇다. 과거 흑인이 많은 지역에 집중됐던 '엉덩이가 큰 여자 포르노' 검색이 최근 미국 전역에서 인기다.

　　여성의 몸매에서 남성들이 바라는 것은 또 무엇이 있을까? 앞서 말했듯이 그리고 누가 생각해도 당연하듯, 남성들은 큰 가슴을 선호한다. 전체 포르노 검색의 약 12퍼센트는 큰 가슴을 찾는다. 이는 '가슴이 작은 여자 포르노' 검색보다 거의 20배 많다.

　　그렇기는 하지만 이것이 남성들이 여성의 유방 확대술을 원한다는 의미인지는 확실치 않다. 가슴 큰 여자 포르노를 찾는 검색의 약 3퍼센트에는 수술하지 않은 자연스러운 가슴을 보고 싶다는 바람이 노골적으로 드러난다.

　　아내와 유방 확대술에 관한 구글 검색은 정확히 반으로 나뉜다. 하나는 아내가 유방 확대술을 받도록 설득하는 법이고 다른 하나는 유방 확대를 원하는 아내에 대한 당혹감이다.

여자친구의 가슴과 관련된 가장 흔한 검색인 '여자친구의 가슴이 좋아요'를 생각해보자. 이런 검색을 하면서 남성들이 구글에서 무엇을 찾고자 하는지는 확실치 않다.

여성도 남성처럼 자신의 성기에 대해 궁금해한다. 사실 여성은 남성이 성기에 대해 검색하는 것만큼이나 여성 성기에 관해 많은 질문을 한다. 여성들이 성기에 대해 갖는 걱정은 건강과 연관된 경우가 많다. 하지만 질문의 최소한 30퍼센트는 다른 문제다. 여성들은 어떻게 털을 다듬는지, 어떻게 성기를 탄력 있게 하는지, 어떻게 더 좋은 맛이 나게 하는지 알고 싶어한다. 앞서 잠깐 말했듯이 냄새를 개선하는 방법도 놀라울 정도로 흔하다.

여성들은 성기에서 생선 냄새가 나는지를 가장 많이 걱정한다. 그 뒤를 이어 식초, 양파, 암모니아, 마늘, 치즈, 암내, 오줌, 빵, 표백제, 땀, 금속, 발, 쓰레기, 썩은 고기 냄새가 나는지 걱정한다.

일반적으로 남성은 상대의 성기에 관해 검색을 많이 하지 않는다. 여자친구의 성기에 관해 검색하는 건수는 여성들이 남자친구의 성기에 관해 검색하는 건수와 거의 비슷하다.

남성들이 상대의 성기에 관해 검색할 때 보통 그 내용은 여성들이 가장 걱정하는 것, 바로 냄새다. 대체로 남성은 상대 여성에게 상처 주지 않고 좋지 않은 냄새에 대해 이야기할 방법을 알아내려고 한다. 그렇지만 때로 냄새에 관해 남성들이 하는 질문은 자신의 불안을 드러낸다. 남성들은 종종 냄새로 상대가 바람피우는지를 알아낼 수 있을지 질문한다. 예를 들어 콘돔 냄새나 다른 남성의 정액 냄새가 난다면 말이다.

이 모든 비밀스러운 불안을 어떻게 이해해야 할까? 분명 여기에는 좋은 소식도 있다. 구글은 덜 걱정해도 좋을 이유를 알려준다. 섹스 상대가 우리를 어떻게 생각하는지에 대한 마음 깊숙한 두려움은 대부분 터무니없다. 데이터는 컴퓨터 앞에서 거짓말할 유인이 전혀 없을 때 사람들은 타인의 몸에 그다지 신경 쓰지 않고 너그럽다고 말한다. 사실 우리는 자기 몸을 평가하느라 너무 바빠서 다른 사람의 몸까지 평가할 에너지가 거의 없다.

구글의 성적인 검색에서 드러나는 가장 큰 걱정 중 두 가지, 곧 섹스 없음과 성적인 매력이나 행위에 대한 불안감 사이에는 연관성이 있을 것이다. 섹스에 대한 걱정을 덜 한다면 섹스를 더 많이 하지 않을까?

구글 검색이 섹스에 관해 또 어떤 것을 알려줄 수 있을까? 이성에게 구강성교를 더 잘할 수 있는 방법을 찾는 모든 검색을 취합해보자.[22] 조언을 더 많이 찾는 쪽은 남성일까 여성일까? 여성이다. 모든 가능성을 긁어모아 판단해보면, 구강성교를 잘해주는 방법에 대한 조언을 찾는 여성 대 남성의 비율은 2:1로 추정된다.

남성들이 구강성교 방법에 관한 조언을 구하는 경우는 상대를 즐겁게 해주려는 게 아닐 때가 많다. 남성들은 여성에게 오르가슴을 경험하게 하는 방법만큼이나 자기 자신에게 구강성교를 하는 방법을 많이 검색한다. (내가 구글 검색 데이터에서 가장 좋아하는 사실 중 하나다.)

# 증오와 편견에 관한 진실

섹스와 연애가 부끄럽거나 비밀에 부치는 유일한 주제는 아니다. 많은 사람이 편견을 가슴속에 묻어두고 드러내지 않으려 한다. 인종이나 성적 취향, 종교를 기반으로 타인을 판단한다고 인정하면 주변에서 좋지 못한 평가를 받는다고 느끼는 듯하다. 당신은 이런 상황이 진보적이라고 생각할지도 모르겠다. 하지만 많은 미국인은 여전히 편견을 갖고 있다. 이번에도 충격적인 소재가 포함된 주제를 다뤄보려 한다.

사람들은 구글에 '흑인은 왜 무례한가요?'나 '유대인은 왜 그렇게 사악한가요?' 같은 질문을 올린다. 다양한 집단에 관한 검색에 사용되는 부정적인 단어 1~5위를 순서대로 나열했다.[23]

이러한 고정관념에는 몇 가지 패턴이 두드러진다. 예를 들어 아프리카계 미국인은 '무례하다'는 고정관념에 직면하는 유일한 집단이다. 거의 모든 그룹이 '멍청하다'는 고정관념의 희생자다. 예외는 유대인과 이슬람교도뿐이다. '사악하다'는 고정관념은 유대인과 이슬람교도, 동성애자에게 적용되지만 흑인, 멕시코인, 아시아인, 기독교인에게는 적용되지 않는다.

이슬람교도는 '테러리스트'라는 고정관념이 형성된 유일한 집단이다. 이슬람계 미국인들이 이 고정관념에 부응한다면 즉각적이고 악의에 찬 반응을 맞닥뜨릴 수 있다. 구글 검색 데이터에서는 증오로 가득한 분노의 폭발을 시시각각 엿볼 수 있다.

|  | 1 | 2 | 3 | 4 | 5 |
|---|---|---|---|---|---|
| 아프리카계 미국인 | 무례한 | 인종주의자 | 멍청한 | 못생긴 | 게으른 |
| 유대인 | 사악한 | 인종주의자 | 못생긴 | 천박한 | 탐욕스러운 |
| 이슬람교도 | 사악한 | 테러리스트 | 나쁜 | 폭력적인 | 위험한 |
| 멕시코인 | 인종주의자 | 멍청한 | 못생긴 | 게으른 | 바보 같은 |
| 아시아인 | 못생긴 | 인종주의자 | 짜증나는 | 멍청한 | 천박한 |
| 게이 | 사악한 | 그릇된 | 멍청한 | 짜증나는 | 이기적인 |
| 기독교인 | 멍청한 | 미친 | 바보 같은 | 망상적인 | 그릇된 |

2015년 12월 2일 캘리포니아주 샌버너디노에서 대규모 총기난사 사건이 벌어진 직후를 생각해보자. 그날 아침 리즈완 파룩 Rizwan Farook과 타시핀 말릭Tashfeen Malik은 반자동식 권총과 반자동식 소총으로 무장한 채 파룩의 동료들의 모임에 난입해 열네 명을 살해했다. 그날 저녁 언론이 총을 쏜 사람 중 이슬람계처럼 들리는 이름 하나를 처음으로 발표했고, 말 그대로 몇 분 만에 놀랄 만큼 많은 캘리포니아주 사람들이 이슬람 사람들을 죽이자고 목소리를 높였다.[24]

당시 캘리포니아주에서 '이슬람교도'가 들어가는 구글 검색 중 단연 1등은 '이슬람교도를 죽이자'였다. 미국인이 '이슬람교도를 죽이자'라는 구절을 검색하는 빈도는 '마티니 제조법' '편두통 증상' '댈러스 카우보이스Dallas Cowboys 출전 선수 명단'의 검색 빈도와 비슷했다. 샌버너디노 총기 사고 후 며칠 동안 대다수 미국인이 '이슬람포비아'를 걱정하는 가운데 누군가는 '이슬람교도를 죽이자'를 검색하고 있었다. 이 공격 이전에는 이슬람교도에 대한 모든 검색 중 약 20퍼센트가 증오 관련 검색이었던 반면, 사고 직후 몇 시간 동안에는 이슬람교도에 관한 모든 검색의 절반 이상이 증오에 차 있었다.

이와 같은 분 단위의 검색 데이터는 이러한 분노를 가라앉히기가 얼마나 어려운가를 보여준다. 총기 난사 나흘 후 당시 대통령이던 오바마는 황금시간대에 전국을 대상으로 연설을 했다. 그는 정부가 테러를 멈출 수 있고, 이 위험한 '이슬람포비아'를 진정시키는 것이 어쩌면 더 중요하다고 말하며 미국인들을 안심시키고자 했다.

오바마는 포용과 관용의 중요성을 이야기하면서 국민들에게 호소했다. 그 웅변은 강력하고 감동적이었다. 《로스앤젤레스타임스Los Angeles Times》는 두려움이 "우리의 판단력을 흐리지 못하게 경고를 줬다"며 오바마를 칭찬했다. 《뉴욕타임스》는 이 연설이 "강인"하면서도 "차분했다"고 평가했다. 웹사이트 싱크프로그레스ThinkProgress는 이 연설이 "이슬람계 미국인들의 목숨을 구하기 위한, 올바른 국가경영에 필수적 조치"라고 칭찬했다. 달리 말해 오바마의 연설은 매우 성공적이라는 평가를 받았다. 하지만 정말 그랬을까?

구글 검색 데이터는 다르게 말한다. 당시 프린스턴에 있던 에번 솔타스Evan Soltas와 나는 관련 데이터를 검토했다. 대통령은 연설에서 "차별 거부는 모든 미국인과 모든 신념의 의무입니다"라고 말했다. 하지만 이슬람교도를 '테러리스트' '나쁜' '폭력적인' '사악한'이라고 부르는 검색은 연설하는 동안과 연설 직후에 두 배로 늘어났다. 오바마 대통령은 "우리에게는 우리가 이 땅에 발을 들이게 한 사람들에 대한 종교적인 시험을 거부해야 할 책임이 있습니다"라는 말도 했다. 하지만 당시 절박하게 안전한 피난처를 찾고 있던, 대부분이 이슬람교도인 시리아 난민에 관한 부정적인 검색은 60퍼센트 증가한 반면, 그들을 어떻게 도울 수 있는지에 관한 검색은 35퍼센트 감소했다. 오바마는 국민들에게 "자유가 두려움보다 강력하다는 것을 잊지 말라"고 부탁했다. 하지만 '이슬람교도를 죽이자'는 검색은 연설하는 동안 세 배로 늘어났다. 사실 오바마가 연설하는 동안과 그 이후에 이슬람교도에 관해 우리가 생각할 수 있는 모든 부정적인 검색이 증가했고 우리가 생각할 수 있는 모든 긍정적인 검색은 감소했다.

오바마는 옳은 말만 했다. 전통적인 매체들은 모두 오바마의 따뜻한 연설에 만족스러운 반응을 보였다. 하지만 디지털 자백약을 제공하는 인터넷의 새로운 데이터는 이 연설이 주된 목적과 반대되는 효과를 낳았다고 암시한다. 인터넷 데이터는 오바마와 그의 연설이 성난 민심을 달래기보다는 오히려 격앙시켰다고 말한다. 이처럼 효과가 있을 것이라 생각한 것이 역효과를 낼 수 있다. 때로는 스스로에게 잘했다고 칭찬하려는 본능을 교정하기 위해 인터넷 데이터가 필요하다.

그렇다면 오바마는 어떻게 말해야 했을까? 이에 대해서는 뒤에서 다시 다루겠다. 지금은 미국의 아주 오랜 편견의 흐름, 다른 것보다 도드라지는 증오의 형태, 가장 파괴적인 증오의 형태, 이 책의 집필 계기를 만들어준 연구 주제를 살펴볼 것이다. 구글 검색 데이터를 이용해 연구하는 동안 증오와 관련해 내가 인터넷에서 찾은 가장 확실한 사실은 '깜둥이'라는 단어가 참 인기가 높다는 것이다.

'깜둥이'는 단수형 또는 복수형으로 매년 미국에서 이뤄지는 검색 중 700만 건에 포함된다(다시 말하지만 랩 가사에서 이 단어는 거의 언제나 nigger가 아닌 nigga로 사용된다. 따라서 랩 가사는 큰 영향을 주지 않는다). '깜둥이 농담'에 관한 검색은 '유대인 농담' '동양인 농담' '남미인 농담' '중국인 농담' '게이 농담'에 관한 검색을 합친 것보다 열일곱 배 많다.[25]

'깜둥이' 또는 '깜둥이 농담'은 언제 가장 많이 검색될까? 아프리카계 흑인이 뉴스에 등장할 때면 언제나 그렇다. 여기에는 허리케인 카트리나가 상륙한 직후, 그러니까 TV와 신문에 살아남기 위해 고투하는 뉴올리언스의 절박한 흑인들이 나왔을 때도 포함된다. 오바마의 첫 당선 때에도 검색 빈도가 상승했다. 마틴 루터 킹Martin Luther King Jr. 기념일에는 '흑인 농담' 검색량이 평균 30퍼센트 정도 상승한다.[26]

이런 인종적 비방이 이토록 횡행한다는 사실을 대면하면 우리가 인종차별에 관해 정확히 이해하고 있는지 의심스러워진다. 미국에 존재하는 커다란 문제를 설명할 이론이 있어야 한다. 절대다수의 흑인은 편견에 시달린다. 그리고 경찰의 검문, 구직 면접, 법원 판결에서 차별당하고 있다는 증거도 충분해 보인다. 반면에 스스로 인종주의자라고 인정하는 백인은 극소수다.

정치과학자들은 최근 인종차별 대부분이 광범위한 '암묵적' 편견에서 비롯한다는 이론을 내놓았다. 이 이론은 백인은 선하지만 무의식적인 편견이 흑인 대우에 영향을 준다는 식으로 흘러간다. 학자들은 그러한 편견을 시험하는 기발한 방법을 발명했다. 이를 '암묵적 연상 검사implicit-association test'라고 부른다.

이 검사 결과는 대부분의 사람이 흑인의 얼굴과 '끔찍한' 같은 부정적 단어를 연결할 때보다 '좋은' 같은 긍정적인 단어를 연결할 때 몇 밀리초 더 걸린다는 것을 지속적으로 보여준다. 백인 얼굴의 경우에는 패턴이 역전된다. 시간이 더 걸린다는 것은 자신조차 알지 못하는 암묵적인 편견이 있다는 증거다.

그런데 아프리카계 미국인은 느끼지만 백인은 부정하는 차별에 대한 대안적 설명이 있다. 숨겨진 '명시적' 인종차별이라는 것이다. 사람들이 매우 잘 알고 있지만 고백하지는 않는, 그리고 설문조사에서는 당연히 드러내지 않는 상당히 광범위한 의식적 인종차별이 있다고 가정해보자. 검색 데이터가 하는 이야기가 바로 이것 아닌가 싶다. '깜둥이 농담'을 검색하는 데에는 암묵적인 그 어떤 것도 존재하지 않는다. '깜둥이'를 '편두통'이나 '경제학자'와 같은 빈도로 검색하는 사회에서 명시적 인종차별이 아프리카계 미국인에게 큰 영향을 주지 않는다고 상상하기는 어렵다. 구글 데이터 이전에는 이런 맹렬한 적대감을 측정할 확실한 수단이 없었다. 지금은 가능하다. 이제 데이터가 무엇을 설명하는지 살펴야 한다.

앞서 논의했듯이 데이터는 여러 지역에서 2008년과 2012년 오바마의 총득표수가 예상보다 적은 이유를 설명한다. 이는 한 경제학자 집단이 최근 발표한 대로 흑인과 백인의 임금 격차와도 관련이 있다.[27] 내가 인종차별적 검색이 가장 많은 곳으로 발견한 지역은 흑인에게 낮은 임금을 지급했다. 도널드 트럼프의 출마와 관련된 현상도 있다. 서론에서 언급했듯이 여론조사 전문가인 네이트 실버는 2016년 공화당 예비선거에서 트럼프 지지와 가장 강력한 연관이 있는 지역적 변수를 찾기 위해 애썼고, 내가 개발한 인종주의 지도에서 그것을 발견했다. 바로 '깜둥이'에 관한 검색이었다.

학자들은 최근 흑인에 대한 암묵적 차별의 측정치를 주별로 종합했고 덕분에 나는 구글 검색으로 측정한 명시적 인종차별과 암묵적 편견의 영향을 비교할 수 있었다. 예를 들어 나는 오바마가 출마한 두 번의 대통령 선거에서 이 두 가지가 얼마나 그에게 불리하게 작용했는지 시험했다. 회귀분석을 통해 오바마가 예상에 못 미치는 성과를 거둔 곳을 예측하는 데 해당 지역에서 이뤄진 인종차별적 구글 검색 데이터가 큰 도움이 되었다. 반면 특정 지역의 암묵적 연상 검사 결과는 거의 도움이 되지 않았다.

이 분야의 더 많은 연구를 자극하고 장려하기 위해 나는 감히 이런 추측을 내놓으려 한다. 오늘날 아프리카계 미국인에 대한 차별을 가장 잘 설명해주는 것은 사람들이 부정적인 단어와 흑인을 무의식적으로 연관시킨다는 사실이 아니다. 그들은 연구실 실험에 동의하고 참여했으며 이는 해당 요인을 제대로 설명하는 데 방해요인으로 작용한다. 아프리카계 미국인 차별을 가장 잘 설명하는 것은 백인 수백만 명이 계속 '깜둥이 농담'을 검색하는 식의 행동을 하고 있다는 사실이다. 나는 이런 추측에 관해 다양한 분야의 학자들이 제시하는 실험을 받아들일 준비가 되어 있다.

　미국에서 흑인이 자주 경험하는 차별은 겉으로 드러내지는 않지만 명시적인 적대감에 의해 더욱 광범위하게 부채질되는 것으로 보인다. 하지만 다른 집단의 경우, 무의식적 편견이 좀 더 근본적인 영향을 줄 수 있다. 예를 들어 나는 구글 검색을 이용해서 여자아이에 대한 암묵적 편견의 증거를 찾을 수 있었다.

　도대체 누가 여자아이에 대한 편견을 만들까?

　바로 부모다.[28]

　부모는 아이에게 뛰어난 재능이 있다는 생각에 종종 흥분한다. 놀라운 일은 아니다. 사실 '두 살 난 내 아이가 ……'로 시작하는 모든 구글 검색에 따라붙는 가장 흔한 말은 '재능이 있어요'다. 하지만 이런 질문은 남자아이와 여자아이에게 똑같이 하지는 않는다. 부모는 '내 딸이 재능 있나요?'보다 '내 아들이 재능 있나요?'라는 질문을 2.5배 많이 한다. 지능과 관련된 문구를 사용할 때도 비슷한 편견이 나타난다. 이를테면 '내 아들이 천재인가요?' 같은 대놓고 물어보기에는 쑥스러운 문구가 그렇다.

부모가 딸과 아들의 차이를 정당하게 이해한 것일까? 혹시 아들이 딸에 비해서 거창한 말을 많이 하거나 재능이 있다는 객관적인 신호를 더 많이 보여주는 걸까? 아니다. 그런 차이가 있다면 오히려 반대다. 나이가 어릴 때는 여자아이들이 더 많은 단어를 사용하고 좀 더 복잡한 문장을 구사한다. 미국 학교의 영재 프로그램에는 여자아이가 남자아이보다 9퍼센트 많다.[29] 사실은 이렇지만 많은 부모가 저녁 식탁에서 영재인 딸보다 영재인 아들을 더 많이 발견하는 것 같다.* 사실 지능이 낮다는 검색을 비롯해 지능과 관련 있는 모든 검색에서 부모는 아들에 관한 질문을 더 많이 했다. '내 아들이 뒤처져요'라든가 '멍청해요'라는 검색 역시 딸보다 많았다. 그러나 '뒤처진다'거나 '멍청하다'라는 부정적인 단어가 들어가는 검색은 '재능 있다'나 '천재' 같은 긍정적인 단어보다 아들에 편향되는 정도가 낮았다.

　　그렇다면 부모가 딸에게 우선적으로 갖는 관심사는 무엇일까? 주로 외모와 관련 있다. 체중과 관련된 질문을 생각해보자. 부모가 구글에 하는 질문 중 '내 딸이 과체중인가요?'는 '내 아들이 과체중인가요?'보다 거의 두 배 많다. 딸의 체중을 줄이는 방법 역시 아들의 체중을 줄이는 방법보다 약 두 배 많다. 재능에서와 마찬가지로 이러한 성적 편견은 현실에 근거하지 않는다. 여자아이의 28퍼센트

---

*　부모가 성별에 따라 아이를 다르게 다룬다는 가설을 검증할 추가 실험을 진행하기 위해 육아 사이트 데이터를 수집하고 있다. 이 데이터에는 특정한 검색을 하는 부모보다 훨씬 더 많은 수의 부모가 포함된다.

가 과체중인 반면 남자아이의 35퍼센트가 과체중이다.[30] 체중계는 여자아이보다 남자아이가 체중이 많이 나간다고 말하지만, 부모의 눈에는 딸이 아들보다 과체중으로 보인다.

부모는 내 아들이 잘생겼냐는 질문보다 내 딸이 예쁘냐는 질문을 1.5배 많이 한다. 또한 딸이 못생겼냐는 질문을 아들이 못생겼느냐는 질문보다 거의 세 배 많이 한다. 어떻게 구글이 아이가 예쁜지 또는 못생겼는지 알 거라고 생각하는지는 의문이다.

일반적으로 부모는 아들에 관해 질문할 때 긍정적인 단어를 사용할 가능성이 높아 보인다. 부모는 아들이 '행복'한지를 자주 묻고 '우울'한지는 잘 묻지 않는다.

진보적인 독자들은 이런 편견이 보수적인 지역에서 더 흔할 것이라고 상상하겠지만 그런 증거는 전혀 찾지 못했다. 이런 편견과 지역의 정치적 또는 문화적 구성 사이의 유의미한 관계를 찾지 못했다. 구글 검색 데이터를 처음으로 이용할 수 있게 된 2004년 이후 이런 검색이 감소하고 있다는 증거도 없다. 여자아이에 대한 편견은 우리가 믿고 싶어하는 것보다 더 광범위하며 더 깊이 뿌리내린 것 같다.

성차별이 편견에 관한 고정관념이 빗나갈지도 모르는 유일한 분야는 아니다.

아이디 '바이킹메이든88'은 26세다. 그녀는 역사책을 읽고 시 쓰기를 좋아한다. 프로필에 셰익스피어의 구절을 인용해놨다. 나는 이 모든 정보를 미국에서 가장 인기 있는 온라인 혐오 사이트 스톰프런트에 올라온 그녀의 프로필과 글에서 알게 됐다. 바이킹메이든88이 내가 기고하고 있는 《뉴욕타임스》 사이트의 기사들을 즐겨 본다는 것도 알게 됐다. 그녀는 특정 기사에 열의 넘치는 리뷰를 올렸다.

나는 최근 스톰프런트 프로필 수만 개를 분석했다.[31] 회원은 프로필에 자신의 위치, 생년월일, 관심사 등의 정보를 입력할 수 있다.

스톰프런트는 KKK 리더였던 돈 블랙Don Black이 1995년 설립했다. 스톰프런트에서 가장 인기 있는 커뮤니티는 '국가사회주의 연합'과 '아돌프 히틀러Adolf Hitler 팬클럽'이다. 시장조사업체 퀀트캐스트Quantcast에 따르면 지난 한 해 동안 미국인 20~40만 명이 매달 이 사이트를 방문했다. 최근 인권단체인 남부빈곤법률센터 Southern Poverty Law Center는 지난 5년간 발생한 살인사건의 가해자 약 100명이 스톰프런트의 회원이라고 보고했다.

스톰프런트 회원들은 내가 짐작한 부류의 사람들이 아니었다. 직접 입력한 생년월일에 따르면 그들은 비교적 젊었다. 가장 많은 연령이 19세였다. 19세 회원이 40세 회원보다 네 배 많았다. 인터넷과 소셜네트워크 사용자가 젊은 축이기는 하지만 그 정도로 어리지는 않다.

프로필에는 성별을 입력하는 난이 없다. 하지만 모든 포스팅과 사용자 프로필의 임의적 샘플을 확인하자 회원 대부분의 성별을 파악할 수 있는 것으로 드러났다. 나는 스톰프런트 회원 약 30퍼센트를 여성으로 추산한다. 인구 대비 회원이 가장 많은 주는 몬태나, 알래스카, 아이다호다. 이들 주는 백인 비율이 압도적으로 높다. 이를 다양성이 부족한 성장배경이 혐오를 촉진한다는 신호로 해석할 수 있을까?

그렇지 않을 것이다. 그보다 이들 주에는 비유대계 백인 비율이 높기 때문에 유대인과 비백인을 공격하는 집단에 들어갈 잠재적 회원이 더 많다고 봐야 할 것이다. 사실 스톰프런트에 가입하는 타깃 고객 비율은 소수집단이 많은 지역에서 더 높다. 18세 이하의 스톰프런트 회원을 보면 더 확실해진다. 그들은 스스로 사는 곳을 선택할 수 없으니 말이다. 이 연령층에서는 소수인종이 가장 많은 캘리포니아주의 회원 비율이 미국 전체 평균보다 25퍼센트 높다.

'반유대주의 옹호'는 이 사이트에서 가장 인기 있는 커뮤니티 중 하나인데, 이 집단에 가입한 회원의 비율은 해당 주의 유대인 인구와 양의 상관관계에 있다. 유대인 인구가 가장 많은 뉴욕은 인구 대비 이 집단의 회원 수가 평균을 넘어선다.

2001년 자신을 "잘생기고 인종에 대한 인식이 있는" 30세의 인터넷 개발자로 "주욕 시티Jew York City"(뉴욕에 유대인이 많이 산다는 것을 비하하는 표현 - 옮긴이)에 산다고 소개한 'Dna88'이 스톰프런트에 가입했다. 그 뒤로 4개월 동안, 그는 '유대인의 반인도적 범죄' '유대인의 피비린내 나는 돈' 같은 글을 200개 이상 작성했고, 사람들을 "시온주의자의 범행"을 다루는 "전문 도서관"이라고 주장하는 사이트 주워치닷컴jewwatch.com으로 유도했다.

스톰프런트 가입자들은 소수인종이 다른 언어를 구사하고 범죄를 저지르는 데에 불만을 표현했다. 하지만 내가 가장 흥미롭게 생각한 불평은 데이트 시장에서 그들과 경쟁해야 한다는 것이었다.

"캐나다는 백인의 나라로 남아야 한다"라고 제안한 적이 있는 캐나다 전 총리 윌리엄 라이언 매켄지 킹William Lyon Mackenzie King이라고 스스로를 지칭하는 한 남성은 2003년에 "젊은 흑인 잡종 놈을 끼고 다니는" 백인 여성을 본 뒤 "분노를 억누르느라" 몸부림치는 중이라고 적었다. 프로필에 로스앤젤레스에 사는 41세의 학생이라고 적은 '화이트프라이드26'은 이렇게 썼다. "나는 흑인, 남미인, 때때로 아시아인에게 반감을 느낀다. 특히 남성들이 그들을 백인 여성보다 더 매력적이라고 생각할 때 그렇다."

특정한 정치적 추이도 한몫한다. 스톰프런트 역사상 회원이 가장 많이 증가한 날은 2008년 11월 5일로, 버락 오바마가 대통령으로 당선된 다음 날이었다. 그렇지만 도널드 트럼프가 출마한 동안 스톰프런트에 대한 관심은 높아지지 않았고 그가 당선된 직후 약간 상승하는 데 그쳤다.[32] 트럼프는 백인민족주의의 혜택을 누렸지만 그가 백인민족주의의 물결을 만들었다는 증거는 없다.

오마바의 당선으로 백인민족주의 운동이 급증했다. 트럼프의 당선은 그에 부응한 것으로 보인다.

그다지 중요하지 않아 보이는 것이 있다. 바로 경제다. 스톰프런트의 월간 회원 가입자 수와 미국의 실직률 사이에는 아무 관계도 없었다. 미국이 대침체에 엄청난 영향을 받고 있을 때에도 스톰프런트에 대한 구글 검색은 증가하지 않았다.

가장 흥미롭고 놀라운 것은 스톰프런트 회원들이 나누는 대화 주제다. 내가 친구들과 나누는 대화 주제와 비슷하다. 순진한 생각이었을지 모르지만, 나는 백인민족주의가 나와 내 친구들이 사는 세상과는 다른 곳에 있다고 생각하곤 했다. 그러나 스톰프런트 회원들도 〈왕좌의 게임Game of Thrones〉을 입이 마르게 찬양하고 플렌티오브피시PlentyOfFish와 오케이큐피드OkCupid 같은 온라인 데이트 사이트의 장단점을 비교한다.

그들 사이에서도 《뉴욕타임스》가 인기 있다. 바이킹메이든88뿐 아니라 여러 스톰프런트의 사용자가 뉴욕타임스닷컴nytimes.com을 자주 드나든다. 사실 스톰프런트 사용자들은 야후뉴스Yahoo News 사이트를 방문하는 사람들보다 뉴욕타임스닷컴에 방문하는 빈도가 두 배 높다.

혐오 사이트 회원이 극도로 진보적인 매체를 정독한다? 어떻게 이런 일이 가능할까? 스톰프런트 회원 상당수가 뉴욕타임스닷컴에서 뉴스를 본다면, 백인민족주의에 대해서 우리가 갖는 통념은 틀린 것일까? 이는 인터넷이 어떻게 돌아가는지에 대한 우리의 일반적인 통념이 틀렸다는 의미이기도 하다.

# 인터넷에 관한 진실

사람들은 자신과 비슷한 사람들에게 맞춰진 사이트에 숨는다. 인터넷이 미국인을 분열시키는 상황을 하버드법학대학원의 캐스 선스타인Cass Sunstein은 이렇게 묘사했다. "커뮤니케이션 시장은 사람들이 자신의 견해에 스스로를 가두는 상황으로 빠르게 변하고 있다. 진보주의자는 대체로 또는 오로지 진보주의적인 것을 읽고 보며, 중도주의자는 중도주의적인 것을, 보수주의자는 보수주의적인 것을, 신나치주의자는 신나치주의적인 것을 읽고 본다."

이 견해는 타당하다. 결국 인터넷은 뉴스를 소비할 수 있는 거의 무제한적인 옵션을 준다. 당신이 원하는 모든 것을 읽을 수 있다. 바이킹메이든88은 자신이 원하는 것을 읽을 수 있다. 스스로의 생각에만 맡겨두면 사람들은 자신이 믿는 것을 확인해주는 견해를 찾는다. 이처럼 인터넷은 분명 극단적인 정치적 분리를 만들어내고 있다.

그러나 이러한 일반적 견해에는 한 가지 문제가 있다. 데이터에 따르면 이것이 사실이 아니라는 것이다.

반대 증거는 앞서 논의했던 연구의 주인공인 두 경제학자 맷 겐츠코프와 제시 셔피로의 2011년 연구에서 나왔다.

겐츠코프와 셔피로는 대규모 미국인 표본을 대상으로 브라우징browsing 행동에 관한 데이터를 수집했다. 그들의 데이터세트에는 (자신이 밝힌) 표본의 이념, 곧 사람들이 자신을 진보적이라고 생각하는지 보수적이라고 생각하는지도 포함되어 있었다. 그들은 이 데

이터를 이용해서 인터넷상의 정치적 분열도를 측정했다.[33]

또한 그들은 흥미로운 사고실험thought experiment을 실시했다. 우연히 동일한 뉴스 사이트에 들어온 미국인 두 명을 무작위로 추출한다고 생각해보자. 둘 중 한 사람은 진보주의자이고 다른 한 사람은 보수주의자일 가능성은 얼마일까? 다시 말해 뉴스 사이트에서 자유주의자와 보수주의자는 얼마나 자주 만날까?

더 깊이 생각해보기 위해 인터넷상의 진보주의자와 보수주의자가 결코 동일한 사이트에서 뉴스를 읽지 않는다고 가정해보자. 진보주의자는 진보주의적 사이트만을 방문하고, 보수주의자는 보수주의적 사이트만을 방문한다고 말이다. 이런 경우, 해당 뉴스 사이트에서 두 미국인이 만날 가능성은 0퍼센트일 것이다. 인터넷은 완벽하게 분리되고 진보주의자와 보수주의자는 결코 섞이지 않을 것이다.

반대로 진보주의자와 보수주의자가 뉴스를 얻는 방법에 전혀 차이가 없다고 가정해보자. 진보주의자와 보수주의자가 같은 뉴스 사이트를 방문한다고 말이다. 이런 경우, 해당 뉴스 사이트에 들어온 두 미국인이 반대되는 정치적 견해를 가질 가능성은 약 50퍼센트일 것이다. 인터넷은 전혀 분리되지 않을 것이고 자유주의자와 보수주의자는 완벽하게 섞일 것이다.

그렇다면 데이터는 어떤 이야기를 할까? 겐츠코프와 셔피로에 따르면 미국에서 동일한 뉴스 사이트에 들어온 두 사람이 다른 정치적 견해를 가질 확률은 약 45퍼센트다. 다시 말해 인터넷은 완벽한 분리보다는 완벽한 비분리에 훨씬 가깝다. 자유주의자와 보수주의자는 항상 웹에서 서로를 만나고 있다.

인터넷상의 분리가 얼마나 미미한지 확실히 이해하려면 이를 우리 삶의 다른 부분에서 나타나는 분리와 비교해야 한다. 겐츠코프와 서피로는 다양한 오프라인 상호작용을 반복적으로 분석했다. 가족 구성원 두 명이 다른 정치적 견해를 가질 가능성은 얼마나 될까? 이웃 두 명은? 동료 두 명은? 친구 두 명은?

겐츠코프와 서피로는 종합사회조사 데이터를 기반으로 분석한 결과 이 모든 수치가 같은 뉴스 사이트에 들어온 두 사람이 다른 정치적 견해를 가질 확률보다 낮다는 것을 발견했다.

**두 사람이 반대되는 정치적 견해를 가질 확률**

| | |
|---|---|
| 뉴스 웹사이트 | 45.2퍼센트 |
| 동료 | 41.6퍼센트 |
| 오프라인 이웃 | 40.3퍼센트 |
| 가족 구성원 | 37퍼센트 |
| 친구 | 34.7퍼센트 |

다시 말해 오프라인보다 온라인에서 반대되는 견해를 가진 사람을 마주칠 가능성이 더 높다.

이렇게 인터넷이 덜 분리된 이유는 무엇일까? 인터넷에는 정치적 분리를 제한하는 두 가지 요인이 있다.

첫째, 놀랍게도 인터넷 뉴스 산업은 몇몇 포털 사이트가 지배하고 있다. 우리는 대체로 인터넷이 비주류에게 매력적으로 다가갈 것이라고 생각한다. 실제로 당신의 견해와 무관하게 비주류를 위한 사이트들이 있긴 하다. 총기 소지에 찬성하거나 반대하는 운동가, 홉연권을 외치는 운동가, 1달러 동전 옹호가, 반정부주의자, 백인민족주의자가 자리를 잡는 곳이 있다. 하지만 이런 사이트들이 인터넷 뉴스 트래픽에서 차지하는 비중은 얼마 되지 않는다. 실제로 2009년 사람들은 인터넷 뉴스의 절반 이상을 네 개 사이트(야후뉴스, AOL뉴스, MSNBC닷컴, CNN닷컴)에서 봤다. 야후뉴스는 여전히 미국에서 가장 인기 있는 뉴스 사이트로 한 달 방문자 수가 9,000만에 이른다. 스톰프런트 독자의 600배다. 야후뉴스 같은 대중매체 사이트는 정치적으로 다양하고 광범위한 독자의 마음을 끈다.

인터넷이 그다지 분리되어 있지 않은 두 번째 이유는 강력한 정치적 의견을 가진 많은 사람들이 반대 시각을 가진 사이트를 방문하기 때문이다. 화를 내고 논쟁하기 위해서라도 말이다. 정치광들은 자기편에 있는 사이트만 들어가지 않는다. 극단적 진보주의 사이트인 싱크프로그레스나 무브온moveon.org에 방문하는 사람은 평범한 인터넷 사용자보다 우편향 사이트인 폭스뉴스닷컴foxnews.com에 방문할 가능성이 높다. 극단적 보수주의 사이트인 러시림보닷컴rushlimbaugh.com이나 글렌벡닷컴glennbeck.com에 방문하는 사람은 평범한 인터넷 사용자보다 진보 사이트인 뉴욕타임스닷컴에 방문할 가능성이 높다.

겐츠코프와 셔피로의 연구는 인터넷 역사에서 비교적 초기인 2004~2009년의 데이터를 기반으로 한다. 그 이후 인터넷은 더 분리됐을까? 소셜미디어, 특히 페이스북이 이 판단을 바꿨을까? 사람들이 소셜미디어에서 친구들과 정치적 견해를 공유한다면 소셜미디어의 부상은 분명 반향실Echo Chamber(자신의 생각과 유사한 의견만 듣고 보게 되는 현상 - 옮긴이)의 부상을 의미할 것이다. 정말 그런가?

하지만 이야기는 그리 간단하지 않다. 페이스북 친구들이 나와 같은 정치적 견해를 갖고 있을 확률은 매우 높지만, 데이터과학자 이탄 박시Eytan Bakshy, 솔로몬 메싱Solomon Messing, 라다 애더믹Lada Adamic은 사람들이 페이스북에서 얻는 놀라울 정도로 많은 정보가 반대 견해를 가진 사람들에게서 나온다는 사실을 발견했다.[34]

어떻게 이런 일이 있을 수 있을까? 친구들이 우리와 정치적 견해를 공유하지 않는 것일까? 사실, 그렇다. 하지만 오프라인 사교 모임에서보다 페이스북에서 정치적 논의가 다양해지는 결정적인 이유가 있다.[35] 평균적으로 사람들은 오프라인 친구보다 페이스북 친구가 훨씬 많다.[36] 페이스북에서 맺기 쉬운 '느슨한 유대'는 반대되는 정치적 견해를 가진 사람들이 함께할 가능성을 높인다.[37]

페이스북에서 우리는 고등학교 때 알던 사람, 먼 친척, 친구의 친구의 친구 등 느슨한 사회적 관계에 노출된다. 함께 볼링을 치거나 고기 구워 먹을 일은 절대 없는 사람들이다. 저녁식사에 초대할 일도 없다. 하지만 그들과도 페이스북 친구를 맺는다. 그리고 그들이 링크한 기사를 본다. 다른 때라면 생각해보지도 않을 입장의 기사를 말이다.

요컨대 인터넷은 다른 정치적 견해를 가진 사람들을 화합하게 한다. 진보주의자 아내는 진보주의자 남편, 진보주의자 자녀와 아침 시간을 보내고, 진보주의자 동료와 오후를 보내고, 진보적인 범퍼 스티커에 둘러싸여 퇴근을 하고, 진보적인 요가 친구와 저녁시간을 보낸다. 그러나 집에 오면 CNN닷컴에서 몇몇 보수적 논평을 읽고 공화당 지지자인 고등학교 동창의 페이스북 링크를 공유한다. 이때 가 그녀가 하루 동안 보수주의적 견해에 가장 많이 노출되는 시간일 것이다.

내가 브루클린의 단골 커피숍에서 백인민족주의자를 만날 가능 성은 거의 없다. 하지만 나와 바이킹메이든88은 둘 다 뉴욕타임스 닷컴에 자주 들른다.

## 아동학대와 낙태에 관한 진실

우리는 인터넷에서 충격적인 태도뿐 아니라 충격적인 행동에 관한 통찰을 얻을 수 있다. 구글 데이터는 평범한 정보원이 흔히 놓치는 위기 상황을 알아내는 데 효과적이다. 문제가 있을 때 사람들은 구글에 의지하기 때문이다.

미국 대불황 기간 동안의 아동학대에 관해 생각해보자.

2007년 말 심각한 경제침체가 시작됐을 때, 많은 전문가는 어린이들에게 끼칠 영향을 걱정했다. 많은 부모가 스트레스를 받고 우울감에 시달리면 학대 위험이 커질 테고 따라서 아동학대가 급증하리라고 본 것이다.

공식 데이터는 이런 걱정은 근거가 없다고 말했다. 아동보호서비스 기관은 학대 사건이 줄고 있다고 보고했다. 더욱이 이러한 감소세는 경기침체의 영향이 가장 심각한 주에서 가장 크게 나타났다. 펜실베이니아대학교의 아동복지 전문가 리처드 겔스Richard Gelles는 2011년 연합통신에 "비관적인 전망은 현실로 나타나지 않았다"라고 말했다.[38] 직관에 반하는 듯하지만, 경기침체 동안 아동학대는 크게 감소한 것처럼 보였다.

그런데 그렇게 많은 어른이 직장에서 일자리를 잃고 고통스러워하는 상황에서 어떻게 아동학대가 감소했을까?[39] 나로서는 믿기 어려웠다. 그래서 구글 데이터를 찾았다.

아이들은 구글에 비극적이고 가슴 아픈 검색을 했다. '엄마가 나를 때려요' '아빠가 나를 때려요' 이러한 검색은 대불황 기간에 크게 늘어 실업률을 바짝 뒤쫓고 있었다. 이런 검색 데이터를 통해 이 기간에 일어난 일을 다른 방식으로 통합적으로 파악할 수 있다.

내 추측은 이렇다. 감소한 것은 아동학대 신고지, 아동학대 자체가 아니다. 아동학대 중 일부 사례만이 기관에 보고된 것으로 추정된다. 대불황 기간 동안 아동학대를 보고하는 교사와 경찰, 사건을 처리하는 아동보호서비스 담당자의 대부분은 과로를 하거나 일자리를 잃었을 가능성이 높다.

경기침체기 때 잠재적 사례를 보고하려 했지만 대기 시간이 길어 신고를 포기했다는 이야기도 많았다.[40]

실제로 아동학대가 침체기 때 증가했다는 증거는 더 많이 있다. 이번에는 구글 데이터가 아니다. 학대나 방임으로 아동이 사망하면 반드시 신고해야 한다. 경기침체의 영향을 심하게 받은 주에서는 드물긴 하지만 그러한 사망 사건이 증가했다.

그리고 구글에는 침체의 영향을 많이 받은 지역에서 학대를 의심하는 사람들이 많았다는 증거도 있다. 어려움이 가장 많았던 주에서 상대적으로 아동 학대와 방임에 대한 검색이 증가했다. 실업률이 1퍼센트포인트 증가할 때마다 '아동학대'나 '아동방임'에 대한 검색률이 3퍼센트씩 늘어났다. 해당 주의 신고 건수가 크게 감소한 것을 보면 이 지역에서는 학대 신고 대부분이 제대로 이뤄지지 않은 것으로 보인다.

경제적 타격이 심한 주에서는 고통받는 어린이들의 검색이 증가하고, 아동 사망률이 증가하고, 학대를 의심하는 사람들의 검색이 늘어난다. 하지만 신고는 감소한다. 어린이들은 구글에 부모가 자신을 때렸다고 이야기하고, 자신이 학대를 목격한 게 아닌지 의심을 품은 사람은 늘어났다. 하지만 기관은 할 일이 너무 많아 처리할 수 있는 사건 자체가 줄어들었다.

대불황이 아동학대를 악화시켰지만 전형적인 척도는 이를 보여주지 못했다.


공식적인 통계에 잡히지 않지만 고통받는 사람들이 있다는 의심이 들 때마다 나는 구글 데이터에 의존한다. 이 새로운 데이터와 그것을 해석하는 방법을 아는 데 따르는 잠재적 혜택 중 하나는 당국이 보지 못하고 지나치는 사람들을 도울 수 있는 가능성이 생긴다는 것이다.

그래서 대법원이 최근 낙태를 더욱 어렵게 만드는 법의 영향력을 조사할 때 나는 구글의 검색 데이터에 주의를 기울였다. 이 법에 영향을 받는 여성들이 임신중절 수술을 하는 비공식적인 방법을 찾지 않을까 생각했기 때문이다. 정말 그랬다. 낙태 금지법이 통과된 주에서 이러한 검색 빈도가 가장 높았다.[41]

이 경우 검색 데이터는 유용하기도 하지만 골칫거리가 되기도 한다.

2015년 미국에서 자가낙태법을 찾는 구글 검색이 70만 건을 넘어섰다. 같은 해 낙태 시술 병원에 대한 검색은 340만 건이었다. 이는 낙태를 생각하는 여성의 상당수가 혼자서 처리하려고 생각하고 있다는 것을 암시한다.

여성들은 '임신중절 약 온라인 구입' '무료 임신중절 약' 등 비공식적인 경로로 약을 구할 방법을 16만 회 검색했다. 구글에 파슬리 같은 허브나 비타민 C를 이용한 낙태에 관해서도 질문했다. 옷걸이로 낙태하는 방법을 찾는 검색은 4,000건에 달했다. 이 중 '옷걸이로 낙태하는 방법'이라는 정확한 표현이 담긴 검색이 1,300건이었다. 자궁에 표백제를 사용하거나 배 위에 구멍을 뚫어서 낙태하는 방법을 찾는 질문도 수백 건이었다.

어떤 이유로 여성들이 자가낙태에 관심을 갖게 될까? 구글 검색이 일어난 지역과 시점이 용의자를 가리킨다. 여성들은 공식적으로 임신중절 수술을 받기 어려울 때 비공식적인 방법을 찾는다.

자가낙태에 대한 검색률은 2004년부터 2007년까지 거의 변화가 없다가 2008년 말부터 증가하기 시작했다. 금융위기와 그 후의 경기침체와 함께 일어난 현상이다. 자가낙태 검색률은 2011년에 40퍼센트나 증가했다. 여성의 낙태 권리를 옹호하는 비영리단체 구트마허연구소Guttmacher Institute는 2011년은 미국이 낙태에 엄중한 잣대를 들이대기 시작한 때라고 지적한다. 낙태 접근권을 제한하는 92개 주의 규정이 제정된 것이다. 낙태권을 강력하게 단속하지 않았던 캐나다의 경우, 이 기간에 자가낙태에 관한 검색이 미국과 비교할 만큼 증가하지 않았다.

자가낙태에 관한 구글 검색이 가장 많았던 주는 미시시피주다. 미시시피주의 인구는 약 300만이지만 임신중절 병원은 단 한 곳이다. 자가낙태 검색률이 높은 열 개 주 중 여덟 곳은 낙태를 (매우) 강력하게 거부하는 주라는 것이 구트마허연구소의 지적이다. 검색률이 낮은 열 개 주는 한 곳도 이 범주에 들어가지 않았다.

물론 구글 검색만으로 얼마나 많은 여성이 혼자서 낙태에 성공하는지 알 수는 없다. 하지만 증거를 통해 상당수가 성공한다고 짐작할 수 있다. 이를 밝히는 한 가지 방법은 낙태와 출생률을 비교하는 것이다.

2011년, 그러니까 주州 수준의 완벽한 낙태 데이터가 나온 마지막 해에 임신중절 수술 병원이 거의 없는 주의 여성들은 합법적인 임신중절을 훨씬 적게 받았다.

인구당 임신중절 수술 병원이 가장 많은 열 개 주(뉴욕주와 캘리포니아주 포함)와 가장 적은 열 개 주(미시시피주와 오클라호마주 포함)를 비교해보자. 임신중절 수술 병원이 적은 주는 합법적인 낙태가 54퍼센트 적었다. 이는 15~44세 여성 1,000명 중 열한 명의 차이다. 따라서 이곳 여성들은 출산을 더 많이 했다. 그런데 그 차이는 낮은 낙태율을 메꾸는 데 부족했다. 출산 여성은 가임기 여성 1,000명당 여섯 명 비율로 더 많았을 뿐이다.

다시 말해 낙태가 어려운 지역에서는 기록에 잡히지 않는 임신이 있었던 것 같다. 공식적인 정보원은 이 지역에서 출산하지 않은 1,000명당 다섯 명의 여성에게 어떤 일이 일어났는지는 이야기해주지 않는다.

구글은 아주 좋은 단서를 제공한다.

정부 데이터를 맹목적으로 신뢰할 수는 없다. 정부는 아동학대나 낙태가 감소하고 있다고 말할 것이고 정치인들은 이러한 성과를 축하할 것이다. 하지만 우리가 본 것은 데이터 수집 방법의 한계에서 비롯된 인위적인 결과일 수도 있다. 진실은 다를 수 있다. 그리고 때로 진실은 훨씬 암울하다.

# 페이스북 친구에 관한 진실

이 책은 빅데이터에 관한 책이다. 하지만 이 장에서는 구글 검색에 집중하겠다. 나는 구글 검색이 우리가 보고 있다고 생각하는 것과 아주 다른 숨겨진 세상을 드러낸다고 본다. 다른 빅데이터 출처들 역시 디지털 자백약일까? 사실 페이스북 같은 많은 빅데이터 출처들은 정반대로 기능한다.

설문조사와 마찬가지로 소셜미디어에는 진실을 얘기할 유인이 없다. 오히려 설문조사보다 진실을 말할 유인이 더 적고, 자신을 보기 좋게 포장할 유인은 더 크다. 온라인에서 당신은 익명이 아니다. 당신은 타인의 환심을 사려 하고 친구, 가족, 동료, 지인, 낯선 사람에게 당신이 어떤 사람이라고 이야기한다.

소셜미디어에서 얼마나 편향된 데이터가 나오는지 확인하기 위해서 식자층이 이용하는 저명한 월간지 《애틀랜틱Atlantic》과 종종 선정적이기도 한 가십성 잡지 《내셔널인콰이어러National Enquirer》의 상대적인 인기에 대해 생각해보자. 수십만 부씩 판매되는 두 잡지는 판매 부수가 비슷하다(《내셔널인콰이어러》는 주간지이기 때문에 실제 총 판매 부수는 더 많다).[42] 각 잡지에 관한 구글 검색량도 비슷하다.

그렇지만 페이스북에서는 약 150만 명이 《애틀랜틱》에 '좋아요'를 누르거나 피드에서 《애틀랜틱》의 기사에 관해 이야기한다.[43] 《내셔널인콰이어러》에 '좋아요'를 누르거나 그 내용에 관해 이야기

| 여러 출처로 비교한 《애틀랜틱》과 《내셔널인콰이어러》의 인기 | |
|---|---|
| 판매 부수 | 1:1 |
| 구글 검색 | 1:1 |
| 페이스북 '좋아요' | 27:1 |

하는 사람은 약 5만 명에 지나지 않는다.

판매 부수는 잡지의 인기를 가늠하는 기본적인 검증자료다. 구글 데이터는 판매 부수와 거의 가깝다. 페이스북 데이터는 저질 타블로이드에 반대하는 쪽으로 몹시 편향되어 있어 사람들이 정말로 좋아하는 것이 무엇인지 판단하기에는 매우 적합하지 않다.

그 외의 생활도 마찬가지다. 페이스북에서 우리는 자신을 그럴싸하게 포장한다. 나는 이 책에서, 이 장에서, 페이스북 데이터를 이용하지만 항상 이러한 위험을 염두에 두고 있다.

소셜미디어가 무엇을 놓치는지 더 잘 이해하기 위해서 포르노로 잠깐 돌아가자. 우선, 인터넷이 외설물로 뒤덮여 있다는 일반적인 믿음을 확인하고 넘어가야 한다. 이는 사실이 아니다. 인터넷 콘텐츠 대부분은 포르노와 거리가 멀다. 예를 들어 방문자가 가장 많은 10대 사이트 중에 포르노 사이트는 한 군데도 없다.[44] 포르노의 인기가 엄청나기는 하지만 이를 과대평가해서는 안 된다.

하지만 포르노를 어떤 식으로 즐기고 어떻게 공유하는지 자세히 살펴보면 페이스북, 인스타그램, 트위터가 인터넷에서 정말로 인기 있는 것을 얼마나 제한적으로 보여주는지 확실하게 알 수 있다. 웹에는 큰 인기를 구가하지만 사회적 실재감은 거의 없는 거대한 부분집합이 존재한다.

이 글을 쓰고 있는 시점에 사상 최고의 인기를 누리고 있는 비디오는 싸이의 〈강남 스타일〉이다. 유행을 좇는 한국인을 풍자하는 특이한 대중 뮤직비디오다. 2012년 공개한 이래 유튜브 조회수만 23억에 이른다. 〈강남 스타일〉의 인기는 사이트를 불문한다. 이 비디오는 다양한 소셜미디어 플랫폼에서 수천만 번 공유됐다.

사상 최고의 인기를 얻은 포르노 비디오는 〈최고의 몸매, 최고의 섹스, 최고의 구강성교Great Body, Great Sex, Great Blowjob〉일 것이다. 이 비디오의 조회수는 8,000만 회가 넘는다. 〈강남 스타일〉을 30회 볼 때마다 〈최고의 몸매, 최고의 섹스, 최고의 구강성교〉를 최소 한 번은 봤다는 것이다. 소셜미디어가 사람들이 본 비디오의 정확한 횟수를 알려준다면, 〈최고의 몸매, 최고의 섹스, 최고의 구강성교〉는 수백만 번 포스팅됐어야 한다. 하지만 이 비디오를 공유한 횟수는 수십 번에 불과하고 이를 공유한 사람들은 포르노 배우이지 일반 사용자가 아니다. 사람들은 자신이 이런 비디오에 관심 있다는 사실을 친구에게 알릴 필요가 없다는 것을 확실히 느낀다.

페이스북은 친구들에게 내가 얼마나 괜찮게 사는지 자랑하는 '디지털 허풍약'이다. 페이스북 세상에서 보통의 성인들은 행복한 결혼생활을 하고, 카리브해로 휴가를 가고, 《애틀랜틱》을 정독한다. 실제 세상에서는 많은 사람이 화가 잔뜩 난 채 슈퍼마켓 계산 줄에서 있고,《내셔널인콰이어러》를 몰래 보고, 수년간 잠자리를 함께하지 않은 배우자의 전화를 무시한다. 페이스북 세상에서는 가정생활이 완벽하다. 실제 가정생활은 엉망이다. 얼마나 엉망인지 아이 가진 것을 후회하는 사람이 있을 정도다. 페이스북 세상에서는 토요일 밤이면 모든 젊은이들이 근사한 파티에 간다. 실제로는 대부분이 집에서 혼자 넷플릭스Netflix 드라마를 몰아서 본다. 페이스북 세상에서 여자친구는 남자친구와 다녀온 행복한 휴가 사진을 26장 올린다. 실제 세상에서는 페이스북에 이런 사진을 올린 직후, 구글에 '남자친구가 나와 섹스를 하지 않으려 해요'라는 질문을 올린다. 이때 그 남자친구는 〈최고의 몸매, 최고의 섹스, 최고의 구강성교〉를 보고 있을지도 모른다.

| 디지털 진실 | 디지털 거짓 |
|---|---|
| • 검색<br>• 조회수<br>• 클릭 수<br>• 결제 | • 소셜미디어 포스팅<br>• 소셜미디어 '좋아요'<br>• 데이트 앱 프로필 |

## 고객에 관한 진실

2006년 9월 5일 이른 아침, 페이스북은 홈페이지 대규모 업데이트를 단행했다.[45] 이전 버전에서는 사용자가 친구들이 무엇을 하는지 보려면 친구의 프로필을 클릭해야 했다. 940만 사용자를 거느린 이 웹사이트는 큰 성공을 거뒀다는 평가를 받고 있었다.

몇 달에 걸친 힘든 작업 끝에 엔지니어들은 '뉴스피드News Feed'라는 것을 만들었다. 뉴스피드는 사용자에게 모든 친구의 활동을 업데이트해준다.

사용자들은 뉴스피드가 마음에 들지 않는다고 바로 불평했다. 노스웨스턴대학교를 다니던 벤 파Ben Parr는 '페이스북 뉴스피드에 반대하는 학생' 모임을 만들었다. 그는 "뉴스피드는 소름 끼치고 스토커 같은, 사라져야 하는 기능"이라고 말했다. 며칠 만에 이 모임에는 파와 같은 느낌을 받은 회원 20만 명이 모였다. 미시간대학교 3학년 학생 한 명은 《미시간데일리Michigan Daily》에 "새로운 페이스북이 정말 무섭다. 내가 스토커 같다는 생각이 든다"라고 말했다.

데이비드 커크패트릭David Kirkpatrick은 페이스북 역사에 관해 공인된 책인 《페이스북 이펙트: 전 세계 5억 명을 연결한 소셜네트워크 페이스북의 인사이드 스토리The Facebook Effect: The Inside Story of the Company That Is Connecting the World》에서 이 이야기를 한다. 그는 뉴스피드의 도입에 "페이스북이 직면한 전례 없는 위기"라는 이름을 붙였다. 하지만 커크패트릭은 이 빠르게 성장하는 회사의 창립자이자 책임자인 마크 저커버그Mark Zuckerberg를 인터뷰할 때 그가 전혀 동요하지 않았다고 전했다.

그 이유는 무엇일까? 저커버그는 디지털 자백약에 접근권이 있었다. 사람들이 페이스북을 클릭하고 방문하는 숫자를 알고 있었던 것이다. 커크패트릭은 이렇게 적었다.

사실 저커버그는 사람들이 관련 모임에서 어떤 이야기를 하든 실은 뉴스피드를 좋아한다는 것을 알고 있었다. 그에게는 이를 증명할 데이터가 있었다. 실제로 사람들은 뉴스피드 론칭 전보다 페이스북에서 평균적으로 더 많은 시간을 보내고 있다. 그리고 더 많이, 아주 훨씬 더 많이 활동한다. 8월에 사용자들은 120억 페이지를 봤다. 하지만 뉴스피드가 실행 중인 10월에는 220억 페이지를 봤다.

저커버그가 평정을 유지하게 해준 증거는 이게 다가 아니었다. 뉴스피드에 반대하는 모임의 입소문조차 뉴스피드가 가진 힘의 증거였다. 이 모임이 그렇게 빠르게 성장할 수 있었던 것은 많은 사람이 뉴스피드를 통해서 자신의 친구들이 그 집단에 가입했다는 것을 알았기 때문이다.

다시 말해 사람들은 페이스북에서 친구의 일상을 상세히 보는 것이 유쾌하지 않다고 소리 높이는 집단에 가입하면서, 한편으로는 페이스북으로 돌아와 친구들의 삶을 자세히 살폈다. 뉴스피드는 지속됐다. 현재 페이스북 1일 사용자는 10억 명이 넘는다.

페이스북 초기 투자자인 피터 틸Peter Thiel은 자신의 책《제로 투 원Zero to One》에서 위대한 기업은 비밀(자연에 관한 비밀이나 사람들에 관한 비밀)을 바탕으로 만들어진다고 말한다.[46] 3장에서 언급한 제프 세이더는 좌심실의 크기가 말의 성적을 예견한다는 자연의 비밀을 발견했다. 구글은 링크 속의 정보가 엄청나게 강력하다는 비밀을 발견했다.

틸은 "사람들에 관한 비밀"을 "사람들이 알지 못하는 자신에 관한 것 또는 남들에게 알리고 싶지 않아 숨기는 것"이라고 정의한다. 다시 말해 이런 기업들은 사람들의 거짓말 위에 세워진다.

저커버그가 하버드대학교에서 공부하는 동안 알게 된 '사람들에 관한 불편한 비밀'이 페이스북의 모든 것을 만들었다고 주장할 수도 있겠다. 저커버그는 2학년 초에 친구들을 대상으로 페이스매시Facemash라는 웹사이트를 만들었다. 이 사이트는 '내 외모 괜찮나요?Am I Hot or Not?'라는 사이트를 모델로 했다. 페이스매시가 하버드 학생 두 명의 사진을 보여주면, 다른 학생들은 둘 중 누가 더 잘생겼는지를 판단한다.

이 사이트는 공분을 샀다. 하버드대학교 교내 신문《하버드크림슨Harvard Crimson》은 사설을 통해 사람들의 "추악한 면에 영합한다"며 저커버그를 비난했다. 라틴아메리카와 아프리카계 미국인 그룹은 그를 성차별주의자에 인종주의자라고 비난했다. 하지만 하버드대학교 관리자들이 저커버그의 인터넷 접근을 차단하기 전, 그러니까 사이트가 만들어지고 몇 시간 후 이미 450명이 이 사이트를 봤고 사진에 투표한 횟수는 2만 2,000건이었다. 저커버그는 중요한 비밀을 배웠다. 사람들은 화가 나고 불쾌하다며 어떤 것을 매도하면서도 여전히 클릭한다!

그가 배운 것이 하나 더 있었다. 사람들은 타인의 사생활에 대한 존중·책임·진지함에 관해 목소리를 높이면서도, 다른 사람의 외모를 평가하는 데 관심이 크다는 점이다. 하버드대학교 학생들조차. 조회수와 투표수가 이를 말해준다. 페이스매시에 논란거리가 너무나 많다는 것이 밝혀진 덕분에 저커버그는 '사람들이 다른 사람들에 관한 피상적인 사실에 얼마나 관심이 많은지' 깨달았고 그 지식으로 그의 세대에서 가장 성공적인 회사를 만들었다.

넷플릭스도 설립 초기에 비슷한 교훈을 얻었다. '사람들이 말하는 것을 믿지 말고 행동하는 것을 믿어라'라는 교훈 말이다.

본래 넷플릭스에는 보고 싶지만 당장은 시간이 없어서 못 보는 영화를 담아두는 칸이 있었다. 넷플릭스는 사용자들에게 여유 시간이 생길 때면 이 영화를 상기시켰다.

그런데 넷플릭스는 데이터에서 이상한 점을 발견했다. 사용자들은 많은 영화를 채워놓지만 며칠 뒤에 상기시켜도 좀처럼 클릭하지 않았다.

뭐가 문제였을까? 앞으로 보고 싶은 영화가 무엇이냐고 물으면 사용자들은 야심차게 2차 세계대전을 다룬 흑백 다큐멘터리나 심각한 외국 영화 등 엘리트들이 즐겨 보는 영화를 골랐다. 그렇지만 며칠이 지나면 그들은 평소에 즐겨 보던 코미디나 로맨스 영화를 보려 했다. 사람들은 끊임없이 스스로에게 거짓말을 한다.

이런 차이에 직면한 넷플릭스는 사람들에게 보고 싶은 영화를 말하라고 하지 않고 비슷한 고객들의 클릭 수와 조회수를 기반으로 한 모델을 구축하기 시작했다. 사용자들이 좋아한다고 주장하는 영화가 아닌 데이터가 그들이 즐겨 본다고 말하는 것을 기반으로 영화 목록을 제안한 것이다. 그러자 고객들은 넷플릭스를 더 자주 방문하고 더 많은 영화를 봤다.

"알고리즘은 당신보다 당신에 관해 더 잘 알고 있다." 넷플릭스의 데이터과학자였던 그자비에 아마트리아인Xavier Amatriain이 한 말이다.[47]

### 사람들이 하는 말을 무시하는 데에서 오는 엄청난 가치

| 사람들이 말하는 것 | 실제 | 그렇기 때문에 |
|---|---|---|
| 친구들을 스토킹하고 싶지 않다. | 친구들의 근황을 보고 평가하는 것보다 더 재미있는 일은 이 세상에 많지 않다. | 페이스북 창립자 마크 저커버그의 자산 가치는 552억 달러다. |
| 노동력을 착취하는 공장의 제품은 사고 싶지 않다. | 근사하면서도 '합리적인 가격'의 제품을 살 것이다. | 나이키Nike 공동 창립자 필 나이트Phil Knight의 자산 가치는 254억 달러다. |
| 아침에는 뉴스를 듣고 싶다. | 아침에는 포르노 배우와 섹스를 하는 난쟁이의 이야기를 듣고 싶다. | 하워드 스턴Howard Stern의 자산 가치는 5억 달러다. |
| 신체 결박, 지배, 가학피학증 관련 글을 읽는 데에는 전혀 관심이 없다. | 젊은 대학원생과 거물 기업가 사이의 가학적 성행위에 관해 읽고 싶다. | 《그레이의 50가지 그림자50 Shades of Gray》는 1억 2,500만 부 팔렸다. |
| 정치인들이 정책의 입장을 개략적으로 설명해주길 원한다. | 정치인들이 정책을 세세하게 설명하면서도 강인하고 자기확신에 차 있기를 바란다. | 도널드 트럼프 |

## 진실을 어떻게 다뤄야 할 것인가?

이 장의 내용이 우울할지도 모른다. 디지털 자백약은 외모지상주의에 관한 지속적인 관심, 숨겨진 수백만 동성애 남성의 존재, 강간에 대한 환상을 가진 여성의 유의미한 비율, 아프리카계 미국인에 대한 광범위한 반감, 숨겨진 아동학대와 자가낙태라는 위기, 대통령이 관용을 호소해도 악화되기만 하는 폭력적인 이슬람 혐오주의를 드러내줬다. 그리 힘이 나는 내용은 아니다. 내 연구에 관해 이야기하면 사람들은 내게 와서 "세스, 정말 흥미롭긴 한데 참 암울하다"라고 말한다.

암울한 부분이 전혀 없는 것처럼 굴지는 못하겠다. 듣고 싶은 말만 한다면 우리는 진실이 아니라 위로가 되는 말만 듣게 될 것이다. 디지털 자백약은 대체로 세상이 우리 생각보다 좋지 못하다는 것을 보여줄 것이다.

우리가 꼭 이것을 알아야 할까? 구글 검색, 포르노 데이터, 누가 무엇을 클릭하는지 아는 것은 '대단한데. 우리가 정말 어떤 존재인지 알 수 있겠군' 하는 생각을 가져다주지는 못할 것이다. 사람들은 오히려 '끔찍한데. 우리가 정말 어떤 존재인지 알 수 있겠군'이라고 생각할 것이다.

하지만 진실은 유용하다. 마크 저커버그나 클릭 수와 고객 수를 늘리려는 사람들에게만이 아니다. 이 지식을 통해 삶을 개선할 수 있는 방법이 적어도 세 가지 있다.

첫째, 불안에 잠기고 당혹스러운 행동을 하는 게 나 혼자만은 아니라는 사실을 알고 안도할 수 있다. 남들도 자기 외모에 자신 없어한다는 걸 알면 마음이 놓인다. 사람들, 특히 섹스를 그리 많이 하지 않는 사람들이 온 세상이 토끼처럼 밤낮없이 애정 행각을 벌이지 않는다는 사실을 알면 위로가 된다. 쿼터백에게 반한 미시시피주의 남자 고등학생이 동성애자라고 드러내지는 않지만 같은 종류의 감정을 느끼는 사람이 주위에 많다는 것을 아는 것은 가치 있다.

아직 논의하지 않았지만 구글 검색은 다른 영역에서도 당신이 혼자가 아니라는 것을 보여준다. 어릴 적 선생님은 질문이 있을 때는 손을 들고 물어보라고 말했다. 당신이 헷갈리는 것은 다른 학생들도 그럴 거라면서 말이다. 당신이 나와 비슷하다면 당신은 선생님의 조언을 무시하고 입을 열기가 두려워서 조용히 앉아 있었을 것이다. 당신의 질문은 너무 바보 같다고, 다른 학생들의 질문은 심오하다고 생각했을 것이다. 익명의 구글 데이터는 선생님 말씀이 결국 옳았다고 증명한다. 심오함과는 거리가 먼 기본적인 의문이 남들에게도 잔뜩 있다.

2014년 오바마가 연두교서 연설을 하는 동안 미국인이 가장 많이 한 질문을 생각해보자(다음 사진을 참고하라).[48]

**이것이 궁금한 사람은 당신 혼자가 아니다:**
**연두교서 연설 중에 구글에 가장 많이 올라온 질문**

| |
|---|
| 오바마는 몇 살인가? |
| 조 바이든Joe Biden 옆에 앉은 사람은 누구인가? |
| 존 베이너John Boehner는 왜 녹색 넥타이를 맸는가? |
| 베이너의 피부색은 왜 어두운가? |

이 질문을 보고 당신은 사람들이 민주주의에 관해 제대로 말하지 못한다고 생각할지도 모르겠다. 연설 내용이 아니라 넥타이 색깔이나 피부색에 더 관심을 갖는다니. 당시 하원 의장이었던 존 베이너가 누구인지 모르는 것도 정치에 관심이 높지 않다는 것을 말해준다.

나는 이런 질문이 선생님들의 지혜를 입증한다고 생각한다. 이 질문들은 사람들이 보통 입에 올리는 유형이 아니다. 너무 바보처럼 보이기 때문이다. 하지만 많은 사람이 구글에 그런 질문을 올린다.

　나는 빅데이터가 자기계발 분야에서 유명한 말, '자신의 내면을 타인의 외면과 비교하지 마라'를 21세기식으로 이렇게 업데이트할 수 있다고 생각한다. '당신의 구글 검색을 타인의 소셜미디어 포스팅과 비교하지 마라.'

　사람들이 공개적인 소셜미디어에 묘사하는 남편과 익명의 검색에서 묘사하는 남편을 비교해보자.

### 남편을 묘사하는 두 가지 방법

| 소셜미디어 포스팅 | 검색 |
| --- | --- |
| 최고 | 동성애자 |
| 가장 친한 친구 | 얼간이 |
| 굉장한 | 놀라운 |
| 훌륭한 | 짜증나는 |
| 너무 귀여운 | 인색한 |

　우리는 다른 사람의 소셜미디어 포스팅은 볼 수 있지만 그들이 무엇을 검색하는지는 알 수 없다. 때문에 우리는 많은 여성이 계속해서 남편을 '최고' '훌륭한' '너무 귀여운' 존재로 생각한다고 과대평가한다.* 반면 얼마나 많은 여성이 남편을 '짜증나는' '인색한' '얼간이' 존재로 생각하는지는 과소평가한다. 익명의 데이터를 종

* 나는 트위터 데이터를 분석했다. 이를 다운로드하는 데 도움을 준 에마 피어슨

합해 분석함으로써 나 혼자만 결혼생활과 삶이 어렵다고 생각하지 않는다는 것을 알 수 있다. 이로써 자신의 검색을 타인의 소셜미디어 피드와 비교하지 않는 법을 배우게 될 것이다.

디지털 자백약의 두 번째 혜택은 이를 통해 어려움에 처한 사람들을 민감하게 알아차릴 수 있다는 점이다. 휴먼라이츠 캠페인Human Rights Campaign은 나에게 특정 주의 사람들에게 자신의 성적 지향을 드러낼 수 있도록 교육하는 일을 도와달라고 요청했다. 이 단체는 구글 검색 데이터를 이용해서 어디에 자원을 집중하면 가장 좋을지 결정하고자 했다. 구글의 검색 데이터는 익명성을 보장한다. 마찬가지로, 아동보호서비스 기관도 그들이 수집한 기록보다 아동학대가 더 많이 일어나고 있을 만한 지역이 어디인지 알아내기 위해 내게 접촉을 해왔다.

연락받은 주제 중에 가장 놀라웠던 것은 여성 생식기 냄새였다. 처음《뉴욕타임스》에 이 주제로 글을 썼을 때 나는 빈정대는 어조를 사용했다. 그 글을 보고 나와 다른 사람들은 낄낄거렸다.

그렇지만 나는 이후 누군가가 이런 검색을 해서 찾은 게시판 일부에 질 냄새에 대한 불안 때문에 삶이 망가졌다고 확신하는 소녀들의 글이 수없이 올라와 있는 것을 발견했다. 농담거리가 아니었다.

Emma Pierson에게 고마움을 전한다. 남편이 당장 하고 있는 일에 대한 묘사는 포함하지 않았다. 소셜미디어에는 이에 대한 묘사가 많지만 검색에서는 의미가 없기 때문이다. 또한 이런 묘사는 호의적인 쪽으로 치우쳐 있다. 소셜미디어에서 남편이 현재 하고 있는 일로 가장 많이 언급되는 것은 '일'과 '요리'다.

성교육 전문가는 나에게 이런 피해망상을 줄이기 위해 인터넷 데이터를 어떻게 활용하면 좋을지를 물었다.

나는 데이터과학이 이런 문제에 도움이 될 수 있다고 믿는다.

디지털 자백약의 세 번째 가치이자 내가 보기에 혜택이 가장 큰 것은 문제에서 해답으로 우리를 이끌어주는 능력이다. 이것을 더 잘 이해하면 세상에 끔찍한 사고방식이 퍼지는 것을 줄이는 길을 찾을 수 있을 것이다.

이슬람 혐오에 대한 오바마의 연설로 돌아가보자. 오바마가 이슬람교도를 더 존중해야 한다고 역설할 때마다 영향을 주고자 한 사람들은 더 격분했다.

하지만 구글 검색은 이 연설에 오바마가 원했던 유형의 반응을 촉발한 구절이 있었다는 것을 밝혀냈다. 그는 "이슬람계 미국인들은 우리의 친구이며, 우리의 이웃, 우리의 동료, 우리의 스포츠 영웅입니다. 그들은 제복을 입고 우리나라를 지키기 위해 기꺼이 목숨을 바칠 사람들입니다"라고 말했다.

이 구절이 들어간 연설을 한 이후 1년 만에 처음으로 '이슬람'에 붙어서 가장 많이 검색되는 명사가 '테러리스트' '극단주의자' '난민'이 아닌 '운동선수'였다. 그다음은 '군인'이었다. 사실 '운동선수'는 그 후 하루 종일 1위를 지켰다.

검색 데이터는 성난 사람들을 가르치려 하면 오히려 분노가 커질 수 있다고 암시한다. 하지만 사람들의 호기심을 교묘하게 건드리고 그들이 분노하는 집단이 가진 새로운 이미지를 제시하면 그들의 생각을 좀 더 긍정적인 방향으로 바꿀 수 있다.

　이 연설 후 두 달이 지나고 오바마는 이슬람 혐오에 관해 TV 연설을 했다. 장소는 이슬람 사원이었다.[49] 대통령의 참모 중 누군가가 이전 연설에서 효과 있었던 것과 효과 없었던 것을 다룬 솔타스와 나의 글을 읽었는지도 모르겠다. 이번 연설의 내용은 현저하게 달랐다.

　오바마는 아량의 가치를 역설하는 데 거의 시간을 쓰지 않았다. 대신 사람들의 호기심을 자극하고 이슬람계 미국인에 대한 인식을 변화시키는 데 집중했다. 오바마는 아프리카 출신 노예 대부분이 이슬람교도라고 말했다. 토머스 제퍼슨Thomas Jefferson과 존 애덤스John Adams는 코란을 갖고 있었다. 미국 땅에 최초로 생긴 이슬람 사원은 노스다코타주에 있었다. 시카고의 마천루는 이슬람계 미국인이 디자인했다. 오바마는 다시 한번 이슬람계 운동선수와 군인을 언급했고 이슬람계 경찰과 소방관, 교사, 의사에 관해서도 말했다.

　내가 구글 검색을 분석한 데 따르면 이 연설은 이전 연설보다 성공적이었다. 대통령이 연설을 마치고 몇 시간 뒤에 이슬람교도에 대한 악의와 분노에 찬 검색어 대부분의 순위가 떨어졌다.[50]

　증오를 유발하거나 감소시키는 요인을 알아내는 데 검색 데이터를 이용할 수 있는 다른 방법도 있다. 예를 들어 흑인 쿼터백이 드래프트된 뒤에 인종차별적 검색이 어떻게 변화하는지, 여성이 공직에 당선된 뒤 성차별적 검색이 어떻게 변화하는지 살펴볼 수 있다. 인종차별이 지역의 치안유지 활동에 따라 어떻게 달라지는지 또는 성차별이 새로운 성추행 법규에 따라 어떻게 변화하는지 살필 수도 있다.

잠재의식적인 편견에 관해 아는 것도 유용하다. 예를 들어 우리는 여자아이들의 사고방식을 보고 기뻐하며 그들이 외모에는 관심을 덜 갖도록 노력할 수 있다. 구글 검색 데이터나 인터넷에 있는 다른 진실의 샘은 이전에는 볼 수 없던 인간 마음의 가장 어두운 구석을 보여준다. 우리는 이 어둠을 마주하기 어려울 때도 있다. 하지만 진실은 원동력이 될 수도 있다. 우리는 어둠과 싸우는 데 데이터를 이용할 수 있다. 세상의 문제에 관한 풍부한 데이터를 수집하는 것은 문제를 고치는 방향으로 내딛는 첫걸음이다.

# Everybody Lies

# 5장

# 클로즈업

남동생 노아는 나보다 네 살 어리다. 우리를 만난 사람은 누구나 나와 동생이 똑 닮았다고 말한다. 우리 둘 다 목청이 크고, 같은 모양으로 머리가 벗겨졌고, 집을 정돈하는 데 큰 어려움을 겪는다. 하지만 다른 점이 있다. 나는 지독한 짠돌이지만 노아는 항상 가장 좋은 것을 산다. 나는 레너드 코언과 밥 딜런Bob Dylan을 좋아하지만, 노아는 케이크Cake(록밴드)와 벡Beck(싱어송라이터)을 좋아한다.

우리 둘의 가장 큰 차이는 야구에 대한 태도일 것이다. 나는 언제나 야구에 사로잡혀 있으며 뉴욕 메츠New York Mets는 내 정체성의 핵심이다. 노아는 야구가 어처구니없을 정도로 지루하다고 생각하며 야구를 혐오하는 것이 정체성의 핵심이다.*

유전자가 비슷하고, 같은 지역에서 같은 부모 밑에 자란 두 남성이 야구에 대해서는 어떻게 이렇게 상반되는 감정을 가질 수 있을

* 이 책에 실린 내용을 사실 확인하고 있을 때 노아는 이 부분을 부인했다. 그는 야구를 혐오하는 것은 인정했지만 친절함과 아이를 좋아하는 것, 지성이 자기 성격의 핵심 부분이며 야구에 대한 태도는 정체성 순위에서 열 손가락 안에도 못 든다고 했다. 그러나 나는 자신의 정체성을 객관적으로 바라보기란 때로 힘들며, 외부 관찰자로서 야구 혐오는 노아가 어떤 사람인가를 알려주는 실로 중요한 요소라고 결론 내렸다. 본인이 인정하든 아니든 말이다. 따라서 이 부분을 그대로 뒀다.

세스 스티븐스 다비도위츠
야구성애자

노아 스티븐스 다비도위츠
야구혐오자

까? 우리가 성인이 됐을 때의 모습은 무엇이 결정할까? 좀 더 근본적으로, 노아에게는 무슨 '문제'가 있는 것일까? 발달심리학에서는 성인의 거대한 데이터베이스를 파헤쳐서 이를 어린 시절의 핵심 사건과 연관짓는 분야가 떠오르고 있다. 그 분야가 이 문제와 관련된 의문을 다루는 데 도움을 줄 수 있다. 이처럼 빅데이터를 사용해서 심리적인 의문에 답을 구하는 것을 빅사이크Big Psych라고 부를 수도 있겠다.

빅사이크가 어떻게 작동하는지에 관한 한 예로, 어린 시절의 경험이 미래에 응원할 야구팀 또는 야구에 대한 태도 자체에 어떤 영향을 주는지 조사한 내 연구를 살펴보자.[1] 나는 야구팀의 페이스북 '좋아요' 데이터를 사용했다(이전 장에서 나는 민감한 주제에 대해서는 페이스북 데이터가 오해의 소지가 크다고 언급했다. 이 연구에서 나는 아무도, 필라델피아 필리스Philadelphia Phillies의 팬들조차도 자신이 응원하는 특정 팀을 페이스북에서 인정하는 것을 창피하게 생각하지 않는다고 가정한다).

　우선, 나는 뉴욕에 있는 두 야구팀 각각에 '좋아요'를 누른 연령
별 남성의 수를 다운로드했다. 다음은 메츠에 '좋아요'를 누른 남성
팬의 비율이다.

메츠를 좋아하는 뉴욕 남성 팬의 비율(출생연도별)

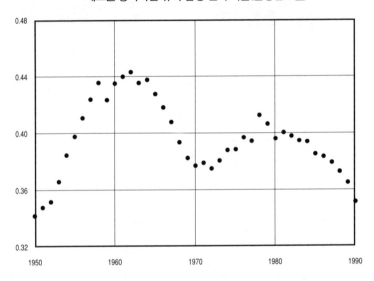

　수치가 높을수록 팬이 많다는 뜻이다. 메츠의 인기는 올라갔다
떨어지고 다시 올라갔다 떨어진다. 메츠는 1962년과 1978년생들
사이에서 가장 인기가 많다. 야구팬이라면 그 이유를 알아차릴 것이
다. 메츠는 월드시리즈에서 1969년과 1986년에 우승했다. 그때 이
사람들은 일고여덟 살이었다. 따라서 메츠의 팬층, 적어도 남성 팬
층을 예측하는 가장 중요한 변수는 그들이 일고여덟 살이었을 때 메

츠가 월드시리즈에서 우승을 했느냐 여부다.

이 분석을 확장할 수 있다. 나는 페이스북에서 메이저리그 야구 팀 전체에 연령별 팬이 누른 '좋아요' 수 정보를 다운로드했다.

볼티모어 오리올스Baltimore Orioles 남성 팬 중에는 1962년생이 특히 많고 피츠버그 파이리츠Pittsburgh Pirates 팬 중에는 1963년생이 특히 많았다. 이들은 각 팀이 챔피언에 등극한 해에 여덟 살 소년이 었다. 내가 연구한 모든 팀에서 핵심 팬층이 해당 팀이 우승한 해에 몇 살이었나를 계산하면 다음과 같은 표가 나온다.

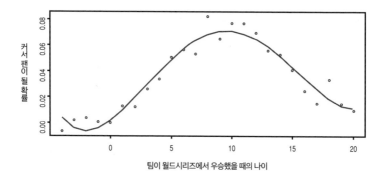

팀이 월드시리즈에서 우승했을 때의 나이

여기에서도 성인이 되어 좋아할 야구팀을 굳히는 가장 중요한 시기가 여덟 살 전후라는 것을 알 수 있다. 전반적으로 5~15세는 아 이를 팬으로 끌어들이는 데 가장 중요한 시기다. 19~20세 때 우승 한 팀을 미래에 응원할 확률은 여덟 살 때 우승한 팀을 응원할 확률 의 8분의 1에 지나지 않는다. 여덟 살 때 이미 평생 응원할 팀이나 어떤 팀도 응원하지 않는다는 결정이 내려진다. 여성 야구팬은 어떨까? 패턴이 그리 뚜렷하지는 않지만 정점이 되는 연령은 22세로 보인다.

나는 이 연구를 아주 좋아한다. 내가 사랑해 마지않는 주제 중 두 가지, 곧 야구 및 내 성인기 불만의 근원과 관련되기 때문이다. 나는 1986년에 메츠에 빠졌고 그 뒤로 계속 메츠를 응원하는 고통을 겪고 있다. 노아는 눈치 빠르게 나보다 4년 늦게 태어나서 이런 고통을 겪지 않는다.

야구가 세상에서 가장 중요한 주제는 아니다. 내 지도교수님도 그렇게 말했다. 하지만 내 연구 방법론은 사람들의 정치적 기호, 성적 취향, 음악 취향, 재정 습관이 어떻게 발달하는가 등의 문제를 다루는 데 도움이 될 수 있다(나는 마지막 두 가지 주제에 대한 내 남동생의 엉뚱한 생각이 어디서 비롯됐는지에 특히 관심이 있다). 이 연구 내용을 알아가는 동안 당신은 성인의 여러 가지 행동과 관심사, 그리고 자신을 정의하는 데 핵심적이라고 생각하는 것들조차 태어난 때나 어린 시절의 중요한 시기에 생긴 일 같은 임의적 사건으로 설명할 수 있음을 발견할 것이다.

사실 정치적 기호의 근원을 푸는 연구는 이미 얼마간 진행됐다. 데이터 분석 기업 캐털리스트Catalist의 수석 연구원인 야이르 깃차Yair Ghitza와 컬럼비아대학교의 정치과학자이자 통계학자인 앤드루 겔먼Andrew Gelman은 대부분의 사람들이 처음에는 진보적이다가 나이 들면서 점차 보수적이 된다는 일반적인 생각을 시험해보기로 했다. 이 통념은 윈스턴 처칠Winston Churchill이 했다는 유명한 명언에서 나왔다. "30세 이전에 진보주의자가 아닌 사람은 냉혈한이고 30세 이후에 보수주의자가 아닌 사람은 멍청이다."

깃차와 겔먼은 투표 선호도에 대한 30만 건 이상의 관찰을 활용해 60년간의 설문조사 데이터를 꼼꼼히 살폈다. 처칠의 주장과 반대로 10대들은 때로는 진보주의로 기울고 때로는 보수주의로 기울었다. 중장년과 노인도 마찬가지였다.

연구자들은 정치적 견해가 형성되는 방식이 사실은 스포츠 팀에 대한 기호가 형성되는 방식과 그리 다르지 않다는 점을 발견했다. 인생에는 뭔가가 각인되는 중요한 시기가 있다. 미국인은 14~24세에 당시 대통령의 인기를 기반으로 자신의 정치적 견해를 형성한다. 인기 있는 공화당 정치인이나 인기 없는 민주당 정치인은 많은 젊은이가 공화당 지지자가 되도록 영향을 준다. 인기 없는 공화당 정치인이나 인기 있는 민주당 정치인은 많은 젊은이가 민주당 지지자가 되도록 한다.

중요한 시기에 만들어진 견해는 보통 평생 지속된다.

어떻게 그렇게 되는지 알아보기 위해 1941년 태어난 미국인과 그로부터 10년 뒤에 태어난 미국인을 비교해보자.

1941년생 미국인은 인기 있는 공화당 정치인인 드와이트 D. 아이젠하워Dwight D. Eisenhower의 재임 기간에 성년이 됐다. 1960년대 초, 이 세대는 채 30대에 이르지 않았는데도 확고하게 공화당 쪽에 섰고 나이가 들어서도 계속 공화당을 지지한다.

10년 뒤에 태어난 미국인(베이비부머)은 큰 인기를 모았던 민주당원 존 F. 케네디John F. Kennedy와 역시 인기 있었던 민주당 의원 린든 B. 존슨Lyndon B. Johnson, 그리고 결국 불명예를 안고 사임한 공화당 출신 리처드 M. 닉슨Richard M. Nixon이 활동하던 시기에 성년이 됐다. 그리고 평생 민주당을 지지한다.

연구자들은 이 모든 데이터를 기반으로 정치적 입장이 형성되는 가장 중요한 연령이 18세라고 판단했다.[2]

이러한 각인 효과는 매우 중요하다. 연구자들은 아이젠하워 재임 기간을 거친 1941년생 미국인들 사이에서 평생에 걸친 공화당 지지자가 10퍼센트포인트 늘었다고 추정한다. 케네디, 존슨, 닉슨을 경험한 1952생 미국인들 사이에서는 민주당 지지자가 7퍼센트포인트 늘었다.

나는 설문조사 데이터를 신뢰하지 않는다고 밝혔지만 이 연구에서는 많은 수의 응답에 깊은 인상을 받았다. 사실 이런 연구는 소규모 설문조사 하나로 이뤄지지 않는다. 사람들이 나이 들면서 기호가 어떻게 변화하는지 확인하려면 여러 설문조사에서 집계된 수십만 건의 관찰 자료가 필요하다.

데이터의 크기는 나의 야구 연구에서도 매우 중요하다. 나는 각 팀의 팬뿐 아니라 모든 연령대를 상세히 연구하기 위해 수백만 건의 관측 결과가 필요했다. 페이스북을 비롯한 디지털 출처는 그런 큰 수의 관측 결과를 일상적으로 내놓는다.

빅데이터의 거대함이 진짜로 작동하기 시작하는 것은 바로 지금부터다. 사진의 작은 부분을 선명하게 확대하려면 화소수가 높아야 한다. 마찬가지로 데이터의 작은 부분집합을 선명하게 보려면, 예를 들어 1978년에 태어난 남성들 사이에서 메츠가 얼마나 인기 있는지 명확하게 확인하려면 데이터세트가 많은 관측 결과를 포함하고 있어야 한다. 몇천 명을 대상으로 한 소규모 설문조사는 충분한 표본이 되지 못한다.

이것이 빅데이터가 가진 세 번째 힘이다. 빅데이터는 데이터세트의 작은 일부를 유효하게 클로즈업해서 그들이 어떤 사람인지에 대한 새로운 통찰을 제공한다. 연령 이외의 다른 부분을 클로즈업해 볼 수도 있다. 데이터가 충분하면 특정 도시의 사람들이 어떻게 행동하는지도 알 수 있다. 사람들이 매시간, 심지어는 매분 어떻게 움직이는지도 알 수 있다.

이번 장에서는 인간의 행동을 클로즈업해 들여다볼 것이다.


## 우리 지역, 시, 마을에서는
## 정말로 어떤 일이 벌어지고 있나?

돌이켜 생각하면 정말 놀랍다. 당시 하버드대학교 교수였던 라지 체티Raj Chetty와 소규모 연구팀이 꽤 큰 데이터세트인 1996년 이후 모든 미국 납세자 전체의 데이터를 처음 입수했을 때만 해도 거기에서 어떤 결과를 얻어낼지 확실히 알지 못했다. 미국 국세청이 데이터를 넘긴 이유는 연구자들이 이를 통해서 조세정책의 효과를 확실히 파악할 수 있지 않을까 기대했기 때문이다.

이 빅데이터를 이용한 연구진의 초기 시도들은 여러 차례 막다른 길을 만났다. 결과는 다른 연구자들이 설문조사로 얻은 것과 크게 다르지 않았다. 국세청 데이터 포인트를 수억 건 이용했으니 조금 더 정밀했을 수는 있다. 하지만 조금 더 정확할 뿐 결론이 같다면 사회과학에서는 큰 성과를 거뒀다고 볼 수 없다. 유수의 학술지에 발표할 만한 연구가 아니었다.

더구나 국세청의 모든 데이터를 정리하고 분석하는 데 엄청난 시간이 걸렸다. 데이터에 파묻힌 체티 연구진은 더 많은 시간을 들여서 다른 사람들과 같은 결과를 얻은 셈이었다.

빅데이터 회의론자들이 옳았다고 느껴지는 출발이었다. 조세 정책을 이해하는 데 1만 명의 설문조사면 충분하다니. 당연히 연구진은 낙심하고 말았다.

그러나 그 후 연구진은 실수를 깨달았다. 체티는 다음과 같이 설명했다. "빅데이터 분석은 그저 좀 더 많은 데이터를 이용해 설문조사로 하는 일을 똑같이 반복하는 것이 아닙니다."[3] 그들은 방대한 데이터세트에 그다지 많은 질문을 던지지 않았다. 체티는 이렇게 덧붙였다. "빅데이터에는 설문조사와는 완전히 다른 방식으로 접근할 수 있습니다. 지역 같은 작은 부분을 확대할 수 있습니다."

다시 말해 체티 연구진은 수억 명에 대한 데이터로 크고 작은 도시와 마을 사이의 패턴을 찾을 수 있었다.

하버드대학원에 다닐 때 나는 체티가 이 연구의 초기 결과를 발표하는 세미나에 참석했다. 사회과학자들은 연구를 발표할 때 연구에 얼마나 많은 데이터 포인트를 이용했는지를 언급한다. 만약 800명을 대상으로 한 설문조사를 이용했다면 "우리는 800개의 관측 결과를 갖고 있습니다"라고 얘기한다. 70명을 대상으로 한 실험실 실험으로 연구하고 있다면 "우리는 70개의 관측 결과를 갖고 있습니다"라고 말한다.

체티는 정색하고 "12억 개의 관측 결과가 있습니다"라고 말했다. 청중은 소심하게 킥킥거렸다.

체티 연구진은 그 세미나에서 그리고 이후 일련의 논문을 통해 미국이 어떻게 돌아가는지에 관한 새롭고 중요한 통찰을 줬다.

이 질문에 관해 생각해보자. '미국은 기회의 땅인가? 부모가 부유하지 않은 사람도 부자가 될 수 있는가?'

여기에 답하는 전형적인 방식은 미국인을 대표하는 표본을 살피고 이를 다른 나라의 유사 데이터와 비교하는 것이다.

아래에 기회의 평등에 관한 다양한 국가의 데이터가 있다. 질문은 이렇다. '소득분포 하위 20퍼센트에 드는 부모의 자녀가 소득분포 상위 20퍼센트에 이를 수 있는 가능성은 얼마인가?'

가난한 부모를 둔 사람이 부자가 될 가능성(주요 국가)

| 미국 | 7.5 |
|---|---|
| 영국 | 9.0 |
| 덴마크 | 11.7 |
| 캐나다 | 13.5 |

보다시피 미국은 높은 점수를 받지 못했다.

하지만 이 표본 분석은 진짜 내막을 보여주지 못하고 있다. 체티 연구진은 지역을 클로즈업해서 들여다봤다. 그러자 지역에 따라 확률이 크게 달라졌다.

**가난한 부모를 둔 사람이 부자가 될 가능성(미국 내 주요 지역)**

| | |
|---|---|
| 캘리포니아주 산호세 | 12.9 |
| 워싱턴 D.C. | 10.5 |
| 미국 평균 | 7.5 |
| 일리노이주 시카고 | 6.5 |
| 노스캐롤라이나주 샬럿 | 4.4 |

미국의 몇몇 지역에서는 가난한 아이가 성공할 확률이 세계의 어떤 선진국보다 높았다. 미국의 또 다른 지역에서는 가난한 아이가 성공할 확률이 세계의 어떤 선진국보다 낮았다.

이러한 패턴은 이런 식으로 클로즈업해서 살펴볼 수 없는 소규모 설문조사에서는 결코 확인할 수 없다. 샬럿과 산호세의 시민이 몇 명 포함되지 않을 테니까.

사실 라지의 연구팀은 이보다도 한층 더 확대 관찰할 수 있었다. 미국 전체 납세자에 대한 규모가 엄청난 데이터를 보유하고 있었기 때문에 도시 간에 이사한 소규모 집단(뉴욕에서 로스앤젤레스로, 밀워키에서 애틀랜타로, 산호세에서 샬럿으로 이주한 사람들)을 확대해서 이주가 성공 전망에 어떤 영향을 줬는지도 확인할 수 있었다. 이로써 연구진은 단순한 상관관계가 아니라 인과관계를 시험할 수 있었다(이 둘의 차이는 다음 장에서 논의하겠다). 실제로 성격 형성기에 적절한 도시로 이주하는 것은 매우 큰 차이를 낳았다.

그렇다면 미국은 '기회의 땅'인가?

대답은 '예'도 '아니요'도 아니다. 대답은 '어떤 지역은 그렇고 어떤 지역은 아니다'다.

체티 연구진이 논문에 적었듯이, "어떤 곳은 세대를 거치면서 소득 이동성이 높은 '기회의 땅'인 반면 어떤 곳은 가난에서 벗어날 아이들이 매우 적다. 따라서 미국을 다양한 사회의 집합이라고 표현하는 것이 타당할 것이다".

미국에서 소득 이동성이 높은 지역은 어디일까? 무엇이 일부 지역에서 경쟁의 장을 공정하게 만들까? 무엇이 가난한 아이가 훨씬 나은 삶을 개척할 수 있게 할까? 교육에 투자를 많이 하는 지역은 가난한 어린이에게 더 나은 기회를 제공한다. 신앙심이 깊은 사람이 많고 범죄율이 낮은 지역은 더 나은 기회를 제공한다. 흑인이 많은 지역은 기회를 제공할 확률이 낮다. 흥미롭게도 이는 흑인 아이뿐 아니라 그 지역의 백인 아이에게도 영향을 준다. 미혼모가 많은 지역은 불리하다. 이는 아버지 없이 어머니 밑에서 자라는 아이뿐 아니라 그 지역의 양친 밑에서 자라는 아이에게도 영향을 끼친다. 일부 결과는 가난한 아이들에게 또래가 중요하다는 사실을 보여준다. 친구들의 환경이 어렵고 기회가 많지 않으면 빈곤에서 탈출하기가 더 어려워질 수 있다.

데이터는 미국의 일부 지역이 아이들에게 가난에서 벗어날 수 있는 기회를 더 많이 제공한다는 것을 말해준다. 그렇다면 그런 기회가 가장 많은 곳은 어디일까?[4]

우리는 죽음 앞에서 누구나 평등하다고 생각하고 싶어한다. 결국 죽음을 피할 수 있는 사람은 없다. 빈민이든 왕이든, 노숙자든 마크 저커버그든 모두가 죽는다.

부자도 죽음을 피할 수는 없다. 하지만 데이터는 부유한 사람들이 죽음을 미룰 수 있다고 말한다. 소득 수준 상위 1퍼센트에 드는 미국 여성은 하위 1퍼센트 미국 여성보다 평균 10년을 더 산다. 남성의 경우 그 격차는 15년으로 벌어진다.

지역별로는 어떨까? 사는 곳에 따라 기대수명이 달라질까? 이 차이가 부유한 사람과 가난한 사람에 따라 달라질까? 라지 체티 연구진은 지역을 확대해서 그 해답을 찾았다.

흥미롭게도 소득 최상위 그룹에 속하는 미국인의 기대수명은 사는 지역의 영향을 거의 받지 않는다. 돈이 아주 많을 때, 여성의 기대수명은 약 89세, 남성의 경우 약 87세. 어디에 살든 부유한 사람은 건강한 습관을 들인다. 평균적으로 그들은 운동을 더 많이 하고, 더 건강한 식사를 하고, 담배를 덜 피우며, 비만에 시달릴 가능성이 낮다. 부유한 사람들은 러닝머신과 유기농 아보카도를 사고 요가 수업에 등록할 여유가 있다. 미국 어디서나 이런 것들을 누릴 수 있다.

가난한 사람이라면 이야기가 달라진다. 극빈층 미국인은 사는 곳에 따라 기대수명이 크게 달라진다. 적절한 장소에 살면 가난한 사람의 기대수명은 5년까지 늘어난다.

그렇다면 일부 지역에서 빈곤층이 더 오래 사는 이유는 무엇일까? 가난한 사람들이 오래 사는 도시에는 공통적으로 어떤 특징이 있을까?

그 도시의 특징 네 가지는 다음과 같다. 그중 세 가지는 가난한 사람의 기대수명과 관련이 없고, 한 가지는 관련이 있다. 어떤 것이 상관 있는지 추측해보자.

**특정 도시의 가난한 사람이 더 오래 사는 이유는 무엇일까?**

| |
|---|
| 신앙심이 높다. |
| 도시 공해가 덜하다. |
| 건강보험 가입자 비율이 높다. |
| 부유한 사람이 많이 산다. |

처음 세 가지(종교, 환경, 건강보험)는 가난한 사람의 기대수명 연장과 상관관계가 없다. 체티 연구진이 지적하는 중요한 변수는 '그 도시에 부유한 사람이 얼마나 사는가'다. 도시에 부유한 사람이 많을수록 그곳의 가난한 사람들이 더 오래 산다. 예를 들어 뉴욕시의 빈곤층은 디트로이트의 빈곤층보다 기대수명이 훨씬 길다.

그 이유는 뭘까? 이 연구 논문의 저자 중 한 명이며 나의 지도교수 중 한 분인 데이비드 커틀러David Cutler가 추측에 근거해서 한 가지 가설을 내놨다. 부유층의 행동방식이 빈곤층에 퍼져 가난한 사람들도 건강한 생활을 하게 된다는 것이다.[5]

습관에 전염성이 있다는 연구 결과는 많다. 따라서 부유한 사람과 가까이에 사는 가난한 사람은 그들의 습관을 많이 따라 하게 된다. 이런 습관 중 일부, 예를 들어 허세를 부리는 어휘는 건강에 영향을 끼치지 않겠지만 운동 같은 습관은 분명히 긍정적인 영향을 끼칠 것이다. 실제로 부유한 사람과 가까이에 사는 가난한 사람은 운동을 더 많이 하고, 담배를 적게 피우고, 비만이 될 가능성이 낮다.


엄청난 양의 국세청 데이터를 다룬 라지 체티의 연구 중 개인적으로 가장 좋아하는 것이 있다. 왜 어떤 이들은 탈세를 하고 어떤 이들은 탈세를 하지 않는지에 관한 연구다. 이 연구에 대한 설명은 조금 더 복잡하다.[6]

핵심은 자녀가 한 명 있는 자영업자가 정부로부터 최대한으로 돈을 받아낼 수 있는 쉬운 방법이 있다는 것을 아는 데 있다. 당신이 해당 연도에 정확히 9,000달러의 과세 대상 소득이 있다고 신고한다면, 정부는 당신에게 1,377달러 수표를 끊어준다. 1,377달러는 근로소득세액공제제도에 따라 빈곤층의 소득을 보충해주는 보조금이다. 그보다 소득을 많이 신고하면 당신의 소득세는 올라간다. 그보다 소득을 적게 신고하면 근로소득세액공제제도에 따른 보조금이 줄어든다. 과세 대상 소득 9,000달러가 가장 효율적인 지점이다.

당신은 한 자녀를 둔 자영업자들이 과세 대상으로 가장 많이 신고하는 소득액이 9,000달러라는 것을 알고 있는가?

이들이 소득을 완벽하게 9,000달러로 맞추기 위해서 근무시간을 조정했을까? 그럴 리가! 매우 드문 일이지만, 무작위 회계 감사를 실시하면 거의 예외 없이 이들의 소득은 9,000달러와 거리가 멀다. 그들은 훨씬 적거나 훨씬 많은 소득을 올린다. 정부로부터 가장 돈을 많이 뜯어낼 수 있는 소득을 올리는 척해서 탈세를 하는 것이다.

그렇다면 이런 유형의 세금 사기는 얼마나 일반적이며, 한 자녀를 둔 자영업자 중 누가 이런 사기를 저지를 가능성이 가장 높을까? 연구 결과 이런 종류의 탈세 비율은 지역별로 차이가 컸다. 마이애미에서는 한 자녀를 둔 자영업자의 무려 30퍼센트가 9,000달러를 번다고 신고했다. 필라델피아는 그 비율이 2퍼센트에 불과했다.

탈세가 가장 많은 지역과 가장 적은 지역을 무엇으로 예상할 수 있을까? 이런 사기의 비율과 도시의 인구 구성은 서로 연관이 있으며, 거기에는 강력한 예측변수 두 가지가 있었다. 근로소득세액공제를 받을 수 있는 사람들의 지역별 집중도와 세금 전문가의 지역별 집중도가 그것이다.

이 두 요소는 무엇을 나타내는가? 체티 연구진은 이러한 세금 사기의 주요한 동인은 '정보'라고 설명했다.

한 자녀 자영업자 대부분은 정부보조금을 늘리는 마법의 숫자가 9,000달러라는 것을 몰랐다. 하지만 이를 아는 이웃이나 전문가가 근처에서 살면 이 정보를 배울 확률이 한껏 올라갔다.

체티 연구진은 정보가 이런 종류의 세금 사기를 키운다는 더 많은 증거를 찾았다. 다양한 세금 사기의 비율이 낮은 지역에서 그 비율이 높은 지역으로 이주한 미국인은 새 지역에서 이런 편법을 배우고 실행에 옮겼다. 시간이 지나면서 탈세 방법이 지역에서 지역으로 퍼져나간다. 바이러스처럼 전염되는 것이다.

흥미롭게도 이 연구는 세금을 탈루할 사람을 찾고자 할 때 중요한 열쇠는 누가 정직하고 누가 정직하지 못한가가 아니라, 누가 탈세 방법을 알고 누가 알지 못하는가를 판단하는 것임을 보여준다.

누군가가 세금을 탈루하지 않을 것이라고 말한다면 거짓말일 확률이 매우 높다. 체티의 연구는 방법만 안다면 대부분이 탈세를 한다고 말해주기 때문이다. 세금을 탈루하고 싶다면(물론 권하는 것은 아니다), 방법을 알려줄 수 있는 세금 전문가나 유경험자와 가까운 곳에 살아야 한다.

자녀가 세계적으로 명성을 날리기를 바란다면 어디에 살아야 할까? 데이터에 집중해서 정말 세밀한 부분까지 알아낼 수 있다면 이 질문의 답을 찾을 수 있을 것이다.


큰 성공을 거둔 미국인들이 어디 출신인지 궁금해진 나는 어느 날 위키피디아를 다운로드했다(요즘에는 이런 일을 할 수 있다).[7]

약간의 코딩 작업으로 나는 위키피디아의 편집자가 등재를 허락할 정도로 유명한 미국인 15만 명 이상의 데이터세트를 얻었다. 이 데이터세트에는 출생지, 출생일, 직업, 성별이 포함되어 있었다. 나는 이 데이터와 국립보건통계센터에서 수집한 카운티별 출생 데이터를 합쳤다. 그러고는 카운티별로 위키피디아에 등재될 확률을 계산했다. 위키피디아에 등재되는 것이 눈에 띄는 성취를 거두었다는 것을 말해주는 의미 있는 징표일까? 그리 여기기에는 물론 한계가 있다. 위키피디아의 편집자 중에는 젊은 남성이 많아서 표본을 왜곡할 수 있다. 또한 어떤 유형의 데이터는 주목할 만한 특별한 가치가 없다. 예를 들어 테드 번디Ted Bundy는 젊은 여성 수십 명을 죽였기 때문에 위키피디아에 등재됐다. 나는 결과에 많은 영향을 끼치지 않으면서 범죄자들을 목록에서 제거할 수 있었다.

나는 이 연구의 대상을 1946년에서 1964년 사이에 태어난 베이비부머로 제한했다. 그들은 명성을 얻을 만큼 훌륭한 생을 살았기 때문이다. 베이비부머 세대 미국인 약 2,058명 중 한 명이 위키피디아에 등재되어 있었다. 그중 약 30퍼센트는 예술과 엔터테인먼트 분야에서 업적을 남겼고, 29퍼센트는 스포츠, 9퍼센트는 정치, 3퍼센트는 학계나 과학계에서 업적을 세워 명성을 얻었다.

데이터에서 발견한 놀라운 사실은 첫째, 큰 성공(적어도 위키피디아 기준에서)을 거둘 가능성이 지역별로 차이가 크다는 점이었다. 업적을 쌓을 가능성은 태어난 지역의 영향을 크게 받았다.

캘리포니아주에서 태어난 베이비부머 약 1,209명 중 한 명이 위키피디아에 오른 반면, 웨스트버지니아주에서 태어난 베이비부머는 약 4,496명 중 한 명만이 등재됐다. 출생 카운티에 집중하면 결과는 더 놀랍다. 보스턴이 있는 매사추세츠주 서퍽카운티 출신의 베이비부머는 약 748명 중 한 명이 위키피디아에 올랐다. 일부 카운티의 성공 비율은 그보다 20배 낮았다.

같은 나라인데도 거물을 훨씬 더 많이 배출하는 지역이 따로 있는 이유는 무엇일까? 해당 지역 거의 모두가 두 가지 범주 중 하나에 들어맞는 것으로 드러났다.

첫째, 이들 카운티 대부분에는 대학촌이 크게 형성되어 있다. 나에게는 놀라운 발견이었다. 명망가를 많이 배출하는 지역 목록 최상위권에서 미시간주 워시트노처럼 내가 들어본 적도 없는 카운티의 이름을 마주할 때마다 그곳에 유서 깊은 대학촌이 자리하고 있다는 사실을 발견했다. 워시트노에는 앤아버(1817년 설립된 미시간대학교를 중심으로 우수한 교육시설이 들어서 있다 - 옮긴이)라는 도시가 있다. 위스콘신주에는 매디슨(1848년 설립된 위스콘신대학교 매디슨 캠퍼스가 있다 - 옮긴이), 조지아에는 애선스(1800년 아메리칸웨스턴대학교 부지로 지정되었으며, 1804년 오하이오대학교로 이름이 바뀌었다 - 옮긴이), 미주리주에는 컬럼비아(1754년 개교학 컬럼비아대학교가 있다 - 옮긴이), 캘리포니아주에는 버클리(1868년에 개교한 캘리포니아대학교 버클리캠퍼스가 있다 - 옮긴이), 노스캐롤라이나주에는 채플힐(1789년 개교한 노스캐롤라이나대학교 채플힐캠퍼스가 있다 - 옮긴이), 플로리다주에는 게인즈빌(1905년 개교한 플로리다대학교가 있다 - 옮긴이), 켄터키주에는 렉싱턴(1865년 개교한 켄터키대학교와 렉싱턴신학교가 있다 - 옮긴이), 뉴욕주에는 이타카(1865년 개교한 코넬대학교가 있다 - 옮긴이)가 있었다. 이처럼 축복받은 카운티들은 모두 상위 3퍼센트에 들었다.

왜일까? 유전자풀gene pool에도 분명 원인이 있을 것이다. 교수나 대학원생의 자녀는 총명한 경향이 있다. 이는 큰 성공을 거두는 데 대단히 유용한 특성일 수 있다. 실제로 어떤 지역에 대학원생이 많은 것은 그곳에서 태어난 사람의 성공을 예언하는 강력한 변수다.

그보다 가능성이 더 큰 요인이 있다. 어릴 적부터 혁신에 노출된다는 사실이다. 대학촌이 명망가 배출에 가장 크게 기여하는 분야 중 하나는 음악이다. 대학촌에 사는 아이는 독특한 연주회와 특이한 라디오 방송국, 심지어는 독립 레코드음반 매장을 자주 볼 것이다. 대학촌은 저명한 사업가도 기대치보다 많이 내놓는다. 어릴 적부터 최첨단 예술과 아이디어를 접한다면 아이들에게 도움이 될 것이다.

대학촌의 성과는 지역의 경계뿐 아니라 인종의 경계도 넘어선다. 체육 분야를 제외하면 위키피디아에서 아프리카계 미국인의 지위는 미약하다. 비즈니스와 과학 분야에서는 특히 더 그렇다. 이는 분명 차별과 많은 관련이 있다. 하지만 인구가 1,950명이고 흑인 비율이 84퍼센트인 어느 작은 카운티는 성공한 베이비부머를 가장 많이 배출한 다른 카운티들에 못지않은 비율로 명망가를 길러냈다.

앨라배마주 매콘카운티에서 태어난 약 1만 3,000명의 베이비부머 중 열다섯 명(852명 중 한 명)이 위키피디아에 등재됐다. 그중 열네 명이 부커 T. 워싱턴Booker T. Washington이 설립한 유서 깊은 흑인 대학인 터스키기대학교가 있는 작은 도시 터스키기에서 태어났다. 그중에는 판사, 작가, 과학자가 포함되어 있다. 터스키기에서 태어난 흑인 아이가 스포츠 이외의 분야에서 명망가가 될 가능성은 명망가 배출의 비율이 높은 백인 위주의 일부 대학촌에서 태어난 백인 아이의 가능성과 비슷하다.

해당 카운티 출신의 성공에 영향을 끼치는 가장 중요한 두 번째 속성은 카운티 내 대도시의 존재다.[8] 샌프란시스코카운티, 로스앤젤레스카운티, 뉴욕시(뉴욕시의 다섯 개 카운티를 하나로 묶었다. 위키피디아의 등재 내용에는 출생 자치구가 명시되어 있지 않은 경우가 많기 때문이다)에서 태어나는 것은 위키피디아에 등재될 정도의 명성을 얻을 가능성을 크게 높인다.

도시에는 성공 모델이 많다. 어린 시절에 성공한 전문가들 곁에 있는 게 얼마나 가치 있는지 살펴보기 위해 뉴욕시와 보스턴, 로스앤젤레스를 비교했다. 이 세 곳 중에 뉴욕시는 저명한 저널리스트를 배출할 확률이 가장 높다. 보스턴은 저명한 과학자를, 로스앤젤레스는 유명 배우를 낳을 확률이 가장 높다. 우리가 지금 얘기하는 것은 그곳에서 태어난 사람이지 그곳으로 이주한 사람이 아니라는 점에 유념하자. 그 분야에서 유명한 부모를 둔 사람들을 제외해도 결과는 마찬가지였다.

교외의 카운티는 유명 대학을 보유하고 있지 않는 한 도시의 카운티보다 명망가를 배출할 확률이 훨씬 낮다.

나의 부모님은 많은 베이비부머처럼 세 아이를 키우기 위해 붐비는 맨해튼에서 한적한 뉴저지주의 베르겐카운티로 이주했다. 최소한 성공한 아이들로 키워낸다는 관점에서는 실수였는지도 모른다. 뉴욕시에서 태어난 아이는 베르겐에서 태어난 아이보다 위키피디아에 등재될 가능성이 80퍼센트 높다. 이는 단순한 상관관계이지만, 뛰어난 아이디어와 사고방식 가까이에서 성장하는 것이 넓은 뒷마당이 있는 곳에서 성장하는 것보다 낫다고 말해준다.

많은 사람이 태어난 곳을 떠나 다른 곳에서 자라기 때문에, 어린 시절을 보낸 동네에 대한 더 나은 데이터가 있다면 여기에서 확인한 뚜렷한 영향이 더 강해질 것이다.

대학촌과 대도시의 성공은 데이터만 봐도 눈에 띈다. 하지만 나는 좀 더 정교한 실증적 분석에 착수하기 위해 데이터를 더 깊이 파고들었다.

그러자 위키피디아 등재에 대한 강력한 예측변수가 또 하나 드러났다. 태어난 카운티의 이민자 비율이다. 해당 지역에 외국에서 태어난 주민의 비율이 높을수록 그곳에서 태어난 아이가 주목할 만한 성공을 거두는 비율이 높아진다. (보고 있나, 트럼프!) 두 장소의 도시 인구와 대학 인구가 비슷하다면, 이민자가 많은 곳이 더 많은 명망가를 배출할 것이다. 이 사실을 어떻게 설명할 수 있을까?

성공의 요인은 이민자의 자녀에서 직접적으로 기인하는 것으로 보인다. 역시 위키피디아 데이터를 이용해 연구 중인 매사추세츠공과대학교의 '판테온 프로젝트Project Pantheon'는 가장 유명한 백인 베이비부머 100명의 일생을 철저하게 검색했는데 이들 대부분은 연예인이었다. 올리버 스톤Oliver Stone, 샌드라 불럭Sandra Bullock, 줄리앤 무어Julianne Moore를 비롯해 최소 열세 명은 외국에서 태어난 어머니를 두고 있었다. 이 비율은 같은 기간의 미국 평균보다 세 배 이상 높다(스티브 잡스Steve Jobs, 존 벨루시John Belushi 등 많은 사람이 이민 자 아버지를 두고 있었지만 이 데이터는 미국 평균과 비교하기가 더 힘들었다. 출생증명서에 아버지에 대한 정보가 항상 포함되지는 않기 때문이다).

성공에 영향을 끼치지 않는 변수는 무엇일까? 놀랍게도 주에서 교육에 얼마나 많은 돈을 쓰는가였다. 도시에 사는 주민 비율이 비슷한 경우, 주 차원의 교육비 지출은 유명한 작가, 예술가, 비즈니스 리더를 키워내는 비율과 상관관계가 없었다.

나의 위키피디아 연구를 앞서 논의한 체티 연구진의 연구 중 하나와 비교해보는 것도 재미있다. 체티 연구진은 어떤 지역이 주민들을 상위 중산층에 이르게 하는 데 유리한지 알아내려 했다. 내 연구는 어떤 지역이 명성을 얻는 데 유리한지 알아내려는 것이었다. 결과는 판이하게 다르다.

교육에 돈을 많이 쓰면 아이들이 상위 중산층에 이르는 데 도움이 된다. 하지만 저명한 작가, 예술가, 비즈니스 리더가 되는 데에는 거의 도움이 되지 않는다. 큰 성공을 거둔 사람들 대부분은 학교를 싫어했고 일부는 학교를 중퇴했다.

체티 연구진은 아이가 반드시 상위 중산층에 이르길 바란다면, 뉴욕시가 아이를 키우기에 특별히 좋은 장소는 아니라고 말한다. 하지만 나의 연구는 아이에게 명성을 얻을 기회를 주고 싶다면 뉴욕시가 더없이 좋은 장소라고 말한다.

성공을 이끄는 요인들을 살펴보면 카운티 사이에 큰 차이가 감지된다. 많은 카운티가 성공의 모든 주요한 요소를 갖추고 있다. 예를 들어 많은 대학이 있는 보스턴(1636년 미국 최초로 설립된 하버드대학교를 비롯하여 보스턴대학교, 버클리음대, 서폭대학교, MIT 등이 있다 - 옮긴이)에는 혁신적인 아이디어가 들끓는다. 보스턴은 도심이면서 뛰어나고 조예가 깊은 사람들이 많아서 젊은이들에게 어떻게 그런 경지에 이르는지 본보기가 되어준다. 게다가 많은 이민자가 여기로 모이며 그들의 자녀들은 이러한 가르침에 끌린다.

이러한 특성을 전혀 갖추지 못한 지역은 어떨까? 그런 곳은 유명인을 훨씬 적게 배출할 운명인가? 꼭 그렇지만은 않다. 또 다른 길이 있다. 극도의 전문화다. 미네소타주의 로조카운티가 좋은 예다. 로조카운티는 외국인이 거의 없고 유명한 대학도 없는 조그만 시골 마을이다. 그런데도 이곳에서 태어난 사람 740명 중 한 명 정도가 위키피디아에 등재된다. 비결이 뭘까? 위키피디아에 등재된 아홉명 모두가 프로 하키선수다. 의심의 여지 없이 이 카운티가 보유한 세계적인 수준의 유소년·고등학교 하키 프로그램 덕분이다.

그렇다면 이 글의 요점은 당신이 뛰어난 하키선수를 키워내는 데에는 그다지 관심이 없다는 가정하에, 장래에 아이에게 최대한 유리한 조건을 만들어주고 싶다면 보스턴이나 터스키기로 이주하라는 것인가? 나쁠 것은 없다. 하지만 여기에는 그보다 큰 가르침이 있다. 보통 경제학자들과 사회학자들은 가난이나 범죄와 같은 나쁜 결과를 어떻게 피하느냐에 집중한다. 하지만 '위대한 사회'라는 목표는 뒤처지는 사람을 줄이는 데에 그치지 않고 되도록 많은 사람이 두각을 나타내도록 돕는 것이다. 어쩌면 명성을 얻은 미국인 수십만 명이 태어난 곳을 확대해 살피는 이러한 노력이 우리에게 이민을 장려하고, 대학에 보조금을 주고, 예술을 지원하는 등의 초기 전략을 귀띔해줄지 모른다.

나는 대개 미국을 연구한다. 때문에 지역을 클로즈업해서 본다는 생각을 할 때는 미국의 도시와 마을을 확대하는 것, 곧 앨라배마주의 매콘카운티나 미네소타주의 로조카운티 같은 지역을 관찰할 생각을 한다. 하지만 지금도 커지고 있는 거대한 인터넷 데이터의 또 다른 이점은 전 세계의 데이터를 쉽게 수집할 수 있다는 데 있다. 나라별로 어떤 차이가 있는지 확인할 수 있는 것이다.

내가 최근에 조금 우연찮게 탐구한 주제가 하나 있다. '전 세계 여러 나라에서 임신이 어떤 양상을 띠는가?'라는 문제였다.

임신한 여성들의 구글 검색을 검토한 결과 우선은 여성들이 호소하는 신체적 증상이 놀라울 정도로 유사하다는 것을 발견했다.

나는 어떤 증상이 얼마나 자주 '임신'이라는 단어와 함께 검색되는지 살폈다. '임신'은 '구역질' '요통' '변비' 등과 얼마나 자주 함께 검색될까? 캐나다 여성의 증상은 미국 여성의 증상과 매우 비슷했다. 영국, 오스트레일리아, 인도 등에서의 증상 역시 거의 비슷했다.

전 세계의 임신부들은 먹고 싶은 것도 같아 보였다. 미국 여성이 이 주제에서 가장 많이 검색하는 것은 '임신 중에 얼음이 너무 당겨요'다. 그다음 상위 네 가지 검색어는 소금, 단것, 과일, 매운 음식이다. 오스트레일리아에서도 식욕을 느끼는 음식이 그리 다르지 않다. 목록에는 소금, 단것, 초콜릿, 얼음, 과일이 들어 있다. 인도는 어떨까? 매운 음식, 단것, 초콜릿, 소금, 아이스크림으로 비슷하다. 사실 최상위에 있는 다섯 가지 음식은 내가 조사한 모든 나라에서 대단히 비슷했다.

이 예비조사에서 얻은 증거들은 세계 어디에서도 임신의 신체적 경험을 획기적으로 변화시키는 방식이나 환경을 발견하지 못했음을 보여준다. 하지만 임신을 둘러싼 생각은 확실히 다르다.

임신한 여성이 안전과 관련해서 검색할 수 있는 질문들로 시작해보자. 미국에서 높은 순위를 차지한 질문은 임신한 여성이 '새우를 먹어도' '와인을 마셔도' '커피를 마셔도' '타이레놀을 먹어도' 되는가다.

이런 염려는 각 나라에서 별로 겹치지 않는다. 캐나다, 오스트레일리아, 영국에서는 임신한 여성이 '와인을 마셔도' 되는가 하는 질문이 10위 안에 들지 않는다. 오스트레일리아에서는 임신 중에 유제품, 특히 크림치즈를 먹는 것을 가장 걱정한다. 인구의 30퍼센트가 인터넷을 이용하는 나이지리아에서 1위 질문은 임신한 여성이 '차가운 물을 마셔도' 되는가다.

이러한 걱정이 타당한가? 상황에 따라 다르다. 임신한 여성은 저온살균이 되지 않은 치즈를 먹으면 리스테리아균에 감염될 위험이 높다. 지나친 알코올 섭취와 그것이 아이에게 초래하는 부정적인 결과 사이의 관련성은 오래전에 입증됐다. 일부 국가에서는 차가운 물을 마시면 아기가 폐렴에 걸릴 수 있다고 생각한다. 이를 뒷받침하는 의학적인 근거는 모르겠지만 말이다.

전 세계에 걸친 질문에서 커다란 차이가 나타나는 것은 아마도 적절한 과학적 연구, 미신, 지역에 떠도는 이야기 등 각 국가의 이질적인 근원에서 나오는 엄청난 정보의 흐름에서 기인할 것이다. 여성의 입장에서는 어디에 집중해야 할지(무엇을 구글에 검색해야 할지) 파악하기가 어렵다.

'임신 중 …… 어떻게 해야 하나요?'라는 질문의 상위 검색 결과를 살피면 또 다른 명확한 차이를 발견할 수 있다. 미국, 오스트레

'임신 중 …… 어떻게 해야 하나요?'의 상위 검색 결과

| 미국 | 인도 | 오스트레일리아 | 영국 | 나이지리아 | 남아프리카 공화국 |
|---|---|---|---|---|---|
| 살이 트지 않으려면 | 잠을 자려면 | 살이 트지 않으려면 | 살을 빼려면 | 섹스를 하려면 | 섹스를 하려면 |
| 살을 빼려면 | 섹스를 하려면 | 살을 빼려면 | 살이 트지 않으려면 | 살을 빼려면 | 살을 빼려면 |
| 섹스를 하려면 | 섹스를 하려면 | 튼살을 없애려면 | 튼살을 없애려면 | 사랑을 나누려면 | 살이 트지 않으려면 |
| 튼살을 없애려면 | 섹스를 하려면 | 잠을 자려면 | 잠을 자려면 | 건강을 유지하려면 | 잠을 자려면 |
| 몸매를 유지하려면 | 건강을 돌보려면 | 섹스를 하려면 | 섹스를 하려면 | 구역질을 멈추려면 | 구역질을 멈추려면 |

일리아, 캐나다에서는 '임신 중 살이 트지 않으려면 어떻게 해야 하나요?'가 상위에 있다. 하지만 가나, 인도, 나이지리아에서 살이 트는 문제는 5위 안에도 들지 못한다. 이들 나라에서는 어떻게 섹스를 하고 어떻게 자는지에 관심이 더 많다.

'임신한 여성이 ……해도 되나요?'의 상위 검색 결과

| 미국 | 새우를 먹어도 | 와인을 마셔도 | 커피를 마셔도 | 타이레놀을 먹어도 | 생선초밥을 먹어도 |
|---|---|---|---|---|---|
| 영국 | 새우를 먹어도 | 훈제연어를 먹어도 | 치즈케이크를 먹어도 | 모차렐라를 먹어도 | 마요네즈를 먹어도 |
| 오스트레일리아 | 크림치즈를 먹어도 | 새우를 먹어도 | 베이컨을 먹어도 | 사워크림을 먹어도 | 페타치즈를 먹어도 |
| 나이지리아 | 찬물을 마셔도 | 와인을 마셔도 | 커피를 마셔도 | 섹스를 해도 | 모링가(식용작물)를 먹어도 |
| 싱가포르 | 녹차를 마셔도 | 아이스크림을 먹어도 | 두리안을 먹어도 | 커피를 마셔도 | 파인애플을 먹어도 |
| 스페인 | 고기파이를 먹어도 | 하몽을 먹어도 | 파라세타몰(진통제)을 먹어도 | 참치를 먹어도 | 일광욕을 해도 |
| 독일 | 비행을 해도 | 살라미를 먹어도 | 사우나에 가도 | 꿀을 먹어도 | 모차렐라를 먹어도 |
| 브라질 | 머리를 염색해도 | 디피로나(진통제)를 먹어도 | 파라세타몰을 먹어도 | 자전거를 타도 | 비행을 해도 |

세계 여러 지역의 건강과 문화 측면을 확대하면 분명히 더 많은 점을 배울 수 있을 것이다. 하지만 나의 예비 분석에 따르면, 빅데이터는 생물학적 특징을 넘어서는 일에서는 인간이 가진 힘이 우리가 생각하는 것보다 훨씬 약하다는 것을 보여준다. 그러나 우리는 이 모든 것이 의미하는 바를 현저하게 달리 해석한다.

## 우리는 시간을 어떻게 보내는가

"주요 관심사가 강간, 극단적 폭력, 베토벤인 젊은 남자의 모험."

논란 많은 스탠리 큐브릭Stanley Kubrick의 영화, 〈시계태엽 오렌지 A Clockwork Orange〉의 광고 문구다. 영화에서 허구의 젊은 주인공인 알렉스 드라지는 소름끼치게 초연한 모습으로 충격적인 폭력 행위를 저지른다. 이 영화의 가장 악명 높은 장면에서 그는 〈싱잉 인 더 레인Singin' in the Rain〉을 큰 소리로 부르며 한 여성을 강간한다.

곧바로 모방범죄가 일어났다는 보도가 나왔다. 실제로 한 무리의 남성이 같은 노래를 부르면서 열일곱 살 소녀를 강간했다. 유럽에서는 많은 국가가 상영을 중지했고 미국은 충격적인 장면들을 삭제한 버전으로 상영했다.

화면에서 방금 본 것으로 최면에 걸린 듯 사람들이 실제로 모방 범죄를 일으킨 예가 많다.[9] 갱 영화 〈범죄와의 전쟁Colors〉이 상영된 직후 지독한 총격 사건이 발생했다. 또 다른 갱 영화 〈뉴 잭 시티New

Jack City〉가 상영된 뒤에도 폭동이 일어났다.

아마도 가장 충격적인 사건은 〈머니 트레인The Money Train〉이 개봉하고 나흘 뒤 몇 남성이 라이터 액체 연료를 이용해서 지하철 승차권 매표소에 불을 지른 일일 것이다. 영화에 나온 장면을 거의 완벽하게 흉내 낸 것이었다. 유일한 차이는 영화에서는 판매원이 도망쳤지만 실제로는 판매원이 불에 타 죽었다는 것이다.

폭력적인 영화에 노출된 실험 대상자들이 정확하게 영화 속 장면을 모방하지는 않더라도 더 많은 분노와 적대감을 드러낸다는 심리학 실험의 증거도 있다.[10]

이런 일화와 실험은 폭력적인 영화가 폭력적인 행동을 조장한다고 말한다. 그렇다면 그 영향이 얼마나 클까? 10년에 살인사건이 한두 번 일어나는 정도일까, 아니면 매년 수백 건일까? 일화와 실험으로는 이 질문에 답할 수 없다.

빅데이터라면 답을 찾을 수 있을지 확인하기 위해 두 경제학자 고든 달Gordon Dahl과 스테파노 델라비그나Stefano DellaVigna가 1995~2004년 사이의 세 가지 빅데이터세트를 통합했다. FBI의 시간별 범죄 데이터, 영화 흥행 순위, 키즈인마인드닷컴kids-in-mind.com에서 얻은 모든 영화의 폭력 수준을 통합한 것이다.

이 데이터들은 완벽했다. 미국 전역의 도시에서 매시간 상영되는 모든 영화와 일어나는 모든 범죄를 아우르고 있었다.

이 연구의 열쇠는 〈한니발Hannibal〉이나 〈새벽의 저주Dawn of the Dead〉처럼 폭력적인 영화가 가장 인기를 끈 주말이 있는가 하면,

⟨런어웨이 브라이드Runaway Bride⟩나 ⟨토이 스토리Toy Story⟩처럼 폭력성이 없는 영화가 가장 인기를 끈 주말도 있다는 사실이었다.

연구진은 유명한 폭력적인 영화가 개봉한 주말에 벌어진 살인, 강간, 폭행의 발생 건수를 정확하게 파악하고 그것을 비폭력적 영화가 개봉해 눈길을 끈 주말의 살인, 강간, 폭행 발생 건수와 비교할 수 있었다.[11]

그들은 무엇을 발견했을까? 일부 실험들이 보여주듯이 폭력적인 영화가 개봉한 때에 범죄가 늘어났을까? 아니면 차이가 없었을까?

연구진은 폭력적인 영화가 주목을 받은 주말에 범죄율이 떨어졌다는 것을 발견했다. 당신이 읽은 그대로가 맞다. 인기 있는 폭력적인 영화가 상영된 주말에, 미국인 수백만 명이 사람을 죽이는 이미지에 노출된 때에 범죄율은 오히려 떨어졌다. 그것도 눈에 띄게.

이런 이상하고 예상치 못한 결과를 얻으면 처음에는 뭔가 잘못됐다고 생각하기 마련이다. 두 연구자는 코딩을 면밀히 검토했다. 실수는 없었다. 그다음에 이들은 이 결과를 설명할 다른 변수가 있다고 생각했다. 그들은 시기가 결과에 영향을 주지 않았는지 확인했다. 아니었다. 날씨가 이 관계를 얼마간 주도하지 않았을까 생각해서 날씨 데이터를 수집했다. 날씨도 아니었다.

달이 말했다. "우리는 모든 가설과 모든 과정을 확인했습니다. 어떤 오류도 발견하지 못했습니다."

여러 일화와 연구실에서 나온 여러 증거와 매우 찜찜한 느낌이 남긴 했지만 폭력적인 영화를 시청하면 어쩐 일인지 범죄 발생률이 떨어졌다. 어떻게 이런 일이 가능할까?

열쇠는 달과 델라비그나가 의문을 해결하기 위해 빅데이터로 이 문제를 더 가까이 클로즈업해서 봤다는 데 있다. 일반적으로 설문조사 데이터는 연간 또는 잘해야 월간 정보를 제공한다. 아주 운이 좋다면 주말 데이터를 얻을 수 있을지도 모른다. 그런데 소규모 표본을 대상으로 하는 설문조사가 아니라 포괄적인 데이터세트를 이용하게 되면서 시간, 심지어는 분 단위로 집중할 수 있게 됐다. 이로써 우리는 인간 행동에 관해 더 많은 것을 배울 수 있다.

가끔 시간에 따른 변동이 세상을 떠들썩하게 할 정도는 아니라도 흥미로울 때가 있다. 캐나다 에드먼턴에 있는 공기업, EPCOR(우리나라의 수자원공사와 비슷함 - 옮긴이)는 2010년 미국과 캐나다가 맞붙은 올림픽 하키 결승전 중계방송 시간 동안 분 단위 물 소비량 데이터를 보고했다. 그 결과 캐나다인 80퍼센트가 이 경기를 관전한 것으로 추정됐다. 데이터는 각 피리어드가 끝난 직후 물 소비가 급증한다는 것을 보여줬다. 에드먼턴 전역의 화장실에 물이 내려가고 있었던 것이다.

구글 검색 역시 분 단위로 분석할 수 있다.[12] 그 과정에서 흥미로운 패턴이 드러난다. 예를 들어 '차단되지 않은 게임'에 대한 검색은 평일 오전 8시부터 급증해서 오후 3시까지 높게 유지된다. 이는 분명 학생들이 교내에서 휴대전화를 사용해도 게임은 하지 못하도록 학교에서 접근을 막아두기 때문일 것이다.

올림픽 하키 결승전 동안 에드먼턴의 물 소비량(EPCOR)

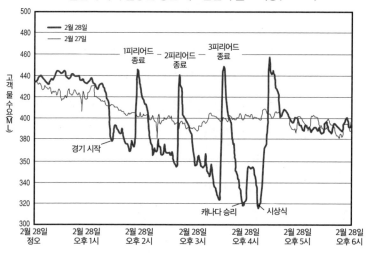

'날씨' '기도문' '뉴스'에 대한 검색은 오전 5시 반에 가장 많다. 대부분의 사람들이 나보다 훨씬 일찍 일어난다는 증거다. '자살'에 대한 검색은 밤 12시 36분에 가장 많고 아침 9시에 가장 낮다. 대부분의 사람들이 아침에 나보다 훨씬 덜 괴롭다는 증거다.

검색 데이터를 보면 새벽 2~4시 사이에는 '의식의 의미가 무엇인가요?' '자유는 존재할까요?' '다른 행성에도 생명체가 있을까요?' 같은 심오한 질문이 주를 이룬다. 이러한 질문이 늦은 시간에 인기를 끄는 이유는 대마초 때문일지도 모른다. '대마초 마는 법'에 대한 검색은 새벽 1시에서 2시 사이에 가장 많다.

이 거대한 데이터세트를 통해 달과 델라비그나는 영화가 상영되는 주말에 범죄율이 시간대별로 어떻게 변화하는지 확인할 수 있었다. 인기 있는 폭력적인 영화가 상영될 때에는 다른 주말에 비해 범죄율이 이른 저녁부터 감소했다. 달리 표현하면, 범죄율은 관객들이 영화관에 들어서고 있을 때, 곧 폭력적인 장면이 나오기도 전에 평소보다 더 낮다.

이유를 짐작할 수 있겠는가? 우선, 폭력적인 영화를 선택할 가능성이 높은 사람이 누구인지 생각해보자. 젊은 남성, 특히 젊고 공격적인 남성이다.

다음으로는 범죄가 어디에서 발생하는 경향이 있는지 생각해보자. 영화관에서 범죄가 발생하는 경우는 드물다. 물론 예외는 있다. 가장 유명한 사건은 2012년 콜로라도의 한 영화관에서 벌어진 계획적인 총격사건이다. 하지만 대부분의 남성은 무장을 하지 않고 영화관에 조용히 앉아 영화를 본다.

젊고 공격적인 남성에게 〈한니발〉을 볼 기회가 생기면 그는 영화를 보러 갈 것이다. 젊고 공격적인 남성에게 〈런어웨이 브라이드〉를 볼 기회가 생긴다면 그는 그 기회를 버리고 대신 술집, 클럽, 당구장처럼 폭력범죄의 발생 빈도가 높은 곳에 갈 것이다.

폭력적인 영화는 폭력성이 잠재된 사람들이 거리에 나가지 못하게 만든다.

그럼 수수께끼는 풀린 것일까? 아직은 아니다. 데이터에는 이상한 점이 하나 더 있다. 이런 영향은 영화가 시작되자마자 바로 나타났고 영화가 끝나고 영화관이 문을 닫은 뒤에도 사라지지 않았다. 폭력적인 영화가 상영되는 동안 범죄률은 자정부터 새벽 6시까지도

낮게 유지됐다.

젊은 남성들이 영화관에 있는 동안은 범죄율이 낮더라도 그들이 영화관을 나와서는 다시 올라가야 하지 않을까? 그들은 방금 여러 심리실험이 사람들을 화나게 하고 폭력적으로 만든다고 말한 영화를 보지 않았는가?

숙고 끝에 범죄 전문가인 연구자들은 또 다른 유레카를 외쳤다. 그들은 알코올이 범죄의 주요한 원인이라는 것을 알고 있었다.[13] 연구자들은 미국의 사실상 모든 영화관에서 주류를 판매하지 않는다는 것은 충분히 알 정도로 여러 영화관에 가봤다. 실제로 연구자들은 폭력적인 영화가 끝난 후 늦은 밤에 알코올 관련 범죄가 급격히 감소한다는 사실을 발견했다.

물론 달과 델라비그나의 연구 결과는 제한적이다. 예를 들어 그들은 범죄율의 감소가 얼마나 오랫동안 유지되는지 그 영향을 시험해볼 수 없었다. 지속적으로 폭력적인 영화에 노출되면 결국 더 많은 범죄로 이어질 수도 있다. 그렇지만 그들의 연구는 이들 실험의 주요 주제였던 폭력적인 영화의 즉각적인 영향을 좀 더 넓은 관점에서 파악한다. 폭력적인 영화는 일부 사람들에게 영향을 끼쳐서 그들의 화를 돋우고 그들을 더 폭력적으로 만들지도 모른다. 그렇지만 사람을 폭력적인 방향으로 이끄는 부정할 수 없는 요인이 무엇인지 아는가? 폭력적인 성향이 잠재된 사람들과 어울리며 술을 마시는 것이다.*

지금은 이해가 되는 이야기지만, 달과 델라비그나가 엄청난 데

이터를 분석하기 전까지는 그렇지 못했다.[14]

우리가 어떤 것을 클로즈업해서 집중할 때 명확하게 드러나는 중요한 점이 하나 더 있다. 세상은 복잡하다는 것이다. 우리가 오늘 취하는 조치는 의도와 다른 효과를 낼 수 있다. 아이디어는 때로는 매우 느리게, 때로는 바이러스처럼 기하급수적으로 퍼진다. 사람들은 유인에 대해서 예기치 못한 방식으로 반응한다.

이러한 연결과 관계, 급등과 팽창은 소규모 설문조사나 전형적인 데이터 방식으로는 추적할 수 없다. 세상은 소규모 데이터가 감당하기에는 너무 복잡하고 다채롭다.

---

* 나빠 보이는 것이 더 나쁜 것을 예방한다면 좋은 것일 수도 있다. 스탠퍼드대학교를 나온 전前 와이드 리시버, 에드 매카프리Ed McCaffrey는 이를 아들 네 명에게 풋볼을 하게 한 정당한 논거로 사용했다.[15] "아이들은 에너지가 넘칩니다. 풋볼을 하지 않았다면 스케이드보드를 타고, 나무에 기어오르고, 뒷마당에서 술래잡기를 하고, 서바이벌 게임을 하고 있겠죠. 가만히 앉아서 아무것도 안 할 일은 없단 말입니다. 저는 풋볼이라는 스포츠에는 적어도 규칙이 있다고 생각합니다. (…) 제 아이들은 발코니에서 떨어지고, 자전거 사고를 당하고, 스케이드보드를 타다가 다치고, 나무에서 떨어져서 응급실 신세를 졌습니다. 당연히 풋볼은 몸을 부딪치는 격렬한 운동입니다. 하지만 제 아이들은 최소한 산에서 다람쥐처럼 뛰어다니거나 정신 나간 짓을 하지는 않습니다. 저는 그것이 조직화된 공격성이라고 생각합니다." 라디오 스포츠 토크쇼 〈허드 위드 콜린 카우허드The Herd with Colin Cowherd〉와의 인터뷰에서 매카프리가 한 주장은 내가 전혀 들어본 적이 없는 것이었다. 달과 델라비그나의 논문을 읽은 후 나는 그의 주장을 진지하게 받아들이고 있다. 이런 종류의 상관관계는 연구실 데이터가 아니라 거대한 실제 데이터세트에서 확인할 수 있다.

# 도플갱어 찾기

2009년 6월, '빅 파피Big Papi'라고 불리는 데이비드 오티즈David Ortiz
의 선수생활은 끝장난 것처럼 보였다. 이전 10년 동안 보스턴은 앞
니에 틈이 있고 친근한 미소를 지닌 이 도미니카 태생의 강타자와
사랑에 빠졌다.

오티즈는 5년 연속 올스타게임에 출전했고 MVP로 뽑혔으며
86년간 우승해보지 못한 보스턴에게 챔피언십을 안겨줬다. 하지만
2008년 시즌에서 32세를 맞이한 그의 성적이 떨어졌다. 타율은 68
포인트 떨어졌고 출루율은 76포인트, 장타율은 114포인트 하락했
다. 2009년 시즌 초반에 오티즈의 성적은 더 하락했다.

2009년 초, 스포츠 기자이자 보스턴 레드삭스Boston Red Sox의
열렬한 팬인 빌 시먼스Bill Simmons는 돌아가는 상황을 이렇게 묘사
했다.[16] "데이비드 오티즈는 더 이상 야구 천재가 아니다. 우람한
강타자들은 포르노 배우나 레슬러, NBA 센터, 트로피 와이프trophy
wife(나이 든 남성의 젊고 매력적인 아내-옮긴이)와 다를 바가 없다. 시
간이 흐르면 맛이 가고 만다." 스포츠 팬들은 자신들이 보는 눈을
믿었고 시먼스의 눈에 오티즈는 끝에 이른 것이 확실했다. 시먼스는
사실 오티즈가 벤치를 지키거나 곧 방출되리라고 내다봤다.

정말 오티즈는 끝났던 것일까? 당신이 2009년 보스턴 레드삭스
의 구단주였다면 그를 방출했겠는가? 좀 더 일반적으로, 야구선수
의 향후 성적을 어떻게 예측할 수 있을까?[17] 더 일반적으로, 빅데이

터를 이용해서 사람의 미래를 예측할 수 있을까?

데이터과학에서 한층 앞서가려면 알아야 할 것이 있다. 야구 통계가들(데이터를 이용해서 야구를 분석하는 사람들)이 어떤 일을 했는지 관찰하고 그것이 데이터과학의 다른 분야로 널리 퍼지기를 기대하라는 말이다. 야구는 거의 모든 것에 대한 포괄적인 데이터세트를 보유한 최초의 분야였으며, 몇몇 똑똑한 사람이 데이터를 이해하는 데 기꺼이 일생을 바쳤다. 이제는 거의 모든 분야가 그렇게 되고 있다. 야구가 선두에 서고, 다른 모든 분야가 그 뒤를 따른다.

야구선수의 미래를 예측하는 가장 단순한 방법은 그 선수가 현재와 같은 성적을 계속 낸다고 가정하는 것이다. 선수가 지난 1년 반 동안 고전했다면 다음 1년 반도 어려울 것이라고 짐작하면 된다.

이런 방법론이라면 레드삭스는 데이비드 오티즈를 잘라야 마땅했다. 그렇지만 더 관련성 높은 정보가 있을 수 있다. 1980년대에 야구 데이터 분석법의 창시자로 여겨졌던 빌 제임스Bill James는 나이의 중요성을 강조했다. 제임스는 야구선수들이 27세 전후로 전성기에 이른다는 사실을 발견했다. 야구팀은 나이 들면서 선수의 기량이 얼마나 떨어지는지를 무시하는 경향이 있다. 그래서 나이 든 선수들에게 많은 돈을 지불했다.

어쨌든 좀 더 발전한 이런 방법론으로 봐도 레드삭스는 데이비드 오티즈를 내쳐야 했다.

하지만 나이와 관련된 이런 조정은 완벽하지 않다. 모든 선수가 일생 동안 같은 길을 걷지는 않는다. 어떤 선수는 23세에 최고의 기량을 발휘하는가 하면 어떤 선수는 32세에 절정에 오른다. 키가 작은 선수는 키가 큰 선수와 노화 과정이 다르고, 비대한 선수는 마른 선수와 나이 드는 방식이 다르다. 야구 통계가들은 선수에게 유형이 있으며, 각 유형이 다른 노화 경로를 밟는다는 것을 발견했다. 비대한 강타자는 평균적으로 일찍 최고점에 이르고 30대가 되면 급속도로 기량이 떨어진다는 이야기는 오티즈에게 더 불리했다.[18]

레드삭스가 가까운 과거, 나이, 몸집을 고려했다면 데이비드 오티즈를 방출해야만 했을 것이다.

2003년 통계학자 네이트 실버는 선수의 성적을 예측하는 새로운 모델을 내놨다. PECOTA라는 이름의 이 모델은 매우 정확했다. 실버는 선수의 도플갱어를 찾았다. 그는 1만 8,000명이 넘는 모든 메이저리거의 데이터베이스를 구축했다. 그 안에는 키, 나이, 포지션, 홈런, 타율, 볼넷 출루, 삼진아웃 등 매년 선수의 성적과 관련해 알려진 모든 것이 포함됐다. 이제 오티즈가 24, 25, 26, 27, 28, 29, 30, 31, 32, 33세였을 때 그의 성적과 가장 비슷한 야구선수 스무 명을 찾는다. 그 나이에 그와 비슷한 플레이를 했던 도플갱어를 찾는 것이다.[19] 그리고 이 도플갱어들의 야구 경력이 어떠했는지를 확인한다.

도플갱어 찾기는 데이터 클로즈업의 또 다른 사례다. 대상과 가장 비슷한 사람이라는 작은 규모의 부분집합을 확대하는 것이다. 확대할 때는 다 그렇듯 데이터가 많을수록 좋다. 오티즈의 도플갱어들은 오티즈의 장래에 대해 아주 다른 예측을 내놨다. 오티즈의 도플갱어 중에는 호르헤 포사다Jorge Posada와 짐 토미Jim Thome가 있었다. 이들 선수는 빛을 보기까지 조금 시간이 걸렸지만 20대 후반에 세계 정상급 수준의 폭발적인 성과를 올렸고 30대 초반에는 고전했다.

실버는 이 도플갱어들이 결국 어떤 성적을 냈는지를 근거로 오티즈의 성적을 예측했다. 실버는 이들이 힘을 되찾았다는 사실을 발견했다. 다른 것에 관해서라면 나이 들수록 맛이 간다는 시먼스의 말이 맞을지 모르지만 오티즈의 도플갱어들은 나이가 들면서 기량을 되찾았다.

도플갱어 검색이라는 야구선수의 성적을 예측하는 데 사용했던 그 어떤 방법론보다 훌륭한 이 모델은 레드삭스가 오티즈를 더 지켜봐야 한다고 말했다. 레드삭스는 실제로 나이를 먹고 있는 이 강타자에게 인내를 발휘했다. 2010년 오티즈의 타율은 0.270으로 올랐다. 그는 홈런 32개를 쳤고 올스타팀에 선발됐다. 그 이후 네 번 연속 올스타게임에 출전했다. 2013년 37세의 오티즈는 월드시리즈에서 예의 3번 타자 자리를 지키며 6할 8푼 8리의 장타율을 기록했고, 레드삭스는 세인트루이스를 시리즈 스코어 4 대 2로 이겼다. 오티즈는 월드시리즈 MVP에 선정됐다.*

---

* 이즈음이면 당신은 내가 훈훈한 이야기에 냉소적이라는 것을 눈치챘을 것이다. 이 글에는 기분 좋은 이야기를 넣고 싶었기 때문에 냉소는 주석에 남긴다. 나로서는 PECOTA가 오티즈가 스테로이드 사용자이며 스테로이드 사용을 중단했다가 다시 사용했다는 사실을 발견하지는 않았는지 의심스럽다. PECOTA가 그런 것을 감지할 수 있었다면 예측의 관점에서는 아주 대단한 이야기지만 감동은 덜했을 것이다.

야구선수의 성적 추이를 예측하는 네이트 실버의 접근법을 다 읽자마자 나는 나에게도 도플갱어가 있지 않을까 생각했다.

도플갱어 검색은 운동뿐 아니라 여러 분야에서 장래가 밝다. 나와 관심사가 대부분 겹치는 사람을 찾을 수 있을까? 나와 가장 닮은 사람을 찾는다면 가까이 어울릴 수 있을 것이다. 그 사람은 내가 좋아할 만한 식당을 알 테고 내가 매력을 느끼리라고 생각해본 적이 없는 것들을 소개해줄 수도 있을 것이다.

도플갱어 검색은 개인, 심지어는 개인의 특성까지 확대할 수 있다. 어떤 확대 작업이든 보유하고 있는 데이터가 많을수록 더 뚜렷하고 예리해진다. 내가 열 명으로 이뤄진 데이터세트에서 내 도플갱어를 찾는다고 가정해보자. 아마도 책에 대한 관심을 공유하는 사람을 찾을 수 있을 것이다. 1,000명으로 이뤄진 데이터세트에서라면 나처럼 베스트셀러 물리학 도서를 좋아하는 사람을 찾을 수 있을 것이다. 하지만 수억 명으로 이뤄진 데이터세트에서 내 도플갱어를 찾는다면 나는 나와 정말로 정말로 비슷한 사람을 찾을 수 있을 것이다.

어느 날, 나는 소셜미디어에서 도플갱어 사냥에 나섰다. 트위터 프로필의 말뭉치 전체를 이용해서 지구상에서 나와 관심사가 가장 일치하는 사람들을 찾았다.

내가 트위터에서 팔로우하는 사람들을 보면 나의 관심이 어디에 있는지 파악할 수 있을 것이다. 나는 250명가량을 팔로우하면서 스포츠, 정치, 코미디, 과학, 침울한 유대인 포크 가수에 대한 나의 열정을 보여주고 있다.

이 250개 계정 모두를 팔로우하는 사람이 이 우주 어딘가에 있지 않을까? 나의 트위터 쌍둥이 말이다. 물론 그런 사람은 없다. 도플갱어는 우리와 비슷할 뿐이지 똑같지 않다. 내가 팔로우하는 계정 중 200개를 똑같이 팔로우하는 사람도 없다. 150개를 같이 팔로우하는 사람도 없다.

그렇지만 결국 나는 팔로우 계정이 100개 겹치는 계정을 찾았다. '컨트리 뮤직 라디오 투데이Country Music Radio Today'였다. 컨트리 뮤직 라디오 투데이는 맞팔을 받기 위해 트위터 프로필 75만 개를 팔로우한 봇이었다(지금은 이 계정이 존재하지 않는다).

내 전 여자친구라면 이 결과에 통쾌해할 것이다. 그녀는 내가 인간보다 로봇에 가깝다고 말했으니까.

농담은 집어치우고, 나의 도플갱어가 계정 75만 개를 임의로 팔로우한 봇이라는 발견은 도플갱어 검색에서 중요한 점을 지적하고 있다. 도플갱어 검색이 정말로 정확하려면 단순히 당신과 같은 것을 좋아하는 사람만을 찾아서는 안 된다. 당신이 싫어하는 것 역시 싫어하는 사람을 찾아야 한다.

나의 관심사는 내가 팔로우하는 계정에서뿐 아니라 내가 팔로우하지 않기로 선택하는 계정들에서도 확연하게 드러난다. 나는 스포츠·정치·코미디·과학에 관심이 있고, 음식·패션·영화에는 관심이 없다. 내가 팔로우하는 계정들은 나에 관해 알려준다. 나는 버니 샌더스Bernie Sanders를 좋아하지만 엘리자베스 워런Elizabeth Warren은 좋아하지 않고, 세라 실버먼Sarah Silverman을 좋아하지만 에이미 슈머

Amy Schumer는 좋아하지 않고, 《뉴요커New Yorker》를 좋아하지만 《애틀랜틱》은 좋아하지 않고, 내 친구 노아 포프와 에밀리 샌즈, 조시 고틀리브를 좋아하지만 내 친구 샘 애서는 좋아하지 않는다는 것을 말이다(샘, 미안해. 하지만 네 트위터 피드는 너무 지루해).

트위터에 있는 2억 명 중에 나와 가장 비슷한 프로필을 가진 사람은 누구일까? 나의 도플갱어는 온라인 미디어 벤처 〈복스Vox〉의 기자인 딜런 매슈스Dylan Matthews인 것으로 드러났다. 미디어 소비를 개선하려는 나의 목적에서 볼 때는 맥이 좀 풀리는 결과였다. 나는 이미 트위터와 페이스북에서 매슈스를 팔로우하고 있고 그의 기사를 강박적으로 읽고 있기 때문이다. 따라서 그가 나의 도플갱어라고 아는 것은 인생을 그리 많이 변화시키지 못했다. 하지만 세상에 나와 아주 비슷한 사람이 있다는 것을, 그리고 그 사람이 내가 동경하는 사람이라는 것을 안다는 것은 꽤 멋진 일이다. 이 책의 집필을 마치고 은둔생활을 끝내면 나는 매슈스와 어울리면서 제임스 서로위키James Surowiecki의 글에 관해 토론을 벌일 수도 있을 것이다.

오티즈의 도플갱어 검색은 야구팬들에게 아주 깔끔한 방법이었다. 나의 도플갱어 검색은 최소한 나에게 재미있었다. 이 검색으로 더 알 수 있는 게 있을까? 우선 첫째로, 많은 대형 인터넷 기업들이 도플갱어 검색을 이용해서 자사 서비스와 사용자 경험을 극적으로 발전시킨다. 아마존은 유사 도플갱어 검색을 사용해서 당신이 좋아할 만한 책을 추천한다. 아마존은 당신과 비슷한 사람들이 선택한 책을 살피고 그들의 추천을 근거로 삼는다.

판도라Pandora는 당신이 듣고 싶어할 만한 노래를 선정할 때 같은 일을 한다. 넷플릭스가 당신이 좋아할 영화를 파악할 때 이용하는 방법도 이와 같다. 아마존 엔지니어인 그레그 린든Greg Linden이 처음으로 도플갱어 검색을 도입해서 독자의 독서 취향을 예측했을 때 그 충격은 대단했다. 아마존 창립자인 제프 베이조스Jeff Bezos가 린든 앞에 무릎을 꿇고 "나는 아직 멀었어!"라고 외쳤을 정도로 추천 결과가 획기적으로 개선됐다.

하지만 그 힘을 생각했을 때 도플갱어 검색이 정말로 흥미로운 것은 그것이 지금 얼마나 흔하게 이용되는가가 아니다. 얼마나 자주 사용되지 않고 있는가 하는 점이다. 도플갱어 검색은 앞으로 삶의 중요한 영역에서 개인화를 크게 개선할 수 있다. 건강을 예로 들어보자.

하버드대학교의 컴퓨터과학자이자 의학 연구원인 아이작 코하네Isaac Kohane는 이 원리를 의학에 끌어들이려 노력하고 있다. 그는 우리의 의료정보를 모두 수집하고 정리해서 의사들이 두루 적용하는 접근법 대신 당신과 아주 닮은 환자들을 찾게 하려고 한다. 그러면 의사들은 좀 더 개인맞춤형으로 집중적인 진단과 치료를 할 수 있을 것이다.

코하네는 이런 검색이 의료 분야로 확대되는 것이 자연스럽고 전혀 급진적이지 않다고 여긴다. "진단이란 무엇입니까?" 코하네는 묻는다. "진단은 이전에 연구한 인구와 같은 특성을 당신이 갖고 있다는 진술입니다. 그런 일이 있어서는 안 되겠지만 내가 당신에게 심근경색이라는 진단을 내린다면 그것은 다른 사람의 증상에서 배운 병리생리학에 따라 당신이 심근경색이라는 병을 갖고 있다고 말하는 것입니다."[20]

진단은 본질적으로는 원시적인 유형의 도플갱어 검색이다. 문제는 의사들이 이용하는 데이터세트가 너무 작다는 것이다. 오늘날 진단은 의사가 직접 돌본 환자에 대한 경험에 다른 연구자들이 만난 많지 않은 사람들에게서 비롯된 학술논문이 더해져 이뤄진다. 하지만 우리가 앞서 보았듯이 도플갱어 검색은 많은 사례가 포함되어 있어야 좋은 결과를 얻는다.

빅데이터가 실제로 도움을 줄 수 있는 분야가 바로 눈앞에 있다. 그렇다면 왜 그렇게 미적거리는가? 벌써 널리 사용됐어야 하는 것 아닌가? 문제는 데이터 수집에 있다. 대부분의 진단서는 여전히 종이 위에 존재하고, 파일 속에 숨어 있으며, 전산화되었다 해도 호환되지 않는 방식에 묶여 있는 경우가 많다. 코하네는 의료 데이터보다 야구 데이터가 더 나은 때가 많을 정도라고 말한다. 하지만 단순한 조치만 해도 큰 도움이 될 수 있다. 코하네는 "쉽게 해결할 수 있는" 문제라는 말을 반복해서 했다. 예를 들어 그는 어린이의 신장·체중표와 어린이들이 걸릴 수 있는 질환에 관한 완벽한 데이터세트만 만들어도 소아과학에 혁명적인 일이 될 것이라고 말한다. 각 어린이의 성장 경로를 다른 어린이들의 성장 경로와 비교할 수 있으니 말이다. 컴퓨터는 비슷한 추이를 보인 어린이들을 찾아서 자동으로 문제가 있는 패턴을 표시할 수 있다. 어린이의 신장이 지나치게 일찍 안정화되는 것을 감지했다면, 특정한 상황에서는 그 원인이 갑상샘 저하증이나 뇌종양일 수도 있다. 두 경우 모두 조기 진단이 매우 중요하다. 코하네는 이렇게 말했다. "아주 희귀한 경우입니다. 1만 분의 1 정도의 확률이죠. 대부분의 어린이는 건강합니다. 저는 이런 병들을 더 일찍, 적어도 1년 먼저 진단할 수 있다고 생각합니다. 분명히 그렇게 할 수 있습니다."

기업가인 제임스 헤이우드James Heywood는 다른 접근법으로 의료 데이터와 관련된 문제를 다룬다.[21] 그는 개인이 자신의 정보(상태, 치료, 부작용)를 보고하는 웹사이트 페이션츠라이크미닷컴 PatientsLikeMe.com을 만들었고, 이미 질병의 다양한 진행 방향과 그에 대한 일반적 이해를 비교하는 방법을 도표화하는 데 성공했다.

그는 건강 상태를 충분히 포괄할 수 있을 정도로 충분히 많은 사람을 모아서 사람들이 건강적인 측면에서 자신의 도플갱어를 찾을 수 있게 한다는 목표를 갖고 있다. 헤이우드는 당신이 살아가는 내내 나이와 성별이 같고 비슷한 증상을 보고하는 사람들을 찾을 수 있기를, 그리고 그들에게 어떤 것이 주효했는지 확인할 수 있기를 바란다. 이는 아주 다른 종류의 의료가 될 것이다.


## 데이터에는 이야기가 있다

클로즈업이라는 행위가 내게는 특정한 연구의 특정한 발견보다 여러 면에서 더 가치 있다. 삶을 바라보고 이야기하는 새로운 방식을 제공하기 때문이다.

사람들은 내가 데이터과학자이자 작가라는 것을 알면 나와 어떤 사실이나 설문조사를 공유하려 한다. 나는 종종 이런 데이터가 지루하고 생명력 없다고 느낀다. 거기에는 어떤 이야기도 담겨 있지 않다.

마찬가지로 친구들은 내게 소설이나 평전을 같이 읽자고 권유한다. 하지만 나는 그런 것들에 거의 흥미를 느끼지 못한다. 나는 늘 '다른 상황에서도 그런 일이 일어날 수 있을까? 좀 더 일반적인 원칙은 없을까?'라는 생각을 한다. 소설이나 평전은 사소하고 대표성이 부족한 것으로 느껴진다.

내가 이 책을 통해 보여주려는 것은 나에게 여타의 것과는 다른 어떤 것이다. 그것은 데이터와 수치를 기반으로 한다. 생동감 있고 광범위하다. 데이터가 어찌나 풍성한지 그 안에 있는 사람들을 시각화할 수 있을 정도다. 에드먼턴의 물 소비를 분 단위로 클로즈업하면 피리어드가 끝날 때 소파에서 일어나는 사람들을 머릿속에 그릴 수 있다. 필라델피아주에서 마이애미로 이주해서 탈세를 시작한 사람들을 클로즈업하면, 나는 이 사람들이 같은 아파트 단지에 사는 이웃과 이야기를 나누다가 세금을 덜 내는 방법을 배우는 장면을 그릴 수 있다. 연령별로 야구팬을 클로즈업하면 나는 나의 어린 시절과 내 남동생의 어린 시절뿐 아니라 여덟 살 때 자신들을 끌어들인 팀을 목이 터져라 응원하는 성인 남성 수백만 명을 그릴 수 있다.

너무 거창하게 들릴지 모르겠지만 나는 이 책에 등장하는 경제학자와 데이터과학자들이 단순히 새로운 도구가 아니라 새로운 장르를 만들고 있다고 생각한다. 이 장에서, 그리고 이 책 전체에 걸쳐 내가 이야기하려는 것은 데이터는 너무도 크고 너무도 풍성해서 아주 가까이 클로즈업해도 어느 특정한, 대표성이 없는 인간에 국한되지 않으면서 다양한 생각을 불러일으키는 복합적인 이야기를 전할 수 있다는 점이다.

# Everybody Lies

# 6장

온 세상이 실험실

2000년 2월 27일, 산이 보이는 구글의 구내는 평소와 같은 하루를 맞았다. 태양이 빛났고, 자전거 위에서 사람들이 페달을 밟았고, 마사지사들은 마사지를 했고, 직원들은 큐컴버 워터로 목을 축이고 있었다. 이 평범한 날에 구글 엔지니어 몇 명이 오늘날 인터넷 대부분을 작동시키고 있는 비밀을 풀 아이디어를 생각해냈다. 그들은 사람들이 사이트를 클릭하고, 다시 사이트에 돌아오고, 사이트에 오래 머물게 할 가장 좋은 방법을 발견했다.[1]

그게 뭔지 설명하기 전에, 먼저 데이터 분석에서 중요하지만 아직 정확하게 해결하지 못하고 있는 문제인 상관관계와 인과관계에 대해서 말해야 한다.

미디어는 거의 매일같이 상관관계를 기반으로 한 연구에 관해 이야기를 늘어놓는다. 예를 들어 우리는 적절한 양의 알코올을 섭취하는 사람이 더 건강한 경향이 있다는 이야기를 듣는다. 그것이 상관관계다.

이것이 적절한 양의 술을 마시면 건강이 개선된다는 인과관계를 의미할까? 아마도 아닐 것이다. 건강하기 때문에 적정한 양의 술을 마시는 것일 수도 있다. 사회과학자들은 이것을 '역인과관계'라고 한다. 적절한 음주와 건강 모두에 작용하는 독립 요인이 있을 수도 있다. 어쩌면 친구들과 많은 시간을 보내는 것이 적절한 알코올 소비와 건강으로 연결될 수도 있다. 사회과학자들은 이를 '변수 누락에 따른 편향omitted-variable bias'이라고 부른다.

그렇다면 인과관계를 좀 더 정확하게 밝히는 방법은 없을까? 가장 좋은 방법은 무작위 대조군 실험이다. 실험은 다음과 같이 진행된다. 사람들을 무작위로 두 집단으로 나눈다. 실험집단은 어떤 일을 하거나 어떤 것을 먹는다. 통제집단에는 아무런 조치도 취하지 않는다. 이후 각 집단이 어떤 반응을 보이는지 살핀다. 두 집단에서 나타나는 결과의 차이가 인과관계의 영향이다.

예를 들어 적절한 음주가 건강을 좋게 하는지 시험하기 위해 실험 참가자들을 모집해 무작위로 두 집단으로 나누어 한 집단은 1년 동안 하루 한 잔의 술을 마시게 하고, 다른 집단은 1년 동안 술을 전혀 마시지 못하게 한다. 그러고 나서 두 집단이 보고한 건강 상태를 비교한다. 사람들을 무작위로 두 집단에 배정했기 때문에 한 집단이 처음부터 건강이 더 좋다거나 사교생활을 더 많이 한다고 예상할 이유는 없다. 술의 영향이 인과적이라고 신뢰할 수 있는 것이다. 무작위 대조군 실험은 어느 분야에서나 가장 신뢰할 수 있는 근거다. 특정 약이 무작위 대조군 실험을 통과하면 그 약은 일반인에게 제공해도 된다. 통과하지 못한다면 약국 진열장에 올라갈 수 없다.

무작위 대조군 실험은 사회과학에서도 점차 많이 사용되고 있다. 프랑스 출신의 MIT 경제학 교수 에스테르 뒤플로Esther Duflo는 개발경제학, 그러니까 전 세계의 빈민을 도울 가장 좋은 방법을 알아내기 위해 노력하는 분야에서 무작위 대조군 실험을 더 많이 사용하자는 운동을 이끌고 있다. 뒤플로와 동료들은 중학생 절반 이상이 간단한 문장도 읽지 못하는 인도 시골 지역의 교육을 개선할 방안을 찾는 연구를 진행했다. 학생들이 이렇게 어려움을 겪는 이유 중 하나는 교사들이 꾸준히 출근하지 않기 때문이다. 인도 시골 지역 학교에서는 교사 40퍼센트가 출근하지 않는다.

뒤플로는 어떤 실험을 했을까? 연구진은 학교를 무작위로 두 집단으로 나눴다. 실험집단에 속한 학교 교사들에게는 출근하는 날마다 기본급 외에 50루피(약 900원)를 추가로 지급했다. 통제집단에 속한 학교 교사들에게는 출근을 해도 추가 수당을 지급하지 않았다. 결과는 놀라웠다. 추가 수당을 받는 학교 교사의 결근율이 절반으로 떨어졌다.[2] 그 학교 학생들의 시험 성적 역시 크게 향상됐다. 특히 어린 여학생들에게 가장 큰 효과가 나타났다. 실험이 끝났을 때, 추가 수당이 지급된 학교의 여학생들은 글쓰기 점수가 7퍼센트포인트 올랐다.

《뉴요커》의 기사에 따르면, 빌 게이츠Bill Gates는 뒤플로의 연구를 알고 깊은 인상을 받아 그녀에게 "자금을 지원해드리겠습니다"라고 말했다고 한다.[3]

## A/B 테스트의 기초

무작위 실험이 인과관계를 증명하는 가장 좋은 방법이며, 이 방법이 사회과학 분야로 널리 퍼졌다는 것까지 이야기했다. 다시 2000년 2월 27일의 구글로 돌아가보자. 구글이 인터넷에 혁명을 일으키는 어떤 일을 했다는 말일까? 그날 엔지니어 몇 명은 구글 사이트에서 실험을 하나 진행하기로 결정했다. 그들은 무작위로 사용자를 두 집단으로 나눴다. 실험집단에게는 검색 결과 페이지에 링크 스무 개를 보여줬다. 통제집단에게는 지금껏 그랬듯 링크 열 개를 보여줬다. 이후 엔지니어들은 그들이 구글에 얼마나 자주 다시 방문하는지를 기반으로 두 집단의 만족도를 비교했다.

이게 혁명이라고? 그리 혁신적으로 보이지는 않는다. 나는 제약 회사와 사회과학자들이 무작위 실험을 사용해왔다는 이야기를 이미 했다. 그들을 따라 한 것이 뭐 그리 대단한 일일까?

중요한 점은 디지털 세계에서의 실험은 오프라인 세계에서의 실험에 비해 엄청난 장점이 있다는 것이다(구글 엔지니어들은 이를 곧바로 알아차렸다). 오프라인의 무작위 실험만큼이나 설득력 있는 데다 자원 집약적이기까지 하다. 뒤플로는 연구를 위해 학교들과 계약을 하고, 자금을 마련하고, 일부 교사들에게 추가 수당을 지급하고, 모든 학생이 시험을 보게 해야 했다. 오프라인 실험에는 수십만, 수백만 달러의 비용이 들고 수행하는 데 몇 개월, 몇 년이 걸린다.

디지털 세계에서의 무작위 실험은 비용과 시간이 적게 든다. 참가자를 찾을 필요도, 그들에게 돈을 줄 필요도 없다. 사용자를 어떤 집단에 무작위로 배정하는 코드 한 줄만 쓰면 그만이다. 사용자에게 설문지를 채우라고 할 필요도 없다. 사용자의 마우스 움직임과 클릭만 측정하면 된다. 반응을 정리하고 분석할 필요도 없다. 결과를 정리·분석하는 자동 프로그램만 구축하면 된다. 그 어떤 계약도 필요 없다. 사용자에게 그들이 실험에 참여하고 있다는 사실조차 이야기할 필요가 없다.

이것이 빅데이터가 가진 네 번째 힘이다. 빅데이터는 진정한 인과관계를 찾아낼 수 있는 무작위 대조군 실험을 훨씬 더 쉽게 할 수 있게 해준다. 당신이 온라인에 있기만 하면 언제나 거의 어디에서든지 실험을 진행할 수 있다. 빅데이터 시대에는 세상 전체가 실험실이다.

이러한 통찰은 구글 전체에 그리고 실리콘밸리 전체에 빠르게 퍼졌다. 실리콘밸리에서 무작위 대조군 실험은 'A/B 테스트'라는 새로운 이름을 얻었다. 2011년 구글 엔지니어들은 A/B 테스트를 7,000건 진행했다.[4] 그리고 이 숫자는 계속 늘어나고 있다.

어떻게 하면 더 많은 사람이 광고를 클릭하게 만들 수 있는지 알고 싶을 때, 구글은 광고에 두 가지 푸른 색조를 적용한다. 그 후 A 집단과 B 집단을 각기 다른 색조에 노출시키고 클릭 수를 비교한다. 일부 직원들은 실험이 너무 쉽기 때문에 구글이 과다하게 실험을 진행한다는 느낌을 받았다. 2009년, 아주 미묘하게 다른 41가지 푸른 색조로 A/B 테스트를 진행한 뒤 디자이너 한 명이 불만을 품고 회사를 그만뒀다.[5] 하지만 기술에 의지하는 강박적인 시장조사보다 예술을 지지한 이 디자이너의 저항은 이 방법론의 확산을 막는 데 아무 영향도 끼치지 못했다.

페이스북은 현재 하루에 A/B 테스트를 1,000건 진행한다.[6] 페이스북의 소수 엔지니어들이 하루에 시작하는 무작위 대조군 실험의 수가 전체 제약업계가 1년 동안 하는 실험보다 많다는 의미다.

A/B 테스트의 확산은 대형 기술 기업에만 머무르지 않았다. 구글에서 일했던 댄 시로커Dan Siroker는 버락 오바마의 초선 선거운동에 이 방법을 적용했다. 홈페이지 디자인, 이메일 홍보, 기부 서식 등에 대해 A/B 테스트를 한 것이다. 이후 시로커는 조직들이 빠른 A/B 테스트를 할 수 있게 해주는 새로운 회사 옵티마이즐리Optimizely를 세웠다.[7] 2012년에는 오바마뿐 아니라 상대편인 밋 롬니까지도 가입자와 자원봉사자, 기부를 최대한으로 늘리기 위해 옵티마이즐리를 이용했다. 옵티마이즐리의 고객은 넷플릭스, 태스크래빗TaskRabbit, 《뉴욕 매거진New York Magazine》 등 다양하다.

테스트가 얼마나 가치 있는지 확인하기 위해 오바마가 이를 이용해서 얼마나 많은 사람을 자신의 선거운동에 끌어들였는지 살펴보자. 처음 오바마의 홈페이지에는 오바마의 사진이 있고 그 아래에 사람들에게 가입을 요청하는 버튼이 있었다.

이것이 사람들을 맞이하는 최선의 방법이었을까? 시로커의 도움을 받아 오바마 선거팀은 다른 사진과 버튼으로 더 많은 사람이 가입하게 할 수 있는지를 실험했다. 홈페이지에 좀 더 근엄한 얼굴

오바마 홈페이지

실험 사진

실험 버튼

의 오바마 사진을 넣는다면 클릭 수가 올라갈까? 버튼에 '지금 바로 함께합시다'라고 적으면 더 많은 사람이 클릭할까? 오바마 선거팀은 사용자들에게 다양한 사진과 버튼의 조합을 보여주고 얼마나 많은 사람이 가입 버튼을 누르는지 측정했다. 선택된 사진과 버튼이 어떤 것일지 한번 예상해보라.

선택된 조합

선택된 것은 오바마의 가족사진과 '더 알아보기' 버튼이었다. 성과는 어마어마했다. 오바마 선거팀의 추산에 따르면 이 조합을 사용함으로써 가입자의 수가 40퍼센트 증가해 선거자금이 약 6,000만 달러 늘어났다.[8]

이 모든 실험이 아주 쉽고 비용도 아주 적게 든다는 사실은 매우 큰 이점이다. 이는 또한 1장에서 언급했듯 한계가 있는 '직관(직감)에의 의존'에서 우리를 자유롭게 한다. A/B 테스트가 중요한 근본적인 이유는 사람들이 종잡을 수 없다는 데 있다. 직관은 사람들이 어떻게 반응할지 예측하는 데 실패할 때가 많다. 당신의 직관은 오바마에게 최적의 웹사이트가 무엇인지 정확히 말해줬는가?

당신의 직관을 시험해볼 사항이 더 있다. 《보스턴글로브Boston Globe》는 가장 많은 사람이 기사를 클릭하게 만드는 표제를 알아내기 위해 A/B 테스트를 진행한다.[9] 다음 중에 어떤 것이 선택됐는지 맞혀보라.

### 두 표제 중 하나는 다른 하나보다 클릭 수를 높이는 데 유용했다

| | 헤드라인 A | 헤드라인 B |
|---|---|---|
| 1 | 스놋봇SnotBot 드론이 고래를 구할 수 있을까? | 이 드론이 고래를 구하는 데 도움이 될까? |
| 2 | '바람 빠진 공', 매사추세츠주 최고 검색어에 오르다 | 대단히 당혹스러운 매사추세츠주의 구글 검색어 1위 |
| 3 | 세인트폴 강간 재판의 쟁점, 섹스 경쟁 | 명문 사립고 성추문에 무처벌 |
| 4 | 희귀 야구 카드로 떼돈을 번 여성 | 희귀 야구 카드로 17만 9,000달러를 번 여성 |
| 5 | 2020년까지 MBTA 연간 운영 적자가 두 배 될 것으로 전망 | 준비하라, MBTA 적자가 곧 두 배로 된다 |
| 6 | 매사추세츠주가 피임권을 얻는 방법 | 보스턴대학교는 어떻게 '순결에 대한 범죄'를 끝낼까? |
| 7 | 보스턴 최초의 지하철은 언제 개통되었나 | 보스턴에 최초의 지하철이 개통되었을 당시의 만화들 |

| 8 | 사립고 강간 재판에서 피해자와 가족이 해로운 문화를 비난하다 | 사립고 강간 재판의 피해자와 가족이 성명을 발표하다 |
|---|---|---|
| 9 | '프리 브래디Free Brady' 모자를 쓴 남자, 마일리 사이러스Miley Cyrus의 장난을 저지할 유일한 사람 | 위장한 마일리 사이러스를 알아보고 유심히 바라보는 팬 |

예상해봤는가? 답은 다음과 같다.

| | 헤드라인 A | 헤드라인 B | 승자? |
|---|---|---|---|
| 1 | 스놋봇 드론이 고래를 구할 수 있을까? | 이 드론이 고래를 구하는 데 도움이 될까? | A의 클릭수가 53퍼센트 높다. |
| 2 | '바람 빠진 공', 매사추세츠주 최고 검색어에 오르다 | 대단히 당혹스러운 매사추세츠주의 구글 검색어 1위 | B의 클릭수가 986퍼센트 높다. |
| 3 | 세인트폴 강간 재판의 쟁점, 섹스 경쟁 | 명문 사립고 성추문에 무처벌 | B의 클릭수가 108퍼센트 높다. |
| 4 | 희귀 야구 카드로 떼돈을 번 여성 | 희귀 야구 카드로 17만 9,000달러를 번 여성 | A의 클릭수가 38퍼센트 높다 |
| 5 | 2020년까지 MBTA 연간 운영 적자가 두 배 될 것으로 전망 | 준비하라, MBTA 적자가 곧 두 배로 뛴다 | B의 클릭수가 62퍼센트 높다. |
| 6 | 매사추세츠주가 피임권을 얻는 방법 | 보스턴대학교는 어떻게 '순결에 대한 범죄'를 끝낼까? | B의 클릭수가 188퍼센트 높다. |
| 7 | 보스턴 최초의 지하철은 언제 개통됐나 | 보스턴에 최초의 지하철이 개통됐을 당시의 만화들 | A의 클릭수가 33퍼센트 높다. |

| 8 | 사립고 강간 재판에서 피해자와 가족이 해로운 문화를 비난하다 | 사립고 강간 재판의 피해자와 가족이 성명을 발표하다 | B의 클릭수가 76퍼센트 높다. |
|---|---|---|---|
| 9 | '프리 브래디' 모자를 쓴 남자, 마일리 사이러스의 장난을 저지할 유일한 사람 | 위장한 마일리 사이러스를 알아보고 유심히 바라보는 팬 | B의 클릭수가 67퍼센트 높다. |

당신은 자신이 클릭하고 싶은 것을 고려해서 반 이상을 맞혔을 것이다. 하지만 모든 답을 정확하게 짐작하지는 못했을 것이다. 우리는 틀린 예측을 한 뒤에는 이런 질문을 던지곤 한다. 왜 다 맞히지 못했을까? 인간에 대한 어떤 통찰이 부족했던 것일까? 당신이 한 실수에서 어떤 교훈을 얻을 수 있을까?

하지만《보스턴글로브》의 표제에서 이런 일반적인 결론을 이끌어내기가 얼마나 어려운지 살펴보자. 첫 번째 표제 실험에서는 "이"라는 한 단어를 "스놋봇"으로 바꿔 크게 성공했다. 더 자세한 표제가 승리한다는 것을 보여주는 듯하다. 하지만 두 번째 표제에서는 "바람 빠진 공"이라는 더 자세한 단어가 졌다. 네 번째 표제에서는 "떼돈을 번makes bank"이 "17만 9,000달러를 번"을 이겼다. 여기에서는 은어가 승리하는 듯하다. 하지만 세 번째 표제에서는 "섹스 경쟁hookup contest"이라는 은어가 졌다.

A/B 테스트는 일반적인 교훈을 경계하라는 교훈을 준다. 뉴스·엔터테인먼트 사이트, 랭커닷컴ranker.com의 CEO 클라크 벤슨

Clark Benson은 주로 A/B 테스트에 의존해서 표제와 사이트 디자인을 선택한다. 벤슨은 말한다. "아무것도 가정할 수가 없습니다. 문자 그대로 모든 것을 테스트해야 합니다."[10]

테스트는 인간의 본성에 관해 우리가 놓치는 부분을 메운다. 이러한 공백은 언제나 있을 것이다. 인생의 경험을 기반으로 답을 알수 있다면 테스트는 가치가 없을 것이다. 하지만 우리는 그러지 못하니 테스트는 가치가 있다.

A/B 테스트가 이토록 중요한 또 다른 이유는 작게 보이는 변화도 큰 효과를 낼 수 있기 때문이다. 벤슨은 "테스트에서 아주 작은 요인들이 엄청난 가치를 내는 것을 보고 끊임없이 놀라곤 합니다"라고 말했다.

2012년 12월, 구글은 광고에 변화를 줬다. 네모 칸 안에 오른쪽을 가리키는 화살표를 추가한 것이다.[11]

**Hotels**
www.example.com
Special rates until the end of the
month. No booking fees, book your
room now!

**Dublin Hotels**
www.example.com
Browse hundreds of hotels in Dublin,
sort by price, location and user reviews.

**Hotels in Ireland**
www.example.com
Compare prices of 1000s of hotels all
over ireland!

AdChoices [▷

이 화살표는 정말 이상하다. 오른쪽을 가리키는데 거기에는 아무엇도 없다. 사실 이 화살표가 처음 등장했을 때 많은 구글 고객은 비판적이었다.[12] 그들은 구글이 왜 광고에 의미 없는 화살표를 넣었는지 궁금해했다.

구글은 영업 비밀에 대해 방어적이기 때문에 이 화살표가 얼마나 가치 있는지 정확하게 언급하지 않는다. 하지만 그들은 A/B 테스트를 거쳐 이 화살표를 선택했다고 언급했다. 화살표를 추가하자 더 많은 사람들이 이 광고를 클릭했다는 것이다. 의미 없어 보이는 이 작은 변화를 통해 구글과 광고주는 많은 돈을 벌었다.

그렇다면 엄청난 이윤을 창출하는 이런 작은 요소를 어떻게 찾아낼 수 있을까? 아주 사소해 보이는 것들까지 아주 많은 것을 실험해야 한다. 사실 구글 사용자들은 광고가 조금씩 변했다가 다시 이전의 모습으로 돌아가는 모습을 여러 차례 알아차렸다. 그들은 자신도 모르게 A/B 테스트의 실험집단이 되었지만, 실험이라 해봐야 그렇게 약간씩 변형되는 광고를 보는 게 다였다.

다음 쪽의 변형 예시들은 A/B 테스트를 통과하지 못해서 대중에게 공개되지 않았다. 하지만 승자를 선택하는 과정의 일부였다. 클릭 유도에 성공한 화살표로 가는 길에는 부적절한 배열, 못생긴 별, 그럴듯한 폰트 등이 깔려 있었다.

사람들이 무엇을 클릭할지 예측하는 것은 재미있을지 모른다. 그리고 당신이 민주당을 지지한다면, 테스트가 오바마에게 더 많은 기부금을 가져다줬다는 점을 알고 기분 좋았을 수도 있다. 하지만

중앙 정렬 실험(효과 없음)

**Best Selling iPad 2 Case**
The ZAGGmate™ - Tough Aluminum Case
with build in Bluetooth Keyboard
www.zagg.com


녹색 별 실험(효과 없음)

**Foster's Hollywood** Restaurant **Reviews**, Madrid, Spain …
www.tripadvisor.co.uk > … > Madrid > Madrid Restaurants ▾ TripAdvisor ▾
★ ★ ★ ★ ★ Rating: 3 - 118 reviews
**Foster's Hollywood**, Madrid: See 118 unbiased **reviews** of **Foster's Hollywood**, rated
3 of 5 on TripAdvisor and ranked #3647 of 6489 restaurants in Madrid


새 폰트 실험(효과 없음)

**Live Stock Market News**

Free Charts, News and Tips from UTVi Experts. Visit us
Today!
UTVi.com/Stocks


A/B 테스트에는 어두운 이면이 있다.

애덤 올터Adam Alter는 《멈추지 못하는 사람들Irresistible》이라는
뛰어난 저서를 통해 현대사회에서 부상한 행동 중독에 관해 이야기
한다.[13] 많은 사람이 인터넷을 끊기가 점점 어렵다고 느낀다.

내가 선호하는 데이터세트인 구글 검색은 우리가 무엇에 가장
쉽게 중독되는지에 관해 힌트를 준다. 구글에 따르면 가장 흔한 중
독 대상은 사람들이 수십 년 동안 씨름해온 것들, 예를 들어 마약·
섹스·알코올이다. 하지만 인터넷이 이 목록에서 존재감을 드러내기
시작하면서 현재는 포르노, 페이스북이 10대 중독에 포함됐다.

구글에 보고된 2016년 10대 중독[14]

| 마약 | 알코올 | 도박 |
|------|--------|------|
| 섹스 | 설탕 | 페이스북 |
| 포르노 | 사랑 | |

A/B 테스트는 인터넷을 그토록 중독성 있게 만드는 데 큰 역할을 하고 있을 것이다.

《멈추지 못하는 사람들》에는 '디자인 윤리학자design ethicist' 트리스탄 해리스Tristan Harris의 말이 인용되어 있다. 그는 인터넷의 특정 사이트에 방문하지 않고 견디기가 그토록 힘든 이유를 설명한다. "스크린 뒤편에는 당신의 자기조절 능력을 허물어뜨리려는 전문가 1,000명이 있다."

그 전문가들이 이용하는 것이 바로 A/B 테스트다.

페이스북은 테스트를 통해서 사람들이 페이스북을 더 자주 찾게 하는 특정 버튼의 특정 색상을 알아내서 버튼을 그 색상으로 바꾼다. 그러고는 사람들이 페이스북을 더 자주 찾게 하는 특정 폰트를 알아내서 글의 폰트를 바꾼다. 그다음으로 특정 시간에 이메일을 보내면 사람들이 페이스북을 더 자주 찾는다는 것을 알아내서 그 시간에 사람들에게 이메일을 보낸다.

곧 페이스북은 사람들이 페이스북에서 보내는 시간을 극대화하는 데 최적화된다. 다시 말해 A/B 테스트의 승자를 충분히 찾아내면 중독성이 강한 사이트가 되는 것이다. 담배회사들은 받아보지 못

272 2부. 빅데이터의 힘

한 유형의 피드백이다.

게임업계는 A/B 테스트를 갈수록 많이 이용하고 있다. 올터가 이야기했듯이 월드오브워크래프트World of Warcraft는 A/B 테스트로 게임의 여러 버전을 시험한다. 어떤 미션은 당신에게 어떤 사람을 죽이라고 하고, 다른 미션은 당신에게 무엇인가를 구하라고 한다. 게임 기획자들은 게임하는 사람들에게 다양한 미션에 대한 여러 종류의 샘플을 제공하고 어떤 샘플이 주어질 때 더 많은 사람이 게임을 하는지 확인한다. 예를 들어 사람을 구하라는 미션을 줄 때 사람들이 사이트로 돌아와 게임할 확률이 30퍼센트 높아질 수 있다. 게임 기획자들이 많은 미션을 테스트할수록 효과적인 샘플을 더 많이 찾을 수 있다. 이런 식으로 사이트 재방문 확률을 높이는 샘플들이 더해지면, 게임 회사는 많은 성인 남성이 부모님 댁 지하실에 처박혀 열중하는 게임을 만들어낼 수 있다.

조금 심란해졌는가? 나 역시 그렇다. 이 책 뒷부분에서 이것의 윤리적 의미와 빅데이터의 다른 측면들에 관해 더 자세히 이야기 나누겠다. 하지만 좋든 나쁘든 현재로서 실험은 데이터과학자들의 도구함에서 가장 중요하다. 이 도구함에는 또 다른 형태의 실험도 있다. 그것은 TV 광고가 정말 효과가 있는지 등을 확인하는 데 사용된다.

# 잔인하지만 큰 깨달음을 주는 자연 실험

2012년 1월 22일, AFC 결승전에서 뉴잉글랜드 패트리어츠New England Patriots와 볼티모어 레이븐스Baltimore Ravens가 맞붙었다.

게임 종료까지 1분 남은 상황이었다. 레이븐스는 뒤지고 있었지만 공을 갖고 있었다. 다음 60초로 어느 팀이 슈퍼볼에 진출할지 정해질 참이었다. 다음 60초로 선수들의 족적이 기록될 것이다. 이 게임의 마지막 1분은 경제학자들에게 훨씬 더 심오하다. 마지막 60초가 광고의 효과를 최종적으로 확인해줄 것이기 때문이다.

광고가 매출을 올린다는 개념은 우리 경제에서 아주 필수적이고 결정적인 요소다. 하지만 증명하기는 미칠 듯이 어렵다. 사실 이는 상관관계와 인과관계를 구분하기가 얼마나 어려운지를 보여주는 교과서적인 사례다.

광고를 가장 많이 하는 제품이 매출이 가장 높다는 데에는 의심의 여지가 없다. 영화 제작사 20세기 폭스Twentieth Century Fox는 영화 〈아바타Avatar〉를 마케팅하는 데 1억 5,000만 달러를 썼고 이 영화는 역사상 가장 돈을 많이 번 영화가 됐다. 하지만 〈아바타〉의 입장권 수익 27억 달러 중 얼마만큼이 강력한 마케팅의 결과일까? 20세기 폭스가 홍보에 그렇게 많은 돈을 쏟아부은 이유에는 〈아바타〉가 아주 괜찮은 작품이라는 점도 있었을 것이다.

기업은 광고가 얼마나 효과적인지 알고 있다고 생각한다. 하지만 경제학자들은 정말 그런지에 대해 회의적이다. 시카고대학교의 경제학 교수 스티븐 레빗은 한 전자회사와 공동 작업을 진행했다. 레빗 교수는 이 회사가 그들이 한 광고의 효과가 얼마나 되는지 안다고 납득시키려 들 때 조금도 감명받지 않았다. 레빗은 그들이 어떻게 그토록 굳게 확신하는지 궁금했다.

회사는 매년 아버지의 날 며칠 전에 TV 광고에 돈을 더 많이 쓴다고 설명했다. 당연히 그들은 매년 아버지의 날 전에 최고 매출을 올렸다. 그런데 그것은 광고와 상관없이 많은 자녀가 아버지의 날 선물로 전자제품을 샀기 때문이 아닐까?

"그들은 인과관계를 완전히 거꾸로 생각하고 있었습니다." 레빗은 강연에서 이렇게 말했다.[15] 인과관계가 있을지도 모른다. 우리로서는 알 수 없는 일이다. 레빗은 "그것은 정말로 어려운 문제"라고 덧붙였다.

이 문제만큼 해결하기 어려운 것이 있다. 회사들이 엄밀하게 실험하기를 꺼린다는 점이다. 레빗은 이 전자회사를 설득해서 그들의 TV 광고가 얼마나 효과적인지 정확하게 판단하는 무작위 대조군 실험을 실시하도록 했다. TV에는 아직 A/B 테스트를 실행할 수 없기 때문에 일부 지역에 광고를 하지 않았을 때 어떤 일이 일어나는지 살펴야 했다.

회사의 반응은 이랬다. "미쳤어요? 스무 개 시장에 광고를 하지 않는다니요. CEO가 우릴 죽일 거예요." 그것으로 레빗과 이 회사의 협업은 끝났다.

여기에서 패트리어츠와 레이븐스의 게임으로 다시 돌아가자.

풋볼 게임의 결과가 광고의 인과관계를 판단하는 데 어떤 도움을 줄 수 있을까? 이것으로 특정 회사의 특정 광고가 가진 영향력을 판단할 수는 없다. 하지만 많은 대규모 캠페인의 평균적인 광고 효과에 대한 증거를 줄 수는 있다.

이런 게임에는 숨겨진 광고 실험이 있다. 기업들은 결승전이 펼쳐지기 전에 그 시간대의 광고를 계획하고 만든다. 다시 말해 기업은 어떤 팀이 맞붙을지 모른 채 광고 진행 여부를 결정한다.

플레이오프의 결과는 슈퍼볼을 실제로 볼 사람이 누구일지에 큰 영향을 끼친다. 결승전 진출 자격을 얻은 두 팀은 각자 어마어마한 시청자를 끌어들인다. 보스턴 근처가 본거지인 뉴잉글랜드가 이기면 볼티모어에 있는 사람들보다는 보스턴에 있는 사람들이 훨씬 많이 슈퍼볼을 시청할 것이다. 볼티모어가 이기면 그 반대가 될 것이다.

볼티모어 사람 수만 명이냐 보스턴 사람 수만 명이냐는 동전 던지기와 같다. 더구나 동전은 광고 시간대를 사고 광고를 다 만든 뒤에야 던져진다.

이제 경기장으로 돌아가 CBS의 짐 낸츠Jim Nantz가 이 실험의 최종 결과를 이야기하는 것을 들어보자.

빌리 컨디프Billy Cundiff가 이 게임을 동점으로 만들고 연장전으로 가기 위해 달립니다. 지난 2년 동안 필드 골 열여섯 개 중 열여섯 개를 성공시켰습니다. 동점이 되려면 32야드가 되어야 합니다. 이제 참니다. 보십시오! 아, 안타깝습니다. 패트리어츠의 쿼터백이 땅에 공을 놓으면서 경기가 종료됩니다. 패트리어츠는 이제 인디애나폴리스로 향합니다. 패트리어츠가 46회 슈퍼볼에 진출합니다.

2주 뒤, 46회 슈퍼볼의 시청률은 보스턴에서 60.3퍼센트, 볼티모어에서 50.2퍼센트였다. 2012년 슈퍼볼 광고를 보스턴 사람 6만 명이 더 본 것이다.

다음 해 같은 두 팀이 AFC 결승에서 다시 만났다. 이번에는 볼티모어가 우승했다. 2013년 슈퍼볼 광고를 더 본 쪽은 볼티모어 사람들이었다.

|  | 2012년 슈퍼볼 시청률<br>(보스턴 진출) | 2013년 슈퍼볼 시청률<br>(볼티모어 진출) |
|---|---|---|
| 보스턴 | 60.3 | 48.0 |
| 볼티모어 | 50.2 | 59.6 |

구글의 수석 경제학자 핼 베리언, 카네기멜론대학교의 경제학자 마이클 D. 스미스Michael D. Smith와 나는 이 두 게임과 2004년에서 2013년까지의 다른 슈퍼볼 경기를 이용해서 슈퍼볼 광고가 효과가 있는지, 있다면 어느 정도인지 실험했다. 특히 우리는 기업이 슈퍼볼에서 영화를 광고할 경우 게임 시청률이 높은 도시에서 영화 티켓 판매가 크게 늘어나는지를 살폈다.

실제로 입장권 판매가 급증했다. 슈퍼볼에 진출한 팀 지역 사람들은 슈퍼볼에 진출하지 못한 지역 사람들보다 슈퍼볼 중계방송 시간 동안에 광고를 내보낸 영화를 훨씬 많이 봤다. 슈퍼볼 진출팀 사람들이 광고를 더 많이 보고, 영화를 더 많이 본 것이다.

슈퍼볼에 지역팀이 진출한 도시의 사람들이 더 기꺼운 마음으로 영화를 보러 갔을 수도 있다. 그래서 우리는 비슷한 예산으로 제작됐고 비슷한 시기에 개봉했지만 슈퍼볼에서 광고를 하지 않은 영화들과 성적을 비교해봤다. 그 영화들은 슈퍼볼 진출팀 지역에서 관람객이 늘어나는 현상이 나타나지 않았다.

당신의 짐작대로 광고는 효과가 있다. 그리 놀랍지는 않은 결과다.

그런데 그 영향은 그저 효과가 있었다고 말할 수 있는 정도가 아니었다. 광고는 믿기 힘들 정도로 효과적이었다. 사실 우리는 처음 결과를 보고 그것이 정확한지 두 번, 세 번, 네 번 확인했다. 수익이 너무 컸기 때문이다. 표본에 있는 영화들은 평균적으로 슈퍼볼 광고 시간에 약 300만 달러를 썼고, 입장권 매출로 약 830만 달러를 벌어들였다. 수익이 투자의 2.8배나 된 것이다.

두 경제학자 웨슬리 R. 하트먼Wesley R. Hartmann과 대니얼 클래퍼Daniel Klapper도 이런 결과를 확인했다. 두 사람은 이전부터 각자 비슷한 아이디어를 갖고 있었다. 두 경제학자는 슈퍼볼 중계방송 시간 동안 방영된 맥주와 탄산음료 광고를 연구하면서 슈퍼볼 진출팀 지역의 광고 노출률이 높다는 사실을 이용했다.[16] 분석 결과 수익이 투자의 2.5배였다. 슈퍼볼 광고가 비싸다고는 하나, 우리의 연구 결과와 이들의 연구 결과에 따르면 효과가 워낙 크기 때문에 기업들이 실제로는 아주 낮은 비용을 지불하고 있는 셈이었다.

이 모든 것은 레빗이 함께 일했던 전자회사 사람들에게 어떤 의미일까? 슈퍼볼 광고가 다른 형태의 광고보다 비용 효율이 높을 수는 있다. 하지만 최소한 우리의 연구에 따르면 아버지의 날에 광고를 하는 것은 좋은 생각이다.

슈퍼볼 실험의 장점 중 하나는 의도적으로 누군가를 실험집단이나 통제집단에 배정할 필요가 없다는 것이다. 운에 따라 결정된다. 자연스럽게 정해지는 것이다. 그것이 왜 장점일까? 자연스럽지 않은 무작위 대조군 실험은 엄청나게 강력하고 디지털 시대에 실행하기가 매우 쉽지만, 항상 실행할 수 있는 것은 아니기 때문이다.

제시간에 모든 조치를 취할 수 없을 때도 있다. 전자회사의 경우에서처럼 광고 캠페인에 대한 실험을 원치 않으면, 실험을 해서 답을 얻기 위해 엄청난 투자를 해야 할 때도 있다.

실험이 아예 불가능한 때도 있다. 지도자를 잃으면 국가가 어떻게 반응하는지에 관심이 있다고 가정해보자. 전쟁으로 이어질까? 경제가 멈출까? 그다지 큰 변화가 없을까? 확실한 결과를 얻을 만큼 충분한 수의 대통령과 총리를 죽여서 어떤 상황이 벌어지는지 두고 볼 수는 없는 일이다. 불가능할 뿐 아니라 비도덕적이다. 대학들은 수십 년에 걸쳐 제안받은 실험이 윤리적인지를 판단하는 임상연구 심의위원회institutional review boards, IRBs를 만들었다.

그렇다면 어떤 시나리오의 인과관계를 알고 싶은데 실험이 비윤리적이거나 실현 불가능하다면 어떻게 해야 할까? 그럴 때는 경제학자들이 자연 실험이라고 부르는 것을 이용할 수 있다(여기서는 자연을 풋볼 경기를 포함할 정도로 넓게 정의한다).

좋든 나쁘든(그래, 분명히 나쁘다) 삶에는 무작위 요소가 엄청나게 많다. 아무도 누가 또는 무엇이 우주를 책임지고 있는지 알지 못한다. 하지만 한 가지는 확실하다. 세상을 꾸려가는 것이 양자역학이든, 신이든, 속옷 바람으로 컴퓨터 앞에서 우주를 시뮬레이션하는 여드름 난 소년이든, 그들은 IRBs의 승인을 받지 않는다.[17]

자연은 항상 우리를 시험한다. 두 사람이 총을 맞았다고 하자. 탄환 하나는 중요 신체 기관에 못 미쳐 멈췄다. 하지만 다른 하나는 그렇지 않았다. 이런 불운이 삶을 불공평하게 만든다. 위로가 될지 모르겠지만 이런 불운 덕택에 경제학자들은 삶을 연구하기가 좀 더 쉬워진다. 경제학자들은 삶의 임의성을 이용해서 인과관계를 실험한다.

역대 미국 대통령 마흔세 명 중 열여섯 명은 심각한 암살 시도의 피해자였고 네 명은 목숨을 잃었다.[18] 목숨을 건진 이유는 근본적으로 무작위였다.

존 F. 케네디와 로널드 레이건Ronald Reagan을 비교해보자.[19] 두 사람 모두에게 총알은 공격에 가장 취약한 신체 부위를 향해 똑바로 날아들었다. 케네디는 머리에 총알을 맞고 바로 사망했다. 레이건은 날아온 총알이 심장에서 몇 센티미터 떨어진 곳에 멈춘 덕분에 목숨을 건질 수 있었다. 케네디는 죽었지만 레이건은 살았다. 아무런 이유도 없다. 그저 운이었다.

지도자의 목숨을 노리는 이러한 시도로 삶과 죽음을 가르는 임의성이 드러나는 것은 세계 어디에서건 다르지 않다. 체첸의 아흐마트 카디로프Akhmad Kadyrov와 독일의 아돌프 히틀러를 비교해보자. 두 사람 모두 제대로 작동하는 폭탄과 불과 몇 센티미터 떨어진 곳에 있었다. 카디로프는 죽었다.[20] 히틀러는 열차를 잡기 위해 스케줄을 변경해 부비트랩이 설치된 방을 몇 분 먼저 떠난 덕분에 살아남았다.[21]

케네디는 죽이고 레이건은 살려두는 자연의 냉엄한 임의성을 이용해서 우리는 한 국가의 지도자가 암살됐을 때 보통 어떤 일이 일어나는지 살펴볼 수 있다. 두 경제학자 벤저민 F. 존스Benjamin F. Jones와 벤저민 A. 올켄Benjamin A. Olken이 바로 그런 일을 했다. 여기에서 통제집단은 1980년대 중반의 미국처럼 지도자가 암살을 극적으로 피한 직후 몇 년 동안의 국가다. 실험집단은 1960년대 중반의 미국처럼 암살이 성공한 직후 몇 년 동안의 국가다.

지도자의 암살은 어떤 영향을 끼칠까?[22] 존스와 올켄은 성공한 암살이 국가를 급격하게 다른 경로로 이끌고, 세계사를 극적으로 바꿔놓는다는 사실을 발견했다. 새로운 지도자는 이전의 평화롭던 국가를 전쟁으로 몰아넣기도 하고 이전에 전쟁 중이었던 국가에 평화를 찾아주기도 한다. 새로운 지도자는 경제적으로 활황인 국가를 파산하게 만들기도 하고 경제적 파산 상태의 국가를 호황으로 만들기도 한다.

사실 암살을 기반으로 한 이런 자연 실험은 국가가 어떻게 움직이는가에 대해 수십 년간 이어져온 통념을 뒤집었다. 이전에는 많은 경제학자가 지도자 대부분이 외부 세력에 휘둘리는 무능한 허수아비라는 견해에 치우쳐 있었다. 존스와 올켄의 자연 실험에 따르면 그렇지 않았다.

사람들 대부분은 국가 지도자에 대한 암살 시도를 대상으로 한 이러한 실험은 빅데이터의 예가 아니라고 생각할 것이다. 이 연구에 사용된 암살당하거나 암살될 뻔한 지도자의 수가 적고 그 결과로 일어난 또는 일어나지 않은 전쟁의 수 또한 적기 때문이다. 경제의 궤적을 특징 짓는 데 필요한 경제적 데이터세트는 크지만 대부분은 전산화되기 전의 것이다.

그럼에도 이런 자연 실험은, 비록 지금은 경제학자들만이 독점하다시피 사용하고 있지만 강력하다. 그리고 더 많고 더 뛰어나고 더 큰 데이터세트가 요구되는 시대에 그 중요성은 더 커질 것이다. 이는 데이터과학자들이 오래도록 손에서 놓지 못할 도구다.

지금쯤이면 명확해졌겠지만, 경제학자들은 데이터과학의 발전에 중요한 역할을 하고 있다. 적어도 나는 그렇게 생각한다. 나 자신이 그런 교육을 받았으니 말이다.

자연 실험을 해볼 또 다른 곳은 없을까? 무작위적인 사건의 과정이 사람들을 실험집단과 통제집단으로 나누는 다른 상황은 없을까?

가장 분명한 예는 복권이다. 경제학자들이 복권을 사지는 않으면서(경제학자들은 복권 구매가 비논리적이라는 것을 안다) 복권 연구를 그토록 사랑하는 이유가 여기에 있다. 3이라고 적힌 탁구공이 위로 올라오면 존스 씨가 부자가 된다. 6이 적힌 탁구공이 올라오면 존슨 씨가 부자가 된다.

경제학자들은 금전적인 횡재의 인과관계를 실험하기 위해 복권에 당첨된 사람과 복권을 사긴 했지만 낙첨된 사람들을 비교한다. 이들 연구는 복권 당첨이 당첨자를 단기적으로는 행복하게 만들지 못하지만 장기적으로는 행복하게 만든다는 점을 발견했다.[23]*

경제학자들은 복권의 임의성을 이용해서 이웃이 부자가 되면 삶이 어떻게 변하는지도 살필 수 있다. 데이터는 복권에 당첨된 이웃이 당신 자신의 삶에도 영향을 줄 수 있다는 것을 보여준다.[24] 이웃이 복권에 당첨되면 당신이 BMW 같은 값비싼 자동차를 살 가능성이 높아진다. 왜일까? 부유해진 이웃이 비싼 차를 산 뒤에 질투심을 느끼기 때문이다. 경제학자들은 인간의 본성을 그 이유로 본다. 존스가 새 BMW를 모는 것을 본 존슨은 BMW가 사고 싶어진다.

불행히도 존슨은 BMW를 살 형편이 못 된다. 경제학자들이 복권 당첨자의 이웃들이 파산할 가능성이 눈에 띄게 높다는 것을 발견

---

* 복권 당첨이 당첨자를 행복하게 만들지 못한다고 주장한 1978년의 한 유명한 논문은 대부분 틀린 것으로 드러났다.

한 까닭도 여기에 있다.[25] 이 경우에 존슨이 존스를 따라잡는 것은 불가능하다.

하지만 자연 실험은 반드시 복권처럼 완벽하게 임의적일 필요가 없다. 임의성은 찾기 시작하면 어디에서든 발견할 수 있다. 그리고 그것을 이용해서 세상이 어떻게 돌아가는지 이해할 수 있다.

의사들도 자연 실험의 일부다. 정부는 의사가 의료보험 환자를 치료한 후 받는 의료수가를 계산할 때 사용하는 공식을 때때로 변경한다. 본질적으로는 독단적인 이유로 말이다. 특정 시술에 대한 의료수가가 몇몇 지역에서는 올라가고, 다른 지역에서는 떨어진다.

나의 동기이기도 한 두 경제학자 제프리 클레멘스Jeffrey Clemens와 조슈아 고틀리브Joshua Gottlieb는 이런 독단적 변화가 어떤 영향을 끼치는지 실험했다. 의사들은 항상 환자들에게 같은 치료, 가장 필요하다고 생각하는 치료를 제공하는가? 아니면 금전적인 유인에 이끌리는가?

데이터는 금전적 유인이 의사에게 동기를 부여한다는 사실을 확실하게 보여줬다.[26] 의료보험 변제액이 높은 지역에서 일부 의사들은 백내장 수술, 결장내시경, MRI 등 돈을 많이 변제받는 시술을 훨씬 더 많이 지시했다.

환자들이 이런 추가 치료를 받은 후 상태가 더 좋아졌을까? 클레멘스와 코틀리브는 "건강에는 작은 영향"만이 있었을 뿐이라고 보고했다. 두 경제학자는 사망률에 대한 통계적으로 유의미한 영향을 발견하지 못했다. 이 자연 실험은 의사들에게 특정 시술에 대한 강력한 금전적 유인을 제공하면 일부 의사는 환자의 건강을 크게 개선하지도 않고 수명을 늘려주는 것 같지도 않은 시술을 더 많이 지시할 것임을 시사한다.

자연 실험은 죽고 사는 문제에 관한 답을 구하는 데 도움을 줄 수 있다. 또한 일부 젊은이들에게는 생사가 달린 것처럼 느껴지는 문제를 해결하는 데에도 도움을 줄 수 있다.

'스타이'라고 알려진, 스타이브슨트Stuyvesant고등학교는 세계무역센터에서 몇 블록 떨어진 로어 맨해튼에 허드슨강을 굽어보는 1억 5,000만 달러 상당의 10층짜리 황갈색 벽돌 건물에 자리잡고 있다.[27] 스타이는 한마디로 인상적이다. 이 학교는 55개 고교 심화학습 과정과 7개 국어를 가르치고, 선택강좌로 유대 역사, 공상과학소설, 아시아계 미국인 문학 등을 갖추고 있다.[28] 졸업생의 약 4분의 1은 아이비리그나 그에 준하는 명문대학에 진학한다.[29] 스타이는 하버드대학교 물리학 교수 리사 랜들Lisa Randall, 오바마의 전략가 데이비드 액설로드David Axelrod, 아카데미상을 수상한 배우 팀 로빈스Tim Robbins, 소설가 게리 슈테인가르트Gary Shteyngart를 배출했다.[30] 그리고 빌 클린턴Bill Clinton, 코피 아난Kofi Annan, 코넌 오브라이언Conan O'Brien이 학교 졸업식에 연사로 나섰다.[31]

스타이브슨트가 제공하는 과정이나 배출한 졸업생들보다 더 눈에 띄는 것이 딱 하나 있다. 비용이 0이라는 점이다. 스타이브슨트는 공립학교이며 아마도 미국 최고의 학교일 것이다. 실제로 최근

한 연구는 30만 명의 학생과 부모가 참여한 2,700만 개의 평가를 이용해서 미국의 모든 공립고등학교 순위를 정했다. 1위는 스타이였다.[32] 뉴욕의 의욕적인 중산층 부모와 마찬가지로 의욕적인 그들의 자녀가 스타이라는 브랜드에 집착하는 것은 당연하다.

퀸스에 사는 보험 설계사와 교사의 아들인 아메드 일마즈*에게 스타이는 '최고의 고등학교'였다.

일마즈는 이렇게 설명한다. "근로자 계층과 이민 가정은 스타이를 탈출구로 생각합니다. 스타이에 다닌다는 것은 상위 20대 대학에 들어갈 거라는 뜻입니다. 가족의 미래가 보장되는 셈이죠."

그렇다면 스타이브슨트고등학교에 어떻게 입학할 수 있을까? 뉴욕시의 다섯 개 자치구 중 하나에 살아야 하고 입학시험에서 일정 점수 이상을 받아야 한다. 그거면 된다. 추천서도, 에세이도, 기여 입학도, 사회적 약자 우대 조치도 필요치 않다. 하루 동안 시험 하나를 보고 일정 점수만 넘으면 그만이다.

매년 11월, 뉴욕에 거주하는 청소년 약 2만 7,000명이 이 입학 시험을 치른다. 경쟁은 치열하다. 이 중 스타이에 들어가는 학생은 5퍼센트에도 못 미친다.[33]

일마즈는 그의 어머니가 "뼈 빠지게 일을" 했고 돈이 얼마간이라도 생기면 아들의 시험 준비에 썼다고 말했다. 몇 달 동안 주중의 오후 시간과 주말을 시험 준비에 쏟은 일마즈는 스타이에 입학할 수

* 나는 그의 이름과 몇 가지 세부사항을 변경했다.

있겠다는 자신감을 얻었다. 그는 결과가 든 봉투를 받은 날을 아직도 기억한다. 그는 2점 차이로 떨어졌다.

내가 그때의 기분을 묻자 그는 이렇게 대답했다. "중학생 때 세상이 무너진 기분이 어땠냐고요?"

그가 차선으로 선택한 학교는 결코 뒤떨어지는 곳이 아니었다. 브롱크스과학고등학교 역시 상위에 있는 특수목적 고등학교다. 하지만 스타이는 아니었다. 일마즈는 브롱크스과학고등학교가 기술자를 길러내는 전문학교라는 느낌을 받았다. 4년 뒤 그는 프린스턴대학교에 지원했으나 떨어졌다. 그는 터프츠대학교에 입학했고 얼마간의 경력을 쌓았다. 현재 그는 한 기술 기업에 잘 다니고 있다. 비록 그는 자신의 일이 "너무나 지루하고" 그가 원하는 만큼 보상을 받지 못하다고 말했지만.

10년이 더 흐른 지금도 일마즈는 가끔 스타이에 갔더라면 인생이 어떻게 펼쳐졌을지 궁금하다고 말했다. "모든 것이 달라졌을 겁니다. 말 그대로 지금 내가 아는 모든 사람이 달라졌겠죠." 그는 스타이브슨트고등학교에 갔더라면 프린스턴이나 하버드에 갈 정도로 높은 SAT 점수를 받고(그는 이 두 대학이 터프츠보다 훨씬 좋다고 생각한다) 좀 더 보수가 좋거나 성취감을 주는 직장에 들어갈 수 있었을지도 모른다고 생각한다.

인간이 만드는 가설은 즐거움을 줄 수도 스스로를 고문할 수도 있다. 저 남자 또는 저 여자에게 적극적으로 구애했더라면 내 인생은 어떻게 달라졌을까? 저 직업을 택했더라면? 저 학교에 갔더라면?

하지만 그랬더라면 어땠을까 하는 질문에는 답이 없다. 인생은 비디오게임이 아니다. 원하는 결과를 얻을 때까지 계속 다른 시나리오로 게임을 다시 할 수 없다.

체코 태생의 작가 밀란 쿤데라Milan Kundera는 그의 소설《참을 수 없는 존재의 가벼움The Unbearable Lightness of Being》에서 이에 관해 간결하면서도 함축적인 말을 남겼다. "인간의 삶은 단 한 번뿐이다. 우리가 내린 결정 중 어떤 것이 좋고 어떤 것이 나쁜지 결정할 수 없는 이유는 주어진 상황에서 한 가지 결정밖에 할 수 없기 때문이다. 우리에게는 여러 가지 결정을 비교할 수 있는 두 번째, 세 번째, 네 번째 삶이 없다."

일마즈는 고입 시험에서 2점을 더 맞는 삶을 결코 경험할 수 없을 것이다.

하지만 많은 수의 스타이브슨트고등학교 학생을 연구하면 그의 인생이 어떻게 달라졌을지 또는 달라지지 않았을지에 관한 얼마간의 통찰을 얻을 수 있지 않을까?

직접적이면서도 우직한 방법은 스타이브슨트고등학교에 진학한 학생과 그렇지 않은 학생 모두를 비교하는 것이다. 그들이 AP 시험과 SAT에서 어떤 성적을 거뒀는지, 그리고 그들이 어느 대학에 입학 허가를 받았는지를 분석할 수 있다. 이렇게 하면 스타이브슨트 학생들이 표준화 시험에서 훨씬 높은 성적을 받고 상당히 좋은 대학에서 입학 허가를 받았다는 것을 발견하게 될 것이다. 하지만 이미 이번 장에서 살펴봤듯 이런 종류의 증거는 그 자체만으로는 설득력을 갖지 못한다. 스타이브슨트 학생들이 훨씬 더 좋은 성적을 내는 이유가 처음부터 훨씬 더 좋은 학생을 끌어들여서일 수도 있다. 상관관계는 인과관계를 입증하지 못한다.

스타이브슨트고등학교의 인과관계를 시험하려면 거의 동일한 두 집단(다른 조건은 같지만 한 집단은 스타이에서 교육을 받고 다른 한 집단은 그렇지 못한)을 비교해야 한다. 우리에게는 자연 실험이 필요하다. 그렇다면 어디에서 그런 데이터를 찾을 수 있을까?

일마즈처럼 스타이브슨트에 들어가는 데 필요한 커트라인에 아주아주 가까운 점수를 기록한 학생들이 그 해답이다.* 아깝게 커트라인을 통과하지 못한 학생들이 통제집단이고 커트라인을 겨우 통과한 학생들이 실험집단이다.

커트라인 바로 위나 바로 아래 점수를 기록한 학생들이 재능이나 추진력에 큰 차이가 있으리라고 생각할 이유는 별로 없다. 시험에서 1, 2점 차이는 크지 않다. 낮은 점수를 받은 사람은 잠을 좀 못 잤거나 아침식사를 제대로 못했을 것이다. 3년 전 할머니와 나눴던 대화 중에 등장한 특별히 어려운 단어를 기억해 몇 점 더 받은 사람도 있을 수 있다.

---

* 커트라인에 근접한 점수를 기록한 일마즈와 같은 사람들을 찾던 중 나는 10대 초반에 이 시험을 치른 경험을 기억하고 커트라인을 아깝게 통과하지 못했다고 이야기하는 20~50대 사람들이 꽤 많다는 데 상당히 놀랐다. 여기에는 하원의원이자 뉴욕시 시장 후보였던 앤서니 위너Anthony Weiner도 있었다. 그는 한 문제 차이로 스타이에 입학하지 못했다고 했다. 그는 전화 인터뷰에서 내게 이렇게 말했다. "그들은 나를 원치 않았어요."

정확한 커트라인 점수를 이용하는 자연 실험은 사실 매우 효과적이어서 이를 부르는 이름이 따로 있을 정도다. 경제학자들은 이를 '회귀불연속설계regression discontinuity design'라고 부른다. 사람들을 두 개의 다른 집단으로 구분하는 정확한 수치(불연속)가 있다면 경제학자들은 커트라인에 아주아주 가까운 사람들의 결과를 비교(회귀)할 수 있다.

두 경제학자 M. 키스 첸M. Keith Chen과 제시 셔피로는 수감 환경이 장래의 범죄에 끼치는 영향을 시험하기 위해 연방 교도소에서 이용하는 커트라인을 활용했다. 미국의 연방 교도소는 수감자에게 범죄의 성격과 범죄 경력을 기반으로 점수를 부여하고 이 점수에 따라 수감 환경을 결정한다. 높은 점수를 받은 수감자들은 보안 수준이 높은 교정 시설로 간다. 다른 사람과의 접촉이 거의 없고, 활동의 자유가 적으며, 교도관이나 다른 수감자에 의한 폭행 가능성이 높은 곳으로 가는 것이다.

이 경우에도 보안 수준이 높은 교도소로 가는 수감자 전체와 보안 수준이 낮은 교도소로 가는 수감자 전체를 비교하는 것은 타당치 못하다. 보안 수준이 높은 교도소에는 더 많은 살인자와 강간범이 있을 테고, 보안 수준이 낮은 교도소에는 마약 사범이나 좀도둑이 많을 테니 말이다. 하지만 커트라인의 바로 위나 아래에 있는 사람들은 사실상 범죄 경력과 배경이 거의 비슷하고, 미미한 점수 차이로 매우 다른 교도소를 경험하게 된다.

결과는 어땠을까? 경제학자들은 좀 더 가혹한 환경에 배정된 수감자가 교도소를 떠난 뒤에 다시 범죄를 저지를 가능성이 더 높다는 것을 발견했다.[34] 거친 수감 환경이 그들에게 범죄를 단념하게 하기 보다는 사회로 되돌아갔을 때 더 폭력적이 되도록 만들었다.

그렇다면 스타이브슨트고등학교의 '회귀불연속설계'는 어떤 결과를 보여줄까? MIT와 듀크대학교의 경제학자들, 아틸라 압둘카디로글루Atila Abdulkadiroğlu, 조슈아 앵그리스트Joshua Angrist, 파라그 파탁Parag Pathak이 연구를 진행했다. 그들은 커트라인의 바로 위와 아래 점수를 기록한 뉴욕 학생들의 결과를 비교했다. 다시 말해 이 경제학자들은 일마즈처럼 단 1~2점 차이로 스타이브슨트에 떨어진 학생 수백 명을 조사했다. 연구진은 이들을 커트라인에서 1~2점을 넘겨 스타이에 붙은 학생 수백 명과 비교했다. 성공의 척도는 AP 점수, SAT 점수, 그들이 입학한 대학교의 순위였다. 놀라운 결과는 그들이 논문에 붙인 제목에서 명확하게 드러난다. 논문의 제목은 〈엘리트 환상Elite Illusion〉이었다. 스타이 효과? 그런 것은 전혀, 아예 존재하지 않았다.[35] 커트라인에 가까운 학생들은 거의 비슷한 AP 점수와 SAT 점수를 받았으며, 입학한 대학의 순위도 거의 차이가 없었다.

연구자들은 스타이 학생들이 다른 학생들보다 인생에서 더 많은 성과를 올리는 이유는 좋은 학생이 스타이브슨트에 입학하기 때문이라는 결론을 내렸다. 스타이는 당신이 더 높은 AP 점수를 받고, 더 높은 SAT 점수를 받고, 더 좋은 대학에 입학하게 만들어주는 원인이 아니다.

이 경제학자들은 이런 글을 남겼다. "스타이브슨트 입학시험을 위한 치열한 경쟁은 재학생 전체에게 제공되는 더 나은 교육으로 정당화되지 않는 것 같다."

어느 학교에 가느냐가 그리 중요치 않은 이유는 무엇일까? 몇 가지 이야기를 더 들어보면 해답을 찾을 수 있을 것이다. 어린 나이에 스타이에 가는 꿈을 가졌던 세라 카우프만과 제시카 엥에 대해 생각해보자. 카우프만은 커트라인을 간신히 넘겼다. 커트라인보다 1점 높았다. 카우프만은 "그렇게 흥분되는 일은 다시 없을 거예요"라고 회상했다. 엥은 1점 차로 커트라인을 넘지 못했다. 카우프만은 꿈에 그리던 학교에 진학했고 엥은 그러지 못했다.

그들의 삶은 결국 어떻게 이어졌을까? 두 사람은 이후 시험에서 뉴욕시 학생의 상위 5퍼센트 점수를 기록한 대부분의 사람들이 그렇듯이 성공적이고 보상이 큰 사회생활을 해나갔다. 역설적이게도 엥은 고등학교 생활을 더 즐겁게 했다. 그녀가 다닌 브롱크스과학고등학교는 홀로코스트 박물관이 있는 유일한 고등학교였다. 엥은 자신이 큐레이션을 무척 좋아한다는 것을 발견하고 코넬대학교에서 인류학을 공부했다.

카우프만은 학생들이 지나치게 점수에 집중하는 스타이에서 약간 방황했고 스타이가 교육보다 시험에 지나치게 집중한다는 느낌을 받았다. 그녀는 자신의 경험을 "온통 뒤범벅"이라고 표현했다. 하지만 유익한 경험이었다. 그녀는 교육에 더 집중하는 인문대학교에 지원하기로 했다. 그러고는 바라던 대로 웨슬리언대학교에 입학했고 그곳에서 자신이 다른 사람을 돕는 일에 열정이 있다는 것을 발견해서 현재는 공익 변호사로 일한다.

사람들은 자신의 상황에 적응하며, 성공할 사람들은 어떤 상황에서든 장점을 찾는다. 당신을 성공으로 이끄는 요인은 당신의 재능이나 추진력이다. 유명한 학교가 제공하는 유명 인사의 졸업식 연설 등은 해당 요인이 아니다.

연구가 단 하나뿐이고 이조차도 스타이브슨트의 커트라인을 충족하지 못하고 떨어진 대부분의 학생이 다른 좋은 고등학교에 입학했다는 사실에 의해 결론이 약화될 수 있다. 하지만 좋은 학교에 진학하는 것이 중요하긴 하지만 가장 좋은 학교에 다닌다고 해서 얻는 것이 크지는 않다는 증거는 점차 늘어나고 있다.

대학을 한번 생각해보자. 하버드대학교처럼 세계적인 명성을 가진 대학을 다녔는지 펜실베이니아주립대학교 같은 견실한 학교를 다녔는지가 그렇게 큰 문제일까?

다시 말하지만 학교 순위와 졸업생 수입 사이에는 명확한 상관관계가 있다. 10년 사회 경력을 가진 하버드대학교 졸업생의 평균 수입은 12만 3,000달러(약 1억 6천만 원)다.[36] 같은 경력의 펜실베이니아주립대학교 졸업생의 평균 수입은 8만 7,800달러(약 1억 1,400만 원)다.

하지만 이러한 상관관계가 인과관계를 암시하지는 않는다.

경제학자 스테이시 데일Stacy Dale과 앨런 B. 크루거는 명문 대학교가 졸업생의 장래 수익 잠재력에서 담당하는 인과적 역할을 시험하는 기발한 방법을 생각해냈다. 그들은 고등학교 학생들을 추적해 얻은 수많은 정보, 곧 어느 대학에 지원했는지, 어느 대학에 합격했는지, 어느 대학에 입학했는지, 가정환경은 어땠는지, 성인이 되어 얼마만큼의 소득을 올리고 있는지 등을 기록한 방대한 데이터세트를 갖고 있었다.

실험집단과 통제집단을 얻기 위해서 데일과 크루거는 성장 환경이 비슷하고 같은 학교에 합격했으나 다른 학교를 선택한 학생들을 비교했다. 하버드대학교에 합격했지만 펜실베이니아주립대학교에 입학한 학생도 있었다. 아마도 그곳 가까이에 여자친구나 남자친구가 있거나 가르침을 받고 싶은 교수가 있었기 때문일 것이다. 입학사정위원회의 관점에서 이런 학생들은 하버드대학교에 간 학생만큼이나 재능이 있다. 하지만 그들은 다른 교육을 경험했다.

성장 환경이 비슷한 두 학생 모두 하버드대학교에 합격했지만 한 학생은 펜실베이니아주립대학교에 진학한다면 어떤 일이 벌어질까? 연구 결과는 스타이브슨트고등학교에 관한 연구 결과만큼이나 놀라웠다. 이 두 학생이 사회생활에서 올리는 수입은 거의 비슷했다. 미래의 봉급이 척도라면, 성장 환경이 비슷하고 비슷한 명문 대학에 합격한 학생들은 다른 학교를 선택했더라도 결국 비슷한 위치에 올라섰다.[37]

신문에는 마이크로소프트의 창립자 빌 게이츠나 페이스북 창립자 마크 저커버그, 더스틴 모스코비츠Dustin Moskovitz처럼(모두 하버드에 입학했다) 엄청난 성공을 거둔 아이비리그 졸업생에 관한 기사가 넘쳐난다(물론 이들 모두는 자퇴해서 아이비리그 교육의 가치에 관한 의문을 가중시켰다).

아이비리그에 합격할 정도로 능력이 출중했으나 그보다 덜 유명한 학교를 선택하고 매우 성공적인 삶을 산 사람들의 이야기도 있다. 아이비리그 경영대학원 중 하나인 펜실베이니아대학교의 와튼 경영대학원에 입학했으나 네브래스카대학교 링컨캠퍼스로 옮겼던 워런 버핏Warren Buffett도 그런 사람들 중 하나다.[38] 네브래스카대학교의 학비가 더 저렴한 데다가 그는 필라델피아를 싫어했고 와튼의 수업이 지루하다고 생각했다. 데이터는 덜 유명한 학교에 입학하는 편이 최소한 금전적 측면에서는 좋은 결정이라고 말한다.

이 책의 제목은 '모두 거짓말을 한다'다. 여기서 내가 의미하는 바는 사람들이 자신의 모습을 더 낫게 보이게 하기 위해서 친구에게, 설문조사에, 스스로에게 거짓말을 한다는 것이다.

하지만 세상 역시 오해의 소지가 있는 불완전한 데이터를 제시하는 방법으로 우리에게 거짓말을 한다. 세상은 우리에게 많은 수의 성공한 하버드 졸업생을 보여주고 성공한 펜실베이니아 졸업생은 많이 보여주지 않는다. 그래서 우리는 하버드에 가는 것이 아주 유리하다고 생각하게 된다.

자연 실험을 솜씨 좋게 이용하면 세상의 데이터를 정확하게 이해할 수 있다. 무엇이 정말로 유용한지, 무엇이 그렇지 못한지 찾아낼 수 있다.

자연 실험은 이전 장과도 연관된다. 자연 실험을 살펴볼 때는 실험집단과 통제집단을 자주 클로즈업해봐야 한다. 그리고 이전 장에서 논의한 대로 클로즈업에는 (세상이 디지털화되면서 이용 가능성이 커지고 있는 유형의) 포괄적인 대규모 데이터세트가 필요하다. 우리는 자연이 언제 실험을 할지 모르기 때문에 결과를 측정하기 위한 소규모 설문조사를 시작할 수가 없다. 이러한 개입에서 배움을 얻으려면 기존 데이터가 많이 필요하다. 우리에게는 빅데이터가 필요하다.

우리가 설계하는 실험이든 자연 실험이든 이 장에서 상세히 논의한 실험에 관해 지적해야 할 중요한 점이 하나 더 있다. 이 책 대부분은 세상을 이해하는 일에 초점을 맞춘다. 오바마가 인종주의 때문에 얼마나 손실을 입었는지, 얼마나 많은 남성이 동성애자인지, 남성과 여성이 자신의 몸매에 얼마나 자신 없어하는지를 다룬다. 하지만 이런 통제실험이나 자연 실험은 생각보다 더 실용적이다. 이 실험들은 우리의 의사결정을 개선하고, 효과 있는 개입과 그렇지 않은 것이 무엇인지 알아내도록 돕는다.

기업은 어떻게 하면 더 많은 고객을 끌어들일지 배울 수 있다. 정부는 의사들의 의욕을 불러일으키려면 의료보험 변제를 어떻게 이용해야 하는지 배울 수 있다. 학생들은 어떤 학교가 가장 가치 있는지 알 수 있다. 이러한 실험은 짐작, 일반적인 통념, 조잡한 상관관계를 정말 효과가 있는 '인과적인 것'으로 대체하는 빅데이터의 잠재력을 보여준다.

# 3부
# 빅데이터: 취급 주의

# Everybody Lies

# 7장

# 빅데이터로도
# 할 수 없는 일

아리송한 말이 이메일에 적혀 있었다. "세스, 로런스 서머스Lawrence Summers가 자네를 만나고 싶어하네." 박사학위 지도교수 중 한 분인 로런스 카츠Lawrence Katz가 내게 보낸 메일이었다. 카츠는 서머스가 왜 내 연구에 관심을 두는지 이야기하지 않았다. 나중에 알게 됐지만 카츠는 처음부터 그 이유를 알고 있었다.

나는 서머스의 사무실 밖 대기실에 앉아 있었다. 조금 기다리자 미국 재무장관을 역임하고, 하버드대학교 총장을 지냈으며, 각종 경제학상을 수상한 그가 나를 안으로 불러들였다.

서머스는 비서가 출력해온 '오바마에게 인종주의가 끼친 영향'에 관한 나의 논문을 읽으면서 만남을 시작했다. 서머스는 글을 매우 빨리 읽었다. 논문을 읽으면서 눈동자가 빠르게 왼쪽에서 오른쪽으로 그리고 아래로 움직였고 가끔씩 혀를 빼 오른쪽으로 내밀었다. 사회과학 논문을 읽고 있는 서머스의 모습은 소나타를 연주하는 위대한 피아니스트를 연상시켰다. 그는 너무 집중한 나머지 다른 모든 것은 잊어버린 것 같았다. 5분도 안 되어 30쪽짜리 내 논문을 다 읽은 서머스가 말했다.

"자네는 '깜둥이'라는 구글 검색이 인종주의를 암시한다고 말하고 있군. 그럴듯하게 들리네. 그것이 오바마가 케리보다 지지를 적게 받는 지역을 예견한다는 것이지. 흥미롭군. 그런데 정말 오바마와 케리를 똑같이 생각할 수 있을까?"

"정치학자들은 그들의 이데올로기가 비슷하다고 평가했습니다. 또한 하원 투표 결과가 달라진 것과 인종주의 사이에는 아무런 상관관계가 없습니다. 인구통계, 교회 출석, 총기 소유에 대한 통제를 추가했을 때에도 결과는 유지됐습니다." 우리 경제학자들은 이런 식으로 이야기를 나눈다.

서머스는 잠시 말을 멈추고 나를 응시했다. 그는 잠시 CNBC에 채널이 맞춰진 사무실 TV로 눈을 돌렸다가 다시 나를 바라보고, 다시 TV를 봤다가 또다시 나를 봤다. 그러고는 이렇게 말했다. "그래, 난 이 논문이 마음에 드네. 달리 연구하고 있는 게 있나?"

다음 60분은 내 인생에서 지적으로 가장 흥분되는 시간이었다. 서머스와 나는 금리와 인플레이션, 치안 유지 활동과 범죄, 비즈니스와 자선에 관해 이야기를 나눴다. 그토록 많은 사람이 서머스를 만나고서 마음을 빼앗기는 데에는 이유가 있었다. 나는 일생 동안 믿을 수 없을 정도로 똑똑한 많은 이와 대화하는 행운을 누렸다. 서머스는 그 누구보다 똑똑했다. 그는 다른 어떤 것보다 아이디어에 집착하며 그 때문에 종종 곤경에 빠지기도 했다. 그는 하버드 총장직에서 물러나야 했다. 과학계에 여성들이 적은 부분적인 이유가 남성들의 IQ 변이variation(개체 간, 종 간 형질의 차이 - 옮긴이)가 더 크다는 데 있을 수 있다고 언급한 뒤의 일이었다. 그는 어떤 아이디어가 흥미로우면 그것에 관해 이야기한다. 그 이야기가 어떤 사람들의 귀에 거슬리더라도 말이다.

정해진 미팅 시간보다 30분이 더 지났다. 완전히 사람을 도취시키는 대화였다. 나는 내가 왜 거기에 있는지, 언제 떠나기로 되어 있는지, 언제 떠나야 할지를 알 방법이 없었다. 이젠 서머스 자신도 왜 이 만남을 시작했는지 잊은 것 같았다.

서머스가 백만 달러짜리, 아니 어쩌면 수십억 달러짜리 질문을 던졌다. "이 데이터로 주식시장도 예측할 수 있다고 생각하나?"

아하. 결국 서머스가 나를 사무실로 부른 이유는 이것이었다.

이런 질문을 던진 사람이 서머스가 처음은 아니다. 내 아버지는 대체로 나의 독특한 연구를 지지한다. 그런데 한번은 그 얘기를 입에 올렸다. "인종차별, 아동학대, 낙태. 이런 데 전문성을 키워서 어디 돈이나 벌 수 있겠니?" 친구들과 다른 가족들도 그 얘기를 끄집어내곤 했다. 동료는 물론 인터넷에서 만난 낯선 사람들까지 그 얘기를 언급했다. 모두들 내가 구글 검색이나 다른 빅데이터를 이용해서 주식을 고를 수 있는지 알고 싶어하는 것 같았다. 이제 미국의 전 재무장관까지. 다만 이번에는 더 진지했다.

그렇다면 새로운 빅데이터 출처를 이용해서 주식이 어떤 방향으로 움직일지 예측하는 것이 가능할까? 한마디로 답하면 불가능하다.

이전 장에서 우리는 빅데이터가 가진 네 가지 힘에 관해 이야기했다. 그리고 이번 장은 빅데이터가 가진 한계, 곧 빅데이터로도 할 수 없는 것과 가끔은 빅데이터로 하지 말아야 할 것을 다룬다. 이 이야기는 시장을 예측하려 한 서머스와 나의 실패로 시작된다.

3장에서 나는 주어진 분야에서 기존의 연구가 취약한 경우 새로운 데이터가 큰 수익을 낼 가능성이 높다는 이야기를 했다. 기업이 어떤 성과를 낼지에 대한 수익성 높은 통찰을 얻는 것보다 인종주의, 아동학대, 낙태에 관한 새로운 통찰을 얻기가 훨씬 쉽다는 점은 서글픈 진실이다. 기업의 성과 측정 분야는 이미 아주 작은 부분에까지 엄청난 자원을 쏟아부었기 때문이다. 금융 분야는 경쟁이 엄청나게 치열하다. 그것으로도 이미 한 방은 먹고 들어가는 셈이다.

서머스는 다른 사람의 정보를 누설하는 사람이 아니었지만, 헤지펀드 회사들이 우리보다 앞서 있다는 점은 확실히 밝혔다. 나는 서머스와 대화하는 동안 그가 펀드 회사의 능력을 얼마나 높이 평가하는지에, 그리고 내가 내비친 이야기를 듣고 그들이 앞서 있다는 그의 확신이 굳어진 데 무척 놀랐다. 나는 내가 고안한 알고리즘을 자랑스럽게 이야기했다. 좀 더 완성된 구글 트렌드 데이터를 얻게 해준 알고리즘이었다. 그는 기발하다고 말했다. 나는 그에게 헤지펀드 운용사인 르네상스Renaissance가 이 알고리즘을 생각해냈겠느냐고 물었다. 그는 싱긋 웃으면서 "당연하지. 그들은 그 알고리즘을 알아냈을 걸세"라고 대답했다.

헤지펀드 회사를 따라잡기 어렵다는 것이 서머스와 내가 시장 예측에 새로운 빅데이터세트를 이용하는 데 생긴 유일한 근본적 문제는 아니었다.

# 차원의 저주

주식시장을 예측하는 전략을 행운의 동전을 찾는 일로 가정해보자. 다만 이 행운의 동전은 주의 깊은 실험을 통해서만 찾을 수 있다. 이런 방법이 있다. 동전에 1에서 1,000까지 번호를 적는다. 2년 동안 매일 아침 각각의 동전을 던져 앞면이 나왔는지 뒷면이 나왔는지를 기록한다. 그러고는 그날의 S&P 지수가 올랐는지 내렸는지 적어둔다. 그 모든 데이터를 세세히 살핀다. 그럼 그렇지! 뭔가를 발견한다. 391번 동전이 앞면이 나왔을 때 S&P 지수가 오를 확률이 70.3퍼센트로 밝혀진다. 이 관계는 통계적으로 유의미하다. 그것도 아주. 행운의 동전을 찾은 것이다!

매일 아침 391번 동전을 던지고 앞면이 나올 때마다 주식을 산다. 아웃렛에서 옷을 사 입고 라면으로 저녁을 때우는 시절은 이제 끝났다. 391번 동전만 있다면!

아닌가?

위 이야기 속 주인공은 '차원의 저주curse of dimensionality' 중에서도 가장 끔찍한 측면의 피해자가 된다. 이 저주는 변수(차원)는 많은데 그리 많은 관측을 하지 않을 때마다 우리를 덮친다. 이 경우는 동전은 1,000개인데 거래를 조사한 날은 2년 동안 730일로 그리 많지 않았다. 이 많은 차원 중 하나(이 경우 391번 동전)는 운이 좋을 수도 있다. 변수의 수를 줄여 동전을 100개만 던지면 운이 좋은 동전을 찾을 확률은 크게 줄어든다. 관측의 수를 늘려 20년 동안 S&P 지수의 동향을 예측하면 이번에는 동전이 따라가지 못할 것이다.

차원의 저주는 빅데이터에서 중요한 문제다. 새로운 데이터세트는 대체로 종래의 데이터 출처에 비해 기하급수적으로 많은 변수를 제공하기 때문이다. 빅데이터 출처를 이용해서 시장을 예측한다고 주장하는 많은 사람이 이 저주에 걸려 있다. 그들은 실제로 391번 동전을 찾고 있다.

사람들이 트위터에 올리는 내용을 근거로 시장이 움직이는 방향을 예측할 수 있다고 주장하는 인디애나대학교와 맨체스터대학교의 컴퓨터과학자 연구진을 예로 들어보자.[1] 그들은 트윗을 근거로 그날그날 세상의 기분을 코드화하는 알고리즘을 구축했다. 3장에서 논의했던 감성 분석과 비슷한 기법을 이용한 것이다. 그렇지만 그들은 하나의 기분이 아니라 행복, 분노, 친절 등 여러 종류의 기분을 코드화했다. 그들은 '차분한 느낌이야'라는 식으로 평온한 트윗이 우세할 경우 다우존스 산업평균지수Dow Jones industrial average가 오를 가능성이 높다는 것을 발견했다. 이 발견을 이용하기 위해 헤지펀드를 만들었다.

여기에는 어떤 문제가 있을까?

근본적으로 그들은 너무 많은 것을 실험했다. 임의로 충분히 많은 것을 실험하다 보면 통계적으로 유의미한 결과가 하나는 나오게 마련이다. 그들은 많은 감정을 실험했다. 그들은 예측하려는 주식시장의 하루 전, 이틀 전, 3일 전, 최대 7일 전까지 각 감정을 실험했다. 그리고 나서 이 모든 변수로 단 몇 개월간의 다우존스 등락을 설명했다.

6일 전의 평온함은 주식시장을 적절하게 예측하지 못한다. 6일 전의 평온함은 391번 동전과 같다. 트윗을 기반으로 한 헤지펀드는 형편없는 수익 때문에 시작한 지 한 달 만에 문을 닫았다.[2]

차원의 저주와 싸우는 것은 트윗으로 시장의 타이밍을 맞추려던 헤지펀드 운용사만이 아니다. '우리가 누구인가'에 관한 유전적 열쇠를 찾으려는 수많은 과학자도 차원의 저주와 맞붙고 있다.

인간게놈프로젝트human genome project, HGP 덕분에 오늘날 우리는 사람들의 완벽한 DNA를 수집하고 분석할 수 있다. 이 프로젝트의 가능성은 엄청나 보인다.

어쩌면 조현병을 유발하는 유전자를 발견할 수 있을지도 모른다. 알츠하이머병이나 파킨슨병, 루게릭병을 유발하는 유전자를 발견할 수 있을지도 모른다. 지능의 원인이 되는 유전자를 발견할 수 있을지도 모른다(꿀꺽). IQ 점수를 확 올릴 수 있는 유전자가 존재할까? 천재가 되는 유전자가 존재할까?

1998년 저명한 행동유전학자 로버트 플로민Robert Plomin은 그 해답을 찾았다고 주장했다. 그는 DNA와 IQ 등이 포함된 학생 수백 명의 데이터세트를 받은 뒤 IQ 160 이상인 천재들의 DNA를 IQ가 보통 수준인 사람들의 DNA와 비교했다.

그는 놀라운 차이를 발견했다. 그 차이는 두뇌의 대사에 이용되는 잘 알려지지는 않았지만 강력한 유전자, 6번 염색체의 구석에 있었다. 천재들 사이에서는 IGF2r이라는 이름을 가진 이 유전자의 한 버전이 두 배 더 흔하게 나타났다.

《뉴욕타임스》는 '높은 지능과 관련된 유전자 최초 발견'이라고 표제를 뽑았다.

당신은 플로민의 발견이 불러올 많은 윤리적 문제를 떠올렸을 것이다. 부모가 IGF2r을 기준으로 아이를 선별하는 것을 허용해야 할까? 낮은 IQ 변이를 가진 아기의 낙태를 허용해야 할까? IQ를 높이게끔 사람들을 유전적으로 수정해야 할까? IGF2r은 인종과 상관관계가 있을까? 우리는 그 질문에 대한 대답을 알고 싶어하는가? IQ에 관한 유전학 연구는 계속되어야 할까?

생명윤리학자가 이 골치 아픈 문제와 씨름하기 이전에, 플로민을 비롯한 유전학자들이 풀어야 할 더 근본적인 문제가 있다. 이 결과가 정확한가? 정말로 IGF2r이 IQ를 예측할 수 있는가? 천재가 이 유전자의 특정 변이를 두 배 많이 갖고 있다는 것이 정말 사실인가?

그렇지 않다. 첫 연구가 있고 몇 년 뒤 플로민은 지난번처럼 DNA와 IQ 점수가 포함된 여러 사람의 표본을 얻었다. 이번에는 IGF2r과 IQ의 상관관계가 나타나지 않았다. 플로민은 자신의 주장을 철회했다(그가 훌륭한 과학자라는 신호다).

사실 이는 유전학과 IQ 연구 분야에서 일상적인 패턴이었다. 과학자들은 IQ를 예견하는 유전적 변이를 발견했다고 발표한다. 이후 과학자들은 새로운 데이터를 얻고 처음의 주장이 틀렸음을 발견한다.

예를 들어 최근의 한 논문에서 크리스토퍼 차브리스Christopher

Chabris가 이끄는 연구진은 IQ와 연관된 유전적 변이에 관해 유명한 주장 열두 개를 확인했다. 그들은 1만 명의 데이터를 검토했지만 열두 개 주장 중 어떤 것도 상관관계를 재현할 수 없었다.[3]

이 모든 주장에서 문제가 되는 것은 무엇일까? 차원의 저주다. 현대의 과학자라면 모두 알고 있듯이 인간게놈에는 수백만 가지 면에서 차이가 존재한다. 실험할 유전자가 너무 많은 것이다.

주식시장과의 상관관계를 살피기 위해서 충분히 많은 트윗을 시험하면 우연히 상관관계가 나타나는 트윗을 발견하게 된다. IQ와 상관관계가 있는지 살피기 위해서 충분히 많은 유전적 변이를 시험하면 우연히 상관관계가 나타나는 변이를 발견하게 된다.

어떻게 하면 차원의 저주를 극복할 수 있을까? 자신의 연구에 대해 겸손해야 하고 자신이 찾아낸 결과와 사랑에 빠지지 말아야 한다. 결과에 대한 추가 실험을 실시해야 한다. 평생 번 돈을 391번 동전에 걸기 전에 다음 몇 년 동안 결과가 어떻게 나타나는지 살펴야 한다. 사회과학자들은 이것을 '표본 외' 실험이라고 부른다. 더 많은 변수를 시도할수록 더 겸손해져야 한다. 시도하는 변수가 많아질수록 표본 외 실험은 어려워진다. 시도하는 모든 실험을 기록하는 것 역시 중요하다. 그런 다음에야 이 저주의 희생자가 될 가능성이 얼마나 높은지, 결과에 대해서 얼마나 많은 의심을 가져야 하는지 정확히 알 수 있다.

다시 래리 서머스와 나의 이야기로 돌아가자. 우리는 시장을 예측하기 위해 다음과 같은 시도를 했다.

서머스가 낸 첫 번째 아이디어는 검색을 이용해서 아이폰 같은 주요 상품의 장래 매출을 예측하는 것이었다. 예컨대 아이폰의 매출은 애플 같은 회사 주식의 향후 실적을 밝히는 정보가 될 수 있다. '아이폰'에 관한 검색과 아이폰의 매출 사이에는 실제로 상관관계가 있었다. 사람들이 구글에서 '아이폰'을 많이 검색하면 틀림없이 아이폰이 많이 팔린다. 하지만 이 정보는 이미 애플의 주가에 반영되어 있었다. '아이폰'에 관한 구글 검색이 많았다면 헤지펀드 운용사들 역시 검색 데이터나 다른 출처를 사용해서 제품이 잘 팔릴 것이라고 생각한다.

서머스가 다음으로 제안한 아이디어는 개발도상국가의 장래 투자를 예측하는 것이었다. 많은 투자자가 가까운 장래에 브라질, 멕시코 같은 나라에 돈을 쏟아붓는다면, 이들 국가에 있는 기업의 주가가 올라갈 것이다. 그렇다면 우리는 '멕시코 투자'나 '브라질 투자 가능성' 등의 주요 구글 검색어로 투자 증가를 예측할 수 있을 것이다. 하지만 예측할 수 없었다. 무엇이 문제일까? 검색이 너무 드물었다. 이 검색 데이터는 너무 두서가 없어서 의미 있는 패턴을 드러내지 않았다.

우리는 개별 주식 검색을 시도했다. 사람들이 'GOOG'를 검색한다는 것은 그들이 곧 구글의 주식을 살 것이라는 의미일 수 있다. 이런 검색어는 주식이 많이 거래될 것을 예견하는 듯 보였다. 하지만 주식이 오르는지 내리는지 여부를 말해주지 못했다. 이 검색어의 가장 큰 한계는 검색을 하는 사람이 주식 매수를 원하는지 매도를 원하는지 알 수 없다는 것이다.

어느 날 나는 신이 나서 내가 떠올린 새로운 아이디어를 서머스에게 보여줬다. '금 매수'에 관한 과거의 검색이 미래 금값 상승과 상관관계가 있어 보였다. 서머스는 계속해서 정확성이 유지되는지 확인해야 한다고 말했다. 확인 결과 더 이상 상관관계가 나타나지 않았다. 아마도 몇몇 헤지펀드 역시 같은 관계를 발견했던 것 같다.

결국 몇 개월 동안 우리는 유용한 것을 하나도 발견하지 못했다. 구글 검색어 수십억 개를 두고 시장 실적과의 상관관계를 찾았다면 적게나마 관계가 있는 것을 하나쯤은 발견할 수 있었을 것이다. 하지만 그것은 391번 동전과 다르지 않았을 것이다.

## 측정 가능한 것에 대한 지나친 집중

2012년 3월, 예일대학교 마케팅 교수 조위 챈스Zoë Chance는 코네티컷주 뉴헤이븐 다운타운에 있는 사무실 우편함에서 주문했던 작고 흰 만보기를 찾았다.[4] 하루 동안 걸은 걸음 수를 측정해 그 결과로 점수를 매기는 이 기구가 어떻게 운동을 더 할 수 있도록 자극하는지를 연구하는 것이 그녀의 목표였다.

챈스가 테드엑스TEDx 강연에서 회상한 바에 따르면 그다음에는 빅데이터의 악몽이 일어났다. 챈스는 숫자를 늘리는 것에 지나치게 집착하고 중독이 되어 주방에서 거실로, 식당으로, 지하실로, 사무실로 어디든 걸어다니기 시작했다. 그녀는 이른 아침에도, 늦은 밤에도, 거의 하루 종일 걸어다녀서 24시간 동안 2만 보를 걸었다. 챈스는 하루에 수백 번씩 만보기를 확인했고 그녀의 대화 대부분은 다른 만보기 사용자들과 점수를 높일 전략을 논의하는 온라인 대화로 채워졌다. 챈스는 세 살 난 딸이 걸을 때 만보기를 채워놓기도 했다. 점수를 높이는 데 너무 집착했기 때문이다.

챈스는 균형감을 송두리째 잃었다. 높은 점수를 얻고자 하는 이유가 어린 딸까지 동원해 만보기의 숫자를 높이는 게 아니라 운동을 위해서라는 사실을 망각했다. 만보기에 대한 학술연구도 마치지 못했다. 어느 늦은 밤 걸음 수를 늘리기 위해 애쓰던 중 그녀는 지쳐 쓰러져 이 기구를 없앴다. 데이터 중심의 연구가 그녀의 직업이었지만 이 경험은 그녀에게 큰 영향을 끼쳤다. 챈스는 이렇게 말했다. "데이터를 더 얻는 것이 좋은 일이기만 한가라는 회의감이 들었습니다."

이것은 극단적인 이야기이긴 하지만 데이터를 이용해서 결정을 내리는 사람들이 흔히 빠질 수 있는 문제를 지적한다. 숫자는 유혹적이다.[5] 점차 수에 집착하면서 더 중요한 고려 사항을 놓칠 수 있다. 조위 챈스는 삶의 다른 부분을 보지 못하는 상태에 빠졌다.

이렇게 강박적으로 심취하는 정도까지는 가지 않더라도 수에 대한 집착은 문제가 될 수 있다. 시험에 치중해서 학생들의 점수를 바탕으로 교사를 평가하는 21세기 미국 학교를 생각해보자. 교실에서 일어나는 일을 더 객관적으로 측정하고자 하는 욕구 자체는 잘못

되지 않았다. 하지만 교실에서는 숫자로 표현할 수 없는 많은 일이 일어난다. 더구나 평가와 시험은 많은 교사를 압박해서 시험에 맞춰 학생들을 가르치도록 만들었다. 브라이언 제이컵Brian Jacob과 스티븐 레빗이 논문에서 밝힌 대로 심지어는 시험을 관리하면서 노골적으로 부정을 저지르는 사례도 있었다.[6]

문제는 여기에 있다. 우리가 측정할 수 있는 것은 종종 우리가 관심을 갖고 마음을 쓰는 것과 일치하지 않는다. 우리는 학생들이 객관식 문제를 어떻게 해결하는지 측정할 수 있다. 하지만 비판적 사고, 호기심, 인성 발달은 쉽게 측정할 수 없다. 시험점수나 하루에 걸은 걸음 수 등 쉽게 측정할 수 있는 숫자 하나를 올리기 위해 노력하는 일이 우리가 정말로 성취하고자 하는 것을 이루는 데 항상 유용하지는 않다.

페이스북은 사이트를 개선하기 위해 노력하던 중 이런 위험과 마주쳤다. 페이스북은 사람들이 사이트를 이용하는 방법에 관한 엄청난 데이터를 갖고 있다. 사람들이 특정한 뉴스피드에 '좋아요'를 누르는지, 클릭을 하는지, 댓글을 다는지, 공유를 하는지 쉽게 확인할 수 있다. 하지만 나와 함께 이 문제에 관한 글을 썼던 페이스북 데이터과학자 알렉스 페이사코비치Alex Peysakhovich에 따르면 이 많은 데이터 중 어떤 것도 다음과 같은 더 중요한 문제를 정확하게 설명할 수 없다. 사이트 사용 경험이 어땠나? 그 이야기가 사용자와 친구의 유대를 강화했나? 그 이야기가 사용자에게 세상에 대한 정보를 줬나? 그 이야기가 사용자를 웃게 만들었나?

1900년대 야구계에서 일어난 데이터 혁명을 생각해보자. 많은 팀이 구식 인간 스카우터 대신 점점 복잡해지는 통계를 이용해서 결정을 내리기 시작했다. 그런데 공격과 투구는 측정하기 쉽지만 수비는 그렇지 못하다. 때문에 어떤 조직은 수비의 중요성을 과소평가했다. 사실 네이트 실버는 그의 책《신호와 소음The Signal and the Noise》에서 〈머니볼Moneyball〉(미국 프로 야구단 오클랜드 애슬레틱스Oakland Athletics의 운영방침이자 영화 제목 - 옮긴이)로 대표되는 데이터 중심 조직인 오클랜드 애슬레틱스가 1990년대 중반 형편없는 수비 때문에 매년 8~10게임을 놓쳤다고 추산했다.

　　더 많은 빅데이터가 항상 해결책이 되진 않는다. 빅데이터가 좋은 효과를 발휘하려면 특별한 양념이 필요하다. 우리가 스몰데이터라고 부르는 소규모 설문조사와 인간의 판단이 그것이다. 애슬레틱스의 단장이자 〈머니볼〉의 주인공인 빌리 빈Billy Beane은 실버와의 인터뷰에서 스카우팅 예산을 늘리기 시작했다고 말했다.

　　페이스북 역시 거대한 데이터 풀의 공백을 메우기 위해 구식 접근법을 취해야 했다. 사람들에게 직접 그들의 생각을 물어본 것이다. 매일 뉴스피드를 올릴 때 페이스북 사용자 수백 명에게는 그곳에서 그들이 보는 이야기들에 관한 질문이 제시된다. 자동으로 수집되는 페이스북의 데이터세트('좋아요', 클릭, 댓글)를 이보다 규모가 작은 데이터('뉴스피드에서 이 포스트를 보고 싶습니까?' '그 이유는 무엇입니까?')가 보충하는 것이다. 그렇다, 페이스북처럼 눈부신 성공을 거둔 빅데이터 조직도 때로는 이 책에서 한참 폄하된 정보원인 '소규모' 설문조사를 이용한다.

이런 소규모 데이터가 필요하기 때문에 페이스북 데이터팀은 당신의 추측과는 다른 모습을 하고 있다. 페이스북은 숫자가 놓치는 것을 찾기 위해 사회심리학자, 인류학자, 사회학자를 고용한다.

일부 교육자들도 빅데이터의 사각지대에 더 주의를 기울이고 있다. 소규모 데이터로 대규모 시험을 보완하려는 국가적인 노력이 늘어나고 있다. 학생 설문조사가 급증했다. 부모 설문조사도 늘고, 다른 경험 많은 교육자가 수업 중인 교사를 지켜보는 교사 관찰도 늘어났다.

"교육청은 오로지 시험점수에만 집중해서는 안 된다는 것을 깨닫고 있습니다." 하버드대학교의 교육학 교수 토머스 케인Thomas Kane은 이렇게 말했다.[7] 빌앤드멜린다게이츠재단Bill&Melinda Gates Foundation이 3년간 벌인 연구에서는 빅데이터와 소규모 데이터 모두가 교육에 가치가 있음을 입증했다. 이 연구자들은 시험점수 모델, 학생 설문조사, 교사 관찰 중 무엇이 학생의 학습을 가장 많이 개선시킨 교사를 골라내는 데 제일 적합한지 분석했다. 이 세 가지 척도를 하나의 종합적인 점수로 통합했을 때 최고의 결과를 얻을 수 있었다. 이 연구는 "척도마다 각각의 가치가 있다"는 결론을 내렸다.[8]

솔직히 말하자면 플로리다주 오캘러에서 제프 세이더를 만났을 때 나는 많은 빅데이터 기업이 소규모 데이터를 이용해서 부족한 부분을 메운다는 것을 배웠다. 하버드대학교에서 공부한 경주마 전문가인 그가 거대한 데이터세트에서 배운 것을 이용해 아메리칸 파로아의 성공을 예측했던 것을 생각해보라.

세이더는 내게 모든 컴퓨터 파일과 수학 공식을 보여준 뒤에 자신에게 또 다른 병기가 있다고 털어놨다. 패티 머리Patty Murray였다.

머리도 세이더처럼 매우 똑똑하며 브린모어대학교에서 학위를 받은 엘리트였다. 머리 역시 뉴욕시에서 시골로 이주했다. 머리는 "전 사람보다 말을 더 좋아해요"라고 인정했다. 머리가 말을 평가하는 접근법은 더 전통적이다. 다른 많은 경주마 에이전트와 마찬가지로 말이 어떻게 걷는지 보고, 흉터와 멍을 확인하고, 주인에게 질문하면서 직접 말을 진단한다.

이후 머리는 세이더와 협력해서 추천할 말들을 최종적으로 선정한다. 머리는 냄새를 맡아 말들의 문제를 찾아낸다. 세이더가 말에 대해서 가장 혁신적이고 중요한 데이터세트를 갖고 있지만 그럼에도 놓친 문제를 찾아내는 것이다.

나는 빅데이터가 폭로하는 사실들을 바탕으로 하는 혁명이 일어나리라고 내다본다. 그렇다고 어떤 문제에든 단순히 데이터만 갖다 대면 된다는 의미는 아니다. 빅데이터는 인간이 세상을 이해하기 위해 수천 년 동안 개발해온 다른 모든 방법의 필요성을 없애지 않는다. 그것들은 서로를 보완한다.

# Everybody Lies

# 8장

## 빅테이터로
## 하지 말아야 할 것

빅데이터가 가진 힘이 너무 인상적이어서 무서울 때가 있다. 빅데이터는 윤리적 문제를 불러일으킨다.

## 권력화된 기업에서 생기는 위험

최근 세 명의 경제학자 컬럼비아대학교의 오데드 넷처Oded Netzer와 알랭 르메르Alain Lemaire, 델라웨어대학교의 미할 헤르첸슈타인Michal Herzenstein은 돈을 빌린 사람의 변제 가능성을 예측하는 방법을 찾기 시작했다.[1] 이 학자들은 P2P 대출 사이트인 프로스퍼Prosper의 데이터를 이용했다. 잠재적 차용인은 왜 돈이 필요한지 설명하고 약속을 잘 지키겠다는 취지의 간단한 글을 적는다. 잠재적 대금업자는 그들에게 돈을 빌려줄지 말지를 결정한다. 전체적으로 약 13퍼센트의 차용인이 채무를 이행하지 않는다.[2]

　　잠재적 차용인이 이용하는 언어가 그들의 변제 가능성을 가장 확실하게 말해주는 수단인 것으로 밝혀졌다. 신용등급이나 소득 등 대금업자가 잠재적 차용인으로부터 얻을 수 있는 정보를 통제할 경우에도 중요한 지표였다.

　다음은 돈을 빌리려 할 때 사람들이 흔히 사용하는 문구 열 개다. 다섯 개는 채무 변제와 긍정적 상관관계에 있고 다른 다섯 개는 부정적인 상관관계에 있다. 다시 말해 다섯 개는 믿을 만한 사람들이 사용하는 말이고 나머지 다섯 개는 믿을 수 없는 사람들이 사용하는 말이다. 어떤 것이 어디에 속하는지 생각해보자.

| 하나님 | 저금리 | 세후 |
|---|---|---|
| 약속 | 갚을 | 병원 |
| 부채가 없는 | 졸업 | |
| 최소 지불액 | 고마움 | |

　우리는 공손하며 신앙심을 공공연히 드러내는 사람이 채무를 변제할 가능성이 높다고 생각하거나 그러기를 바란다. 하지만 실제로는 그렇지 않다. 데이터는 이런 유형의 사람은 보통 사람들보다 채무를 변제할 가능성이 낮다고 말한다.

　다음은 채무 변제 가능성에 따라 나눈 단어다.

**변제 가능성이 높은 사람들이 대출을 신청하며 사용하는 단어**

| 부채가 없는 | 세후 | 졸업 |
|---|---|---|
| 저금리 | 최소 지불액 | |

## 채무 불이행 가능성이 높은 사람들이 대출을 신청하며 사용하는 단어

| 하나님 | 갚을 | 병원 |
|--------|------|------|
| 약속 | 고마움 | |

이 연구의 윤리적 의미를 논하기 전에 이 연구가 사람들에 관해 어떤 것을 드러내주는지 깊이 생각해보자. 서로 다른 범주의 이 단어들을 어떻게 이해해야 할까?

첫째로 빌린 돈을 갚을 가능성이 높은 사람임을 암시하는 언어를 생각해보자. '저금리'나 '세후' 같은 단어는 빌리는 쪽이 금융에 관해 일정 수준의 지식을 갖추고 있음을 나타낸다. 따라서 그 용어가 돈을 갚을 가능성이 높은 사람들과 관련이 있다 해도 놀랍지 않다. 더구나 대학 '졸업'이나 '부채가 없는'처럼 긍정적인 경력에 관해 이야기하면 그 사람은 빚을 갚을 가능성이 높다.

이제 빚을 갚을 가능성이 낮은 사람임을 암시하는 언어를 살펴보자. 일반적으로 누군가가 당신에게 돈을 '갚을' 것이라고 말하면 그 사람은 돈을 갚지 않는다. 그 '약속'이 확신에 차 있을수록 약속을 어길 가능성이 크다. 누군가가 "돈을 꼭 갚겠습니다. 약속합니다. 그러니 하나님, 저를 도와주세요"라고 적는다면 그는 돈을 돌려줄 가능성이 매우 낮다. 친척이 '병원'에 있어 돈이 필요하다는 식으로 동정심에 매달리는 것 역시 돈을 갚지 않을 가능성이 높다는 것을 의미한다. 사실 남편, 아내, 아들, 딸, 어머니, 아버지 등 가족에 대한 언급은 돈을 갚지 않는다는 신호다. 채무 불이행을 암시하는 또 다른 단어는 '설명'이다. 어째서 자신에게 돈을 갚을 능력이 있는지 설명하려는 사람은 돈을 갚지 않을 가능성이 높다.

연구자들은 고마움의 표현이 왜 채무 불이행 가능성이 높다는 증거인지에 대해서는 이론을 내놓지 않았다.

이 연구를 요약하자면 빚을 어떻게 갚을지 자세한 계획을 내놓고 과거에 해낸 일을 언급한다면 돈을 갚을 사람이라는 증거다. 약속을 하고 자비심에 호소한다면 채무 불이행의 명확한 신호다. 누군가의 약속 행위가 실제로는 그가 무엇인가를 하지 않을 것이라는 확실한 신호라는 점이 인간의 본성에 관해 어떤 이야기를 해주든지 간에 학자들은 이 연구가 채무 불이행을 예측하는 매우 귀중한 정보라는 것을 발견했다. 하나님을 언급하는 사람은 채무를 불이행할 확률이 2.2배 높다. 이는 돈을 갚지 않을 것을 암시하는 가장 확실한 지표다.

하지만 연구자들은 자신들의 연구가 윤리적 의문을 제기한다고 생각한다. 이는 학술적인 연구일 뿐이지만, 일부 기업은 대출을 승인할 때 실제로 온라인 데이터를 이용한다고 한다. 이것이 용인할 수 있는 일일까? 기업이 우리가 빌린 돈을 갚을지 안 갚을지 예측하기 위해 우리가 사용한 단어를 활용하는 세상에서 살고 싶은가? 으스스하고 무섭기까지 하다.

그렇게 된다면 가까운 미래에 대출하려는 소비자는 자신의 신용 내력뿐 아니라 온라인 활동까지 염려해야 할 것이다. 대출을 신청한 사람은 '고맙습니다'라는 말을 썼는지나 '하나님'을 들먹였는지와 같은 정말 터무니없어 보이는 요소로 평가받게 된다. 정말로 병원에 입원한 언니를 도와야 하고 이후에 반드시 돈을 갚을 여성이라면 어떨까? 병원비가 필요하다고 주장하는 사람들이 평균적으로 거짓말을 한다는 이유로 그녀가 불이익을 받는다면? 대단히 끔찍한 일이다. 이런 식으로 돌아가는 세상의 모습은 지독한 디스토피아일 것이다.

이는 윤리적 의문으로 이어진다. 추상적이기는 하지만 통계적으로 예측 가능한 기준에 따라 해당 서비스에 우리가 적합한지 그렇지 않은지를 판단할 권리가 과연 기업에 있을까? 그 기준은 기업이 제공하는 서비스와 직접적인 관련도 없는데 말이다.

이번에는 금융계가 아니라 채용제도에 끼치는 더 큰 영향을 살펴보자. 고용주가 입사 지원자를 살필 때 소셜미디어를 샅샅이 뒤지는 일이 점점 늘어나고 있다. 만약 이전 고용주에 대한 비방의 증거를 찾거나 이전 고용주의 비밀을 밝힌 증거를 찾고 있다면 윤리적으로 문제가 되지 않을 것이다. 페이스북이나 인스타그램에 알코올 문제가 드러난 사람을 고용하지 않으려는 시도는 정당화의 여지가 있을 수 있다. 하지만 그들이 중요하게 생각하는 무언가와 상관관계가 있긴 하지만 겉보기에는 전혀 무해한 지표를 찾고 있다면 어떨까?

케임브리지대학교와 마이크로소프트의 연구원들은 미국인 페이스북 사용자 5만 8,000명을 대상으로 성격과 지능에 관한 다양한 실험을 수행했다. 그들은 페이스북의 '좋아요'가 IQ, 외향성, 성실성과 상관관계가 있다는 것을 발견했다.[3] 예를 들어 볼프강 아마데

우스 모차르트Wolfgang Amadeus Mozart, 뇌우, 컬리 프라이curly fries(동그랗게 말린 감자튀김 - 옮긴이)를 좋아하는 사람은 IQ가 높은 경향이 있다. 할리데이비슨Harley-Davidson 오토바이, 컨트리 뮤직 그룹 레이디 앤터벨룸Lady Antebellum, '나는 엄마가 되는 게 좋아' 페이지를 좋아하는 사람은 IQ가 낮은 경향이 있다. 이런 상관관계의 일부는 차원의 저주에서 비롯됐다. 많은 것을 실험하면 일부는 무작위적으로 상관관계를 보인다. 하지만 어떤 관심사는 IQ와 타당한 상관관계를 가질 수 있다.

그럼에도 할리데이비슨을 좋아하는 IQ가 높은 사람이 할리데이비슨에 대한 애호가 낮은 지능을 의미한다는 이유로 그의 능력에 비례하는 일자리를 구할 수 없다면? 그것도 자신은 알지도 못하는 사이에 그런 일이 벌어진다면 불합리하지 않겠는가?

공평하게 말하면, 이는 전적으로 새로운 문제는 아니다. 사람들은 오랫동안 업무능력과 직접적인 관계가 없는 요소들, 예를 들어 믿음직한 악수나 단정한 옷차림으로 평가받아왔다. 하지만 데이터 혁명의 위험은 우리 삶의 점점 많은 부분이 정량화되면서 이러한 대리 평가가 우리 생활에 더 깊숙이 파고들어 권리를 침해할 수 있다는 데 있다. 더 나은 예측은 더 감지하기 어렵고 더 비도덕적인 차별로 이어질 수 있다.

더 나은 데이터 역시 또 다른 형태의 차별, 곧 경제학자들이 '가격차별price discrimination'이라고 부르는 것으로 이어질 수 있다. 기업은 제품이나 서비스에 얼마의 가격을 매겨야 할지를 알아내려고 노

력한다. 그들은 고객들이 기꺼이 지불하려는 최대 금액을 청구하고
자 한다. 이런 식으로 이윤을 가능한 최대로 남길 것이다.

　대부분의 기업은 보통 하나의 가격을 정하고, 사람들은 모두 그
가격을 똑같이 지불한다. 하지만 특정 집단의 구성원들이 평균적으
로 더 많은 돈을 지불하리라는 점을 기업이 알고 있을 때가 있다. 영
화관에서 학생이나 노인보다 경제력이 좋은 중년 고객에게 더 많은
돈을 받는 이유와 항공사가 마지막에 표를 사는 사람들에게 더 높은
가격을 물리는 이유가 여기에 있다.

　빅데이터를 통해 기업은 고객이 기꺼이 지불하는 금액에 관해
훨씬 더 잘 알 수 있고 따라서 특정 집단에게 바가지를 씌울 수 있
다. 옵티멀디시전스그룹Optimal Decisions Group은 일찍이 데이터과학
을 이용해서 고객들이 보험에 얼마를 지불할 생각이 있는지 예측했
다. 어떻게 했을까? 그들은 이 책에서 논의했던 방법을 사용했다. 현
재 보험에 가입하려는 사람과 가장 비슷한 이전 고객을 찾은 다음
그들이 선택하는 보험료가 얼마인지 알아봤다. 다시 말해 그들은 도
플갱어를 검색했다. 야구선수가 이전의 기량을 되찾을지를 예측하
기 위해서라면 도플갱어 검색은 재미있다. 병 치료를 돕기 위해서라
면 도플갱어 검색은 훌륭한 방법이다. 하지만 도플갱어 검색이 당신
에게서 마지막 몇 푼까지 뽑아내도록 기업을 돕는다면? 그건 별로
다. 아무리 돈을 헤프게 쓰는 내 동생이라도 구두쇠인 나보다 더 많
은 돈을 내야 한다면 불평할 권리가 분명히 있다.

　도박은 고객을 클로즈업해서 살피는 빅데이터의 능력이 위험할

수 있는 영역이다. 대형 카지노들은 고객을 더 잘 파악하기 위해 도 플갱어 검색과 비슷한 방법을 쓴다. 카지노 기업들의 목표는 무엇 일까? 가능한 최대의 이윤을 얻는 것, 당신의 돈이 그들의 금고에 더 많이 들어가도록 하는 것이다.

원리는 다음과 같다. 도박하는 사람들에게는 '페인 포인트pain point'가 있다(카지노에서는 그렇게 믿는다). 이는 긴 시간 동안 카지 노를 찾지 않게 만들 만큼 사람을 겁먹게 만드는 손실액을 말한다. 헬렌의 페인 포인트가 3,000달러라고 가정해보자. 그녀가 3,000달 러를 잃으면 카지노는 몇 주 또는 몇 달 동안 고객 한 명을 잃는다. 2,999달러를 잃으면 헬렌은 즐겁지 않을 것이다. 돈 잃는 것을 좋아 하는 사람이 어디 있을까? 하지만 그녀는 다음 날 밤에 카지노를 다 시 찾지 않을 정도로 의기소침해지지는 않는다.

당신이 카지노를 경영하고 있다고 잠시 상상해보자. 헬렌이 슬 롯머신 앞에 등장했다. 최적의 결과는 무엇일까? 헬렌이 페인 포인 트를 넘지 않고 되도록 그에 가까운 돈을 잃는 것이다. 당신은 헬렌 이 2,999달러를 잃기를 원한다. 그래야 충분히 많은 수익을 얻고 고 객도 잃지 않으니까.

어떻게 하면 이럴 수 있을까? 헬렌이 일정한 금액을 잃으면 게 임을 중단하게 만드는 방법이 있다. 예를 들어 무료 식사를 제공하 면 된다. 충분히 매력적인 제안을 하면 그녀는 식사를 하기 위해 슬 롯머신에서 벗어난다.

하지만 이런 접근법에는 큰 문제가 있다. 헬렌의 페인 포인트를 어떻게 안단 말인가? 페인 포인트는 사람마다 다르다. 헬렌은 3,000 달러여도 존은 2,000달러일 수 있고, 벤은 2만 6,000달러일 수 있다. 헬렌이 2,000달러를 잃었을 때 도박을 멈추게 한다면 수익을 올릴 기회를 놓치는 것이다. 그렇다고 3,000달러를 잃을 때까지 너무 오래 기다리면 당신은 한동안 그녀를 손님으로 맞지 못한다. 더구나 헬렌은 자신의 페인 포인트를 당신에게 말해주지 않을 것이다. 사실 그녀 자신도 정확히 얼마인지 모른다.

그렇다면 어떻게 해야 할까? 책을 이 정도까지 읽었다면 아마 대답을 짐작할 수 있을 것이다. 데이터과학을 이용하면 된다. 수많은 고객에 관한 가능한 모든 정보(나이, 성별, 우편번호, 도박 행동)를 얻는다. 그러고는 도박 습관(딴 돈, 잃은 돈, 왕래)으로부터 그들의 페인 포인트를 추산한다.

헬렌에 관해 알고 있는 모든 정보를 모아서 그녀와 유사한 고객인 그녀의 도플갱어를 찾는다. 그 후 그들이 얼마만큼의 고통을 견딜 수 있는지 알아낸다. 아마 헬렌과 동일한 금액일 것이다. 실제로 카지노 하라Harrah는 빅데이터 웨어하우스(기업 내 정보를 분류·저장하여 모든 조직이 공유할 수 있도록 하는 데이터 통합 저장소 - 옮긴이) 기업인 테라바이트Terabyte의 도움을 받아 이런 일을 한다.

《슈퍼크런처Super Crunchers》에서 테라바이트의 스콧 나우Scott Gnau 대표는 카지노 지배인들이 페인 포인트에 가까워진 단골을 봤을 때 어떤 일을 하는지 설명한다. "그들은 고객에게 다가가 이렇게 말합니다. '오늘은 운이 좋지 않으시네요. 우리 스테이크 전문 식당을 좋아하시죠? 아내분과 함께 지금 저희가 마련한 식사를 즐기시는 게 어떻겠습니까?'"

더할 나위 없는 아량으로 보일 것이다. 무료로 스테이크를 주다니. 하지만 실제로 이는 자기 잇속을 차리는 행위일 뿐이다. 이 카지노는 고객이 돈을 너무 잃어서 긴 시간 동안 카지노에 발길을 끊는 일을 막으려는 것이다. 다시 말해 정교한 데이터 분석을 이용해 고객에게서 긴 시간 동안 가능한 한 많은 돈을 짜내려고 노력하는 것이다.

카지노, 보험회사, 대부업자를 비롯한 기업체가 온라인 데이터를 더 많이 사용하면 우리를 지배하는 엄청난 힘을 가질 수 있다. 우리에게는 이를 두려워할 권리가 있다.

다른 한편으로 빅데이터는 소비자에게 바가지를 씌우거나 조잡한 제품을 공급하는 기업들에게 강타를 날릴 수 있도록 해준다.

중요한 무기 중 하나는 옐프Yelp처럼 레스토랑 등의 서비스를 평가하는 사이트다. 하버드대학교의 마이클 루카Michael Luca는 최근 연구에서 업체들이 옐프의 평가에 얼마나 맥을 못 추는지 보여줬다.[4] 루카는 워싱턴주 내 식당에 관한 옐프의 리뷰와 매출 데이터를 비교했고, 옐프에서 별 하나가 줄어들 때 식당 매출이 5~9퍼센트 감소한다는 사실을 발견했다.

소비자들은 비교 쇼핑 사이트인 카약Kayak과 부킹닷컴Booking.com 등을 통해 기업들과 싸운다. 《괴짜 경제학Freakonomics》에서 논의된 대로, 한 인터넷 사이트가 여러 기업의 생명보험 비용을 알려주기 시작하면서 생명보험료는 엄청나게 떨어졌다. 한 보험회사가 바가지를 씌우고 있다면 고객은 그것을 인지하고 다른 회사를 이용할 것이다. 이로써 고객들이 절약하는 돈은 매년 총 10억 달러다.

다시 말해 인터넷상의 데이터는 기업들에게 어떤 고객을 피하고, 어떤 고객을 착취할지 알려준다. 또한 고객들에게 반드시 피해야 할 기업이 어디이고, 어떤 기업이 그들을 착취하려 하는지 알려준다. 빅데이터는 지금까지 소비자와 기업 간의 싸움에서 양쪽 모두를 도와왔다. 우리는 그것이 공평한 싸움이 되도록 해야 한다.


## 권한을 부여받은 정부에서 비롯하는 위험

아드리아나 도나토Adriana Donato는 생일파티에 나타난 전 남자친구가 화가 나 있다는 걸 알았다. 그는 정신이 나가 있었다. 그녀는 그가 우울증으로 힘들어했다는 것을 알고 있었다. 그는 그녀에게 드라이브를 가자고 했다. 동물학을 공부하는 스무 살 대학생 도나토는 그에 대해 모르는 것이 하나 있었다. 스물두 살의 전 남자친구 제임스 스토넘James Stoneham이 지난 3주 동안 사람을 살해하는 방법, 살인 관련 법률 정보를 찾아보며 가끔씩 도나토에 대해 검색했다는 것을 말이다.

그녀가 이 사실을 알았더라면 아마 차에 타지 않았을 것이다. 그리고 아마 그날 저녁 칼에 찔려 죽지 않았을 것이다.

영화 〈마이너리티 리포트Minority Report〉에서는 초능력자가 경찰 부서와 협력해서 범죄를 발생 이전에 차단한다. 범죄가 일어나기 전에 그것을 막을 수 있도록 경찰이 빅데이터를 이용할 수 있게 해야 할까? 도나토에게 전 남자친구의 불길한 검색에 대해 경고해줬어야 할까? 경찰이 스토넘을 심문했어야 할까?

우선, 범죄 활동과 연관된 구글 검색이 범죄 활동과 상관관계가 있다는 증거가 늘어나고 있다는 점은 인정해야 한다. 크리스틴 마켈람스Christine Ma-Kellams, 플로라 오어Flora Or, 백지현, 카와치 이치로 Ichiro Kawachi는 자살과 연관된 구글 검색이 주별 자살률과 강한 상관관계가 있음을 보여줬다.[5] 더욱이 에번 솔타스와 나는 '이슬람교도가 싫어' 또는 '이슬람교도를 죽이자'와 같은 이슬람혐오에 관한 주간 검색이 그 주간의 이슬람교도에 대한 증오범죄와 상관관계가 있음을 밝혀냈다. 무엇인가를 하고 싶다고 검색을 하는 사람이 많을수록 그 일을 실행하는 사람도 많아진다.

그렇다면 우리는 이런 정보로 무엇을 해야 할까? 간단하고 논란의 여지가 상당히 적은 아이디어가 있다. 지역 수준의 데이터를 활용해서 자원을 분배하는 것이다. 한 도시에서 자살 관련 검색이 크게 늘어난다면 우리는 이 도시에서 자살에 대한 인식을 높여 대응할 수 있다. 예를 들어 시 정부나 비영리단체가 어디에서 도움을 얻을 수 있는지 설명하는 광고를 내보내는 식이다. 마찬가지로 한 도시에서 '이슬람교도를 죽이자'라는 검색이 크게 늘어나면 경찰은 거리를 순찰하는 방법을 바꿀 수 있다. 예를 들어 그 지역 이슬람 사원을 보호하기 위해 더 많은 경찰을 파견할 수 있다.

하지만 범죄가 일어나기 전에 개인을 뒤밟는 식의 조치에는 매우 신중을 기해야 한다. 우선 이런 일은 사생활 침해처럼 보인다. 수십만 또는 수백만 명의 검색 데이터를 가진 정부와 특정 개인의 검색 데이터를 가진 경찰 사이에는 큰 윤리적 격차가 있다. 지역의 이슬람 사원을 보호하는 것과 누군가의 집을 수색하는 것 사이에는 큰 윤리적 격차가 있다. 자살 예방 광고와 누군가를 강제로 정신병원에 집어넣는 것 사이에는 큰 윤리적 격차가 있다.

개인 차원의 데이터를 이용하는 데 매우 신중해야 하는 이유는 윤리적 차원마저 넘어선다. 여기에는 데이터 차원의 이유도 있다. 데이터과학에서 도시의 행동을 예측하려 하는 시도와 개인의 행동을 예측하려 하는 시도 사이에는 큰 격차가 있다.

자살 문제로 잠깐 되돌아가보자. 미국에서는 매년 자살 관련 구글 검색이 약 350만 건 이뤄진다.[6] 다시 말해 자살 관련 검색이 매달 100명당 한 개 이상 존재한다는 뜻이다. '자살 충동' '자살 시도' '자살하는 방법' 등 검색어 대부분은 검색자가 자살을 상상했음을 암시한다. 철학자 니체의 말이 떠오른다. "자살에 대한 생각은 커다란 위안이다. 그 덕분에 사람은 많은 어두운 밤을 견딘다." 구글 검색 데이터는 자살에 관한 생각이 얼마나 진실한지, 그리고 얼마나 흔한지를 보여준다. 그렇지만 미국에서 월평균 자살 건수는 4,000건에 못 미친다. 자살에 대한 생각은 믿기 힘들 정도로 흔하다. 하지만 자살은 그렇지 않다. 온라인에서 자기 머리를 날려버리고 싶다고 언급한 모든 사람의 집 앞에 경찰이 나타나는 것은 말이 안 된다. 경찰이 해야 할 다른 일이 없는 게 아니라면 말이다.

또는 엄청나게 공격적인 이슬람혐오 검색을 생각해보자. 2015년 미국에서는 '이슬람교도를 죽이자'라는 검색이 약 1만 2,000건 있었다. 증오범죄로 이슬람교도를 살해한 사건은 열두 건이었다.[7] 이 무시무시한 검색을 한 사람 대다수가 자신의 생각을 행동으로 옮기는 것은 분명히 아니다.

개인 행동 예측과 도시 내 행동 예측의 차이를 사고실험을 통해 수학적으로 설명해보자. 도시 내에 사람 100만 명과 이슬람 사원 하나가 있다고 가정하자. '이슬람교도를 죽이자'라는 검색을 하지 않은 사람이 이슬람 사원을 공격할 가능성은 1억 분의 1에 불과하다고 가정하자. '이슬람교도를 죽이자'라는 검색을 한 사람이 이슬람 사원을 공격할 가능성은 1만 분의 1로 급격하게 상승한다고 가정하자. 이슬람혐오가 급증해서 '이슬람교도를 죽이자'라는 검색이 100건에서 1,000건으로 급증한다고 가정하자.

이 상황을 계산하면, 이슬람 사원이 공격받을 가능성은 약 2퍼센트에서 10퍼센트로 대략 다섯 배 증가한다. 하지만 '이슬람교도를 죽이자'라고 검색했던 사람이 실제로 이슬람 사원을 공격할 가능성은 여전히 1만 분의 1이다.

여기에서 적절한 대응은 이런 검색을 한 모든 사람을 감옥에 보내는 것이 아니다. 그들의 집을 방문하는 것도 아니다. 이 사람들 중 누군가가 범죄를 저지를 확률은 매우 낮다. 적절한 대응은 공격받을 가능성이 10퍼센트인 이슬람 사원을 보호하는 것이다.

끔찍한 검색이 끔찍한 행동으로 이어지는 경우는 많지 않다.

이론적으로는 끔찍한 일로 이어질 충분한 가능성을 합리적으로 암시하는 종류의 검색어가 있을 수 있다. 이론적으로는 도나토를 살해한 스토넘의 검색이 심각하게 걱정할 문제임을 발견할 수 있는 모델을 언젠가는 데이터과학자들이 구축할 수도 있다.

'여자친구 죽이는 방법'이라는 정확한 문구는 2014년 한 해 동안 약 6,000번 검색됐고 실제 여자친구 살해는 400건 일어났다. 이 모든 살인자가 정확히 이 검색을 미리 해봤다면 '여자친구 죽이는 방법'을 검색한 사람 열다섯 명 중 한 명이 이를 실행했다는 의미가 된다. 물론 여자친구를 살해한 많은, 어쩌면 대부분의 사람들은 이런 검색을 하지 않았다. 이는 이 특정한 검색이 살해로 이어질 실제 가능성은(아마도 매우) 낮다는 것을 의미한다.

하지만 데이터과학자들이 특정 개인에 대한 위협이 예를 들어 100분의 1이라는 것을 보여주는 모델을 만들 수 있다면, 우리는 그 정보로 뭔가를 하고 싶을 것이다. 적어도 위협받고 있는 사람은 특정한 사람에 의해서 살해당할 가능성이 100분의 1이라는 것을 통지받을 권리를 가질 것이다.

그렇지만 개인적인 수준에서 범죄 예측에 검색 데이터를 사용하려면 매우 신중을 기해야 한다. 데이터는 끔찍한 검색이 끔찍한 행동으로 이어지는 경우가 매우 드물다고 분명히 말한다. 현재로서는 정부가 이런 검색을 검토해서 특정한 잔혹 범죄를 높은 확률로 예측할 수 있다는 증거가 없다. 따라서 정부가 검색 데이터를 바탕으로 개인적인 수준에 개입할 수 있도록 허용하는 데는 각별한 주의가 필요하다. 단순히 윤리적이고 법적인 이유에서만이 아니다. 데이터과학적 이유에서도 필요하다.

결론

# 얼마나 많은 사람이 책을 끝까지 읽을까?

책을 쓰기로 계약한 뒤 나는 머릿속으로 책의 구성을 명확하게 정리해뒀다. 기억할지 모르겠지만 책 시작 부분에서 우리 가족이 추수감사절 때 식사하는 모습을 묘사했다. 우리 가족은 내 정신상태에 관해 논쟁을 벌이고 왜 서른세 살인 내가 제짝을 찾지 못했는지 알아내려 했다.

이 책을 마무리하기 전까지 내 계획은 이랬다.

제짝을 만나서 결혼한다. 빅데이터를 이용해서 만난다면 더 좋을 것이다. 연애 과정에서 있었던 재미있는 이야기를 책에 끼워넣을 수도 있을 것이다. 이후에는 내 결혼식을 묘사하고 아내에게 주는 연애편지를 겸하는 결론으로 마무리할 것이다.

불행히도 삶은 계획과 달랐다. 책을 쓰는 동안 아파트에 틀어박

혀서 세상과 거리를 두다 보니 연애와는 멀어졌다. 여전히 나는 제 짝을 찾아야 하는 신세다. 그보다 더 심각한 일은 새로운 결론을 찾아야 한다는 것이다.

멋진 결론을 찾으려고 좋아하는 책들을 자세히 읽었다. 내가 판단하기에 최고의 결론은 표면 바로 밑에서 늘 맴돌고 있던 중요한 사실을 표면으로 부상시키는 것이다. 이 책의 요점은 사회과학이 진정한 과학이 되고 있다는 것이다. 이 새롭고 실제적인 과학은 우리의 삶을 향상시킬 준비를 하고 있다.

2부의 시작 부분에서 나는 카를 포퍼가 지그문트 프로이트를 비판한 이야기를 했다. 포퍼는 프로이트가 가졌던 세상에 대한 괴팍한 시각이 과학적이라고 생각지 않았다. 포퍼의 비판에 관해 언급하지 않은 사실이 하나 있다. 그의 비판은 단순히 프로이트를 향한 공격에만 머물지 않았다. 포퍼는 어떤 사회과학자도 그리 과학적이라고 생각지 않았다. 포퍼는 '이른바 과학자'라는 사람들이 적용하는 엄정함을 대단찮게 여겼다.

포퍼는 어떤 동기로 그런 단호한 태도를 취했을까?[1] 그는 당대 최고의 지식인들인 최고의 물리학자, 최고의 역사학자, 최고의 심리학자와 교류하면서 그들 사이의 두드러진 차이에 주목했다. 물리학자가 이야기하면 포퍼는 그들이 하는 일을 믿었다. 물론 그들도 실수한다. 그들도 때로 잠재적인 편견 때문에 속는다. 하지만 물리학자들은 알베르트 아인슈타인Albert Einstein의 상대성이론으로 절정에 달한, 세상의 진실을 명확하게 밝히는 과정에 몸담고 있었다. 반면에 저명한 사회과학자가 이야기할 때면 포퍼는 말도 되지 않는 소리라고 생각했다.

이렇게 차별한 사람은 포퍼만이 아니다. 거의 모든 사람이 물리학자, 생물학자, 화학자가 진정한 과학자라는 데 동의한다. 그들은 엄정한 실험을 거쳐서 물리적 세계가 어떻게 움직이는지 알아낸다. 반면 많은 사람이 경제학자, 사회학자, 심리학자는 의미를 알 수 없는 전문용어를 늘어놓으며 종신교수직을 얻는 안이한 과학자라고 생각한다.

만약 이것이 진실이었다면, 빅데이터 혁명은 그 지점에 변화를 가져왔다. 카를 포퍼가 지금 살아 있어서 라지 체티, 제시 셔피로, 에스테르 뒤플로 또는 나(나 말이다)의 프레젠테이션에 참석했더라면 당시와 같은 반응을 보이지는 않았을 것이다. 아니, 솔직히 말하자면 포퍼는 오늘날의 끈이론string theory 물리학자들이 정말로 과학적인지 아니면 그저 제멋대로인 정신 수련을 하고 있는 건지 의문을 품었을지도 모른다.

폭력적인 영화가 개봉하면 범죄가 늘어날까 줄어들까? 많은 사람이 광고에 노출되면 해당 제품의 이용이 늘어날까? 한 남성이 20세 때 우승했던 야구팀을 마흔 살이 되어도 응원하게 될까? 이는 모두 참인지 거짓인지가 분명한 질문이다. 우리는 솔직한 데이터 더미에서 그 답을 찾을 수 있다.

이것은 과학의 산물이지 사이비 과학이 아니다.

그렇다고 해서 사회과학 혁명이 세월이 흘러도 변치 않는 단순한 법칙의 형태로 나타나리라는 의미는 아니다.

MIT 과학자로 최초로 인공지능의 가능성을 연구한 마빈 민스키Marvin Minsky는 심리학이 물리학을 모방하려고 노력하면서 궤도에서 벗어났다고 말했다. 물리학은 모든 시간과 모든 장소에 적용되는 단순한 법칙을 찾는 데 성공했다. 민스키는 인간의 두뇌는 그러한 법칙의 대상이 아니라고 생각했다. 두뇌는 한 부분이 다른 부분의 실수를 교정하는 복잡한 시스템일 가능성이 높다. 경제와 정치 시스템도 그와 마찬가지로 복잡하다.

이런 이유로 사회과학 혁명은 E=MC²처럼 깔끔한 수식의 형태로 정리되지 않는다. 사실 누군가 깔끔한 공식을 바탕으로 사회과학 혁명을 주장한다면 거기에 회의를 품어야 마땅하다.

혁명은 연구에 이은 연구로, 발견에 이은 발견으로, 단편적으로 진행될 것이다. 우리는 인간의 정신과 사회라는 복잡한 시스템에 대한 이해를 서서히 넓혀갈 것이다.

적절한 결론이란 그간의 내용을 요약하면서도 더 많은 일이 일어날 길을 제시할 수 있어야 한다. 이 책에서라면 쉬운 일이다. 내가 여기에서 논의한 데이터세트는 혁명적이지만 그에 대한 탐구는 거의 이뤄지지 않았다. 따라서 배워야 할 것이 너무나 많다. 솔직히 절대다수의 학자들이 디지털 시대에 따른 데이터 폭발을 무시해왔다. 세계적으로 명성 있는 성 연구자들은 검증된 것과 사실만을 고수한다. 그들은 대상자 몇백 명에게 그들의 욕망에 관해 물으면서, 폰허브 같은 사이트에는 데이터를 요청하지 않는다. 저명한 언어학자들은 개별 텍스트를 분석하면서 책 수백만 권에서 드러난 패턴은 보통 무시한다. 대학원생들이 심리학, 정치학, 사회학에서 배운 방법론 대부분은 디지털 혁명의 영향을 받지 않았다. 데이터 폭발로 개방된 넓은 미답의 영역 대부분은 소수의 진보적인 사고를 하는 교수나 통념에 반항적인 대학원생, 취미에 몰두하는 사람들의 몫으로 남겨져 왔다.

이제 변화가 일어날 것이다.

이 책에서 내가 이야기한 모든 아이디어에는 도전을 받아들일 준비가 되어 있는 수백 개의 중요한 아이디어가 딸려 있다. 여기에서 논의한 연구는 빙산의 일각 중에서도 일부, 표면에 생긴 작은 얼룩 중에서도 가장 작은 얼룩에 불과하다.

이제 어떤 일이 일어날까?

우선은 지금껏 가장 성공적이었던 공공의료 연구에 사용되었던 방법론이 급속하게 확장될 것이다. 19세기 중반, 영국인 의사 존 스노 John Snow는 런던에 콜레라가 퍼진 이유가 무엇인지에 관심을 가졌다.

그는 기발한 생각을 해냈다. 그는 콜레라 환자가 발생한 도시 곳곳을 모두 지도에 표시했다.[2] 그 과정에서 이 병이 특정한 물 펌프 주변에 주로 밀집해 있다는 사실을 발견했다. 이는 곧 콜레라가 나쁜 공기를 통해 퍼진다는 당시의 통념이 틀렸고, 미생물이 우글거리는 물을 통해 퍼진다는 뜻이었다.

빅데이터와 빅데이터로 가능해진 클로즈업은 이런 유형의 연구를 쉽게 만든다. 우리는 어떤 질병에 대해서든 구글 검색 데이터나 다른 디지털 의료 데이터를 조사할 수 있다. 아무리 작은 지역이라도 이런 질병의 발병률이 유난히 높거나 낮은 지역이 있는지 찾을 수 있다. 그 후 이런 장소들의 공통점을 발견할 수 있다. 공기 중에 뭔가가 있나? 물에는? 사회 규범에는?

편두통에 대해서도 같은 작업을 할 수 있다. 결석에 대해서도 가능하다. 불안이나 우울증, 알츠하이머병이나 췌장암, 고혈압이나 요통, 변비나 코피에 대해서도 가능하다. 모든 것에 대해서 이런 작업이 가능하다. 우리는 스노가 했던 분석의 400배는 할 수 있다(이 글을 쓰면서 나는 이미 이런 작업을 시작했다).

간단한 방법을 취하고 빅데이터를 이용해서 단시간에 수백 배의 분석을 할 수 있다면 이것을 '규모의 과학'이라고 부를 수 있을 것이다. 그렇다, 사회과학과 행동과학의 규모는 확실히 커지고 있다. 건강상태를 클로즈업해보는 것도 이 과학의 범위를 확장하는 데 도움이 될 것이다. A/B 테스트도 과학의 범위 확장에 도움을 준다. 우리는 기업이 사용자가 표제나 광고를 더 많이 클릭하게 만드는 맥락에서 A/B 테스트를 논의했다. 그것이 그 방법론의 지배적인 용도였다. 하지만 좀 더 근본적이고 사회적으로 가치 있는 일을 밝히는 데에도 사용할 수 있다.

노스웨스턴대학교의 경제학자 벤저민 F. 존스는 A/B 테스트를 이용해서 아이들의 학습을 도우려 하고 있다.[3] 그는 학교가 다른 학

습 계획을 임의적으로 시험할 수 있는 플랫폼인 에듀스타EDU STAR
를 만드는 일을 도왔다.

많은 기업이 교육 소프트웨어 사업에 참여하고 있다. 에듀스타
를 통해 학생들은 컴퓨터에 로그인해서 다양한 학습 계획에 임의적
으로 노출된다. 이후 그 내용을 얼마나 잘 공부했는지 확인하는 간
단한 시험을 본다. 어떤 소프트웨어가 학생들이 내용을 파악하는 데
가장 도움을 줬는지 알게 되는 것이다.

이미 에듀스타는 다른 훌륭한 A/B 테스트 플랫폼과 마찬가지
로 놀라운 결과를 내놓고 있다. 많은 교육자가 열광적인 반응을 보
인 한 학습 계획에는 게임을 이용해서 학생들에게 분수를 가르치는
소프트웨어가 포함되어 있다. 수학을 게임으로 바꾼다면 학생들이
더 재미있게 더 많은 것을 배우고 시험에서도 좋은 결과를 얻지 않
을까? 그렇지 않았다. 게임을 통해서 분수를 배운 학생은 일반적인
방법으로 분수를 배운 학생에 비해 시험점수가 나빴다.

이는 실리콘밸리가 더 많은 광고 클릭 수를 만들기 위해 개척한
테스트를 흥미롭고 사회적으로 유용하게 사용하는 방법이다. 사람
들이 잠을 더 많이 자게 만드는 것 역시 그렇다.

미국인은 평균적으로 하루 6.7시간을 잔다. 미국인 대다수
는 잠을 더 자고 싶어한다. 하지만 밤 11시가 되면 〈스포츠센터
SportsCenter〉 방송이 시작되거나 유튜브가 유혹한다. 자고자 한다면
그저 눈을 감고 기다려야 한다. 고객이 수십만 명인 웨어러블 디바
이스 회사 조본Jawbone은 사용자들이 하고자 하는 일, 예를 들어 일

찍 잠자리에 드는 것을 도울 방법을 찾기 위해 수천 번의 실험을 거쳤다.

조본은 두 갈래의 목표를 사용해 큰 성과를 거뒀다. 우선 고객들에게 그리 거창하지 않은 목표에 전념해달라며 이런 메시지를 보낸다. "지난 3일 동안 잠을 많이 못 잔 것 같습니다. 오늘 밤 11시 반에는 잠자리에 드시겠어요? 당신이 보통 아침 8시에 일어나는 것을 알고 있습니다." 이후 사용자에게는 '찬성'을 클릭할 수 있는 옵션이 주어진다.

10시 반이 되면 조본은 또 다른 메시지를 보낸다. "11시 반에 자는 것을 목표로 삼았습니다. 지금은 10시 30분입니다. 지금 시작해보면 어떨까요?"

물론 이 전략의 모든 부분은 많은 실험을 통해 최적화되어야 한다. 목표를 지나치게 이르게 설정해서 사용자에게 밤 11시에 잠자리에 들도록 권하면 동의하는 사람이 거의 없다. 자정에 잠자리에 들라고 권해도 마찬가지다.

조본은 A/B 테스트를 이용해서 수면에서 구글의 오른쪽 화살표와 비슷한 것을 발견했다. 다른 게 있다면 구글 광고 파트너를 몇 번 더 클릭하게 하는 것이 아니라 지친 미국인들에게 휴식 몇 분을 더 선사한다는 것이다.

사실 심리학 영역 전체가 실리콘밸리의 도구들을 활용해서 연구를 극적으로 향상시킬 수 있다. 나는 대학생 몇 명이 실시한 실험 몇 개에 관해 자세히 늘어놓는 대신, 신속한 A/B 테스트 수천 개의 결과를 보여주는 최초의 심리학 논문이 나오길 고대하고 있다.

학자들이 단일한 실험을 수행할 소수의 대학생을 찾는 데 수개월을 투자하는 시대는 곧 끝날 것이다. 대신 학자들은 디지털 데이터를 이용해서 아이디어 수백, 수천 개를 단 몇 초 만에 시험할 것이다. 우리는 훨씬 적은 시간에 훨씬 많은 것을 배울 것이다.

데이터로서의 텍스트는 우리에게 많은 것을 가르칠 것이다. 아이디어는 어떻게 확산되는가? 새로운 단어는 어떻게 형성되는가? 단어는 어떻게 사라지는가? 농담은 어떻게 만들어지는가? 왜 어떤 말은 재미있고 어떤 말은 재미없는가? 방언은 어떻게 발달하는가? 나는 20년 안에 우리가 이 모든 의문에 관한 심오한 통찰을 갖게 되리라 확신한다.

아이들이 어떻게 학습하고 어떻게 발달하고 있는지 확인하기 위해 전통적인 시험 대신 아이들의 (적절하게 익명화된) 온라인 행동을 활용하는 것을 고려하게 될 것이다. 아이들의 철자법 수준은 어떤지? 난독증 징후를 보이지는 않는지? 성숙한 지적 관심사를 키워가고 있는지? 친구가 있는지? 아이들이 매일같이 키보드로 쳐대는 말들 속에는 이 모든 질문에 대한 힌트가 있다.

훨씬 더 많은 통찰을 얻게 될 절대 사소하지 않은 또 다른 영역이 있다.

롤링스톤스Rolling Stones의 노래 〈섀터드Shattered〉에서 믹 재거Mick Jagger는 빅 애플Big Apple, 그러니까 뉴욕을 만드는 모든 것을 아주 황홀하게 묘사한다. 웃음, 기쁨, 외로움, 쥐, 빈대, 자부심, 욕심,

종이가방을 멘 사람들. 하지만 재거는 이 도시를 정말로 특별하게 만드는 것으로 '섹스'라는 단어에 많은 비중을 둔다.

빅 애플에서와 다르지 않은 일이 빅데이터에서도 일어나고 있다. 디지털 혁명 덕분에 다양한 분야에 관한 통찰이 쌓이고 있다. 건강, 잠, 학습, 심리, 언어, 그리고 섹스, 섹스, 또 섹스.

내가 현재 탐구하고 있는 문제는 '성적 취향에 얼마나 많은 차원이 있는가?' 하는 것이다. 우리는 보통 어떤 사람을 동성애자와 이성애자로 구분한다. 하지만 성적 취향은 그보다 훨씬 더 복잡하다. 동성애자와 이성애자 가운데에도 유형이 있다. 예를 들어 어떤 남성은 '금발'을 좋아하는 반면 '흑발'을 좋아하는 남성도 있다. 이러한 취향이 성별에 대한 취향만큼 강력할까? 내가 조사하고 있는 또 다른 문제는 '성적 취향이 어디에서 비롯되는가?'다. 야구팬과 정치적 견해를 결정하는 데 중요한 요소를 알아낼 수 있는 것처럼 지금의 우리는 성인의 성적 취향을 결정하는 중요한 요소를 찾을 수 있다. 이 대답을 찾기 위해서는 나의 다음 책을 사야 할 것이다. 제목은 잠정적으로 '모두 (여전히) 거짓말을 한다'로 정했다.

포르노와 그에 딸린 데이터의 존재는 인간의 성생활 과학에서 혁명적인 발전이다.

자연과학이 페니실린, 인공위성, 컴퓨터를 만들어 우리 삶을 바꾸기까지는 시간이 걸렸다. 빅데이터를 통해 사회과학과 행동과학이 우리가 사랑하고, 배우고, 사는 방식에 중대한 발전을 가져오기까지는 시간이 걸릴 것이다. 하지만 나는 그러한 발전이 반드시 이뤄지리라고 생각한다. 나는 당신이 이 책을 통해 그러한 발전의 윤곽만이라도 파악하기를 바란다. 사실 나는 이 책을 읽은 누군가가 그러한 발전을 돕기를 바란다.

적절한 결론을 쓰기 위해 작가는 우선 왜 그 책을 썼는지 생각해야 한다. 그가 달성하려는 목표는 무엇인가?

이 책은 나의 인격 형성에 가장 중요한 영향을 끼친 경험 중 하나가 빚어낸 결과라고 생각한다. 알다시피 10여 년 전에 《괴짜 경제학》이라는 책이 출간됐다. 이 슈퍼 베스트셀러는 빛나는 수상 경력이 있는 시카고대학교 경제학자 스티븐 레빗의 연구를 자주 언급하고 설명한다. 레빗은 '장난꾸러기 경제학자'였다. 그는 자신의 별난 머릿속에 떠오르는 어떤 의문이든 데이터를 이용해 답을 찾아낼 수 있는 것처럼 보였다. 스모 선수들은 속임수를 쓸까? 게임쇼 참가자는 차별을 할까? 부동산 업자들은 본인도 원하는 거래를 손님에게 넘길까?

나는 철학 전공으로 대학 공부를 막 마친 상태였고 일생 동안 무엇을 하고 싶은지 별 생각이 없었다. 《괴짜 경제학》을 읽은 뒤에는 알게 됐다. 스티븐 레빗이 한 일을 하고 싶었다. 나는 산더미 같은 데이터를 자세히 보고 세상이 정말로 어떻게 돌아가는지 알고 싶었다. 그래서 나도 레빗의 뒤를 따라서 경제학 박사학위를 따기로 결심했다.

그 후 12년 동안 많은 것이 변했다. 레빗의 연구 한두 개에는 코딩 에러가 있었다. 레빗은 지구온난화에 관해 정치적으로 부정확한 언급을 몇 가지 했다. 《괴짜 경제학》은 학계에서 신망을 잃었다.

하지만 나는 실수 몇 개 외에 레빗이 주장하려 한 중요한 점들은 긴 세월 동안 우호적인 시선을 받았다고 생각한다. 레빗은 호기심, 창의력, 데이터의 조합이 세상에 대한 이해를 획기적으로 향상시킬 수 있다고 말했다. 데이터 속에는 세상에 나올 준비가 된 이야기들이 숨어 있고 이는 계속해서 옳다고 입증되어왔다.

나는 이 책이 《괴짜 경제학》이 내게 줬던 것과 같은 영향을 다른 사람들에게 주길 바란다. 일생 동안 무엇을 하고 싶은지 혼란스러운 젊은이가 지금 이 책을 읽어주기를 바란다. 약간의 통계 기술과 강한 호기심, 넘치는 창의력을 갖췄다면 데이터 분석의 길로 들어서주길 바란다.

대담한 말일지도 모르지만 사실 이 책은 한 단계 업그레이드된 《괴짜 경제학》으로 볼 수 있다. 《괴짜 경제학》에서 논의한 연구와 이 책에서 논의한 연구의 가장 큰 차이는 야망이다. 레빗이 이름을 떨친 1990년대에는 이용할 수 있는 데이터가 많지 않았다. 레빗은 데이터가 존재하는 기이한 의문을 좇는다는 데 자부심을 가졌다. 그는 데이터가 존재하지 않는 중요한 문제는 대부분 외면했다. 하지만 거의 모든 주제에 대한 많은 데이터를 이용할 수 있는 오늘날은 인간으로 존재한다는 것이 어떤 의미인지, 그 핵심에 접근하는 크고 심오한 문제까지 좇을 수 있다.

데이터 분석의 미래는 밝다. 차세대 킨제이는 분명 데이터과학자일 것이다. 차세대 푸코는 데이터과학자일 것이다. 차세대 카를 마르크스Karl Marx는 데이터과학자일 것이다. 차세대 요나스 소크Jonas Salk는 데이터과학자일 것이다.

어쨌든 적절한 결론을 내리기 위해 여기까지 썼다. 하지만 나는 훌륭한 결론은 더 많은 일, 그것도 훨씬 더 많은 일을 한다는 것을 깨달았다. 훌륭한 결론은 모순적이어야 한다. 훌륭한 결론은 마음을 움직여야 한다. 훌륭한 결론은 심오하고도 장난기가 있어야 한다. 훌륭한 결론은 깊이 있고, 유머러스하며, 슬픔을 안고 있어야 한다. 훌륭한 결론은 한두 문장으로 앞선 모든 것과 앞으로 올 모든 것을 요약하는 주장을 밝혀야 한다. 그 과정은 독특하고 새로운 방식으로 이뤄져야 한다. 훌륭한 책은 깔끔하고, 재미있고, 도발적인 한 방으로 마무리되어야 한다.

지금이 나의 글쓰기 과정에 관해 잠깐 이야기하기에 적당한 때인 것 같다. 나는 장황하게 글을 쓰는 사람은 아니다. 이 책에는 겨우 7만 5,000개 단어가 들어 있다. 이렇게 풍성한 주제를 다루는 책 치고는 좀 짧은 편이다.

하지만 나는 양의 부족함을 집요함으로 메꾼다. 나는 2,000개 단어에 불과한 내 첫 《뉴욕타임스》 섹스 칼럼을 쓰는 데 5개월을 보냈고 초고 마흔일곱 개를 썼다. 이 책의 어떤 장에는 초안 60개가 필요했다. 주석 한 문장에 들어갈 단어 하나를 찾는 데에도 몇 시간을 보냈다.

나는 지난 몇 년 동안 대부분의 시간을 은둔자로 살았다. 오로지 컴퓨터만이 나와 함께했다. 뉴욕시에서도 가장 힙한 지역에 살면서 거의 밖에 나가지 않았다. 이 책은 나의 대표작이고 내가 일생 동안 가질 아이디어 중 최고다. 이 책을 제대로 만드는 데 필요하다면 어떤 것이든 기꺼이 희생했다. 이 책에 있는 모든 단어를 지킬 수 있기를 원했다. 내 휴대전화에는 내가 답장 보내는 것을 잊은 이메일과 열어보지 않은 각종 초대 메일, 무시한 메시지가 가득하다.*

13개월의 노력 끝에 나는 마침내 거의 완성된 원고를 보낼 수 있었다. 다만 결론 부분은 빠져 있었다.

나는 편집자 데니즈에게 결론을 완성하는 데 몇 달이 더 걸릴 수도 있다고 설명했다. 그녀에게 6개월이 걸릴 가능성이 크다고 말했다. 결론은 책에서 가장 중요한 부분이다. 그리고 나는 무엇이 훌륭한 결론을 만드는지 이제 막 배우기 시작한 참이다. 물론 데니즈는 반가워하지 않았다.

---

* 모두가 거짓말을 하기 때문에 당신은 이 이야기 대부분을 의심할 것이다. 나는 강박적으로 일을 하는 사람이 아닐 수도 있다. 이 책을 특별히 열심히 쓰지는 않았을 수도 있다. 많은 다른 사람이 그렇게 하듯이 내가 얼마나 노력했는지를 과장하고 있을 수도 있다. 13개월에 걸친 '노력'에는 전혀 글을 쓰지 않은 몇 달이 포함되었을 수도 있다. 은둔자로 살지 않았을 수도 있다. 내 페이스북 피드에서 은둔 생활을 했다는 기간에 친구들과 나가 놀면서 찍은 사진을 발견할 수도 있다. 어쩌면 나는 은둔자였지만 스스로 그걸 원하지는 않았을지도 모른다. 많은 밤을 혼자 보내면서도 일을 하지 못하고, 누군가 연락해줬으면 하는 헛된 기대를 했을 수도 있다. 아무도 어떤 모임에도 나를 초대하지 않았을 수도 있다. 아무도 지겹게 메시지를 보내지 않았을 수도 있다. 모두 거짓말을 한다. 어떤 화자든 신뢰할 수 없다.

그러던 어느 날 친구 한 명이 조던 엘렌버그Jordan Ellenberg의 연구를 이메일로 보내줬다. 위스콘신대학교의 수학자인 엘렌버그는 얼마나 많은 사람이 책을 끝까지 읽는지 궁금해했다. 그는 빅데이터를 이용해서 이를 시험하는 기발한 방법을 생각해냈다. 아마존은 얼마나 많은 사람이 책 속의 다양한 문장을 인용하는지 알려준다. 엘렌버그는 자주 인용되는 문장이 책의 앞부분과 뒷부분 중 어디에 집중되어 있는지 비교할 수 있다는 것을 깨달았다. 그것은 독자가 책을 끝까지 읽는 성향을 밝히는 대강의 길잡이가 될 수 있을 터였다. 그의 측정에 따르면, 도나 타트Donna Tartt의 소설 《황금방울새The Goldfinch》를 끝까지 읽은 독자는 90퍼센트가 넘었다. 반면에 노벨상을 수상한 경제학자 대니얼 카너먼Daniel Kahneman의 대표작 《생각에 관한 생각Thinking, Fast and Slow》을 끝까지 읽은 사람은 독자의 약 7퍼센트에 불과했다. 이 대략적인 방법의 추산에 따르면, 정말로 많이 언급되고 높은 평가를 받는 토마 피케티Thomas Piketty의 《21세기 자본Capital in the 21st Century》을 끝까지 읽은 사람은 겨우 3퍼센트에 불과하다. 한마디로 사람들은 경제학자들의 저작을 끝까지 읽지 않는 경향이 있다.[4]

이 책이 주장하는 바 중 하나는 빅데이터가 인도하는 길을 따르고 그에 따라 행동해야 한다는 것이다. 나는 독자들이 내가 쓴 모든 말에 잘 따라오고 뒤 내용을 앞 내용과 연결하는 패턴을 감지했기를 바란다. 하지만 내가 글을 가다듬기 위해 얼마나 노력을 했건, 대부분은 첫 50쪽을 읽고 몇 가지 요점을 받아들인 뒤에 일상으로 돌아가버릴 것이다.

따라서 나는 이 책을 적절한 방법으로 끝맺을 것이다. 데이터에 따라서, 사람들이 하는 말이 아니라 사람들이 실제로 하는 행동에 따라서 말이다. 나는 친구들과 맥주를 한잔하고 이 망할 결론을 그만 쓸 것이다. 빅데이터가 말하길 여기까지 읽고 있는 사람은 극히 소수니까.

# 주석

## 서론

1   Katie Fretland, "Gallup: Race Not Important to Voters," *The Swamp, Chicago Tribune*, 2008년 6월.

2   Alexandre Mas, Enrico Moretti, "Racial Bias in the 2008 Presidential Election," *American Economic Review* 99, no. 2 (2009).

3   2009년 11월 12일, 루 돕스(Lou Dobbs)는 자신의 프로그램에서 우리가 "탈당파, 탈인종 사회"를 살고 있다고 말했다. 2010년 1월 27일, 크리스 매슈스(Chris Matthews)는 오바마 대통령이 "표면상 인종차별에 얽매이지 않는다"라고 말했다. 다른 예로 다음 글을 참조하라. Michael C. Dawson, Lawrence D. Bobo, "One Year Later and the Myth of a Post-Racial Society," *Du Bois Review: Social Science Research on Race* 6, no. 2 (2009).

4   이 계산에 대한 세부사항은 sethsd.com의 '섹스 데이터(Sex Data)' 항목의 csv에서 찾아볼 수 있다. 종합사회조사의 데이터는 gss.norc.org에서 찾을 수 있다.

5   저자에게 제공된 데이터.

6   구글 트렌드 데이터에 대한 저자의 분석. Seth Stephens-Davidowitz, "The Data of Hate," *New York Times*, 2014년 7월 13일 SR4에서 논의한 대로 스톰프런트 전 회원에 대한 데이터를 폐기했다. 관련 데이터는 sethsd.com

의 '스톰프런트' 항목에서 다운로드할 수 있다.

7    구글 트렌드 데이터에 대한 저자의 분석. 이런 현상이 나타난 주에는 켄터키, 루이지애나, 애리조나, 노스캐롤라이나가 있다.

8    그 논문은 결국 저자의 이름으로 게재됐다. "The Cost of Racial Animus on a Black Candidate: Evidence Using Google Search Data," *Journal of Public Economics* 118 (2014). 관련 데이터는 sethsd.com의 '인종주의(Racism)' 항목에서 찾을 수 있다.

9    "내가 트럼프 지지와 가장 연관이 깊은 것으로 발견한 요인은 흑인 비하 단어에 대한 구글 검색이다. 다른 사람들도 이 사실을 보고했다"(2016년 2월 28일, 트윗). 다음 글도 참고하라. Nate Cohn, "Donald Trump's Strongest Supporters: A New Kind of Democrat," *New York Times*, 2015년 12월 31일, A3.

10    '깜둥이'라는 단어가 들어간 구글 검색의 비율을 보여주는 지도다. 단 척도가 구글 검색을 한 비율이기 때문에 검색을 많이 한 곳이나 인구가 많은 곳에서 임의적으로 높게 나타나지는 않는다. 또한 이 지도와 트럼프 지지 지도의 차이는 확실하게 설명할 수 있다. 트럼프는 텍사스주와 아칸소주에서 인기를 잃었는데, 그곳이 그의 두 적수인 테드 크루즈(Ted Cruz)와 마이크 허커비(Mike Huckabee)의 고향이기 때문이다.

11    시비스 애널리틱스(Civis Analytics)의 2015년 12월 데이터 결과를 표현한 지도다. 실제 투표 데이터는 여기서 별로 유용하지 않다. 실제 투표 데이터는 예비선거가 이뤄진 시기나 표결 방식에 크게 영향을 받기 때문이다. 인종차별적 검색률과 이 지도는 《뉴욕타임스》의 승인을 받아 수록했다.

12    "Bringing Big Data to the Enterprise," IBM, www-01.ibm.com/software/data/bigdata/what-is-big-data.html.

13    Nassim M. Taleb, "Beware the Big Errors of 'Big Data'," *Wired*, 2013년 2월 8일, www.wired.com/2013/02/big-data-means-big-errors-people.

14    나는 대침체에 많이 또는 적게 노출된 지역에서 인터넷상의 인종주의가 어떻게 변화했는지 검토했다. '깜둥이'에 대한 구글 검색 빈도와 스톰프런트 가입률을 관찰했는데, 관련 데이터는 sethsd.com의 '인종적 반감(Racial

Animus)'과 '스톰프런트' 항목에서 다운로드할 수 있다.

15  Seth Stephens-Davidowitz, "Fifty States of Anxiety," *New York Times*, 2016년 8월 7일, SR2. 덧붙여 구글 검색이 훨씬 규모가 큰 샘플을 제공하기는 하지만 이러한 패턴은 설문조사에서 얻은 증거와 일치한다. William C. Reeves et al., "Mental Illness Surveillance Among Adults in the United States," *Morbidity and Mortality Weekly Report Supplement* 60, no. 3 (2011).

16  Seth Stephens-Davidowitz, "Why Are You Laughing?," *New York Times*, 2016년 5월 15일, SR9. 관련 데이터는 sethsd.com의 '농담(Jokes)' 항목에서 다운로드할 수 있다.

17  Seth Stephens-Davidowitz, "What Do Pregnant Women Want?," *New York Times*, 2014년 5월 17일, SR6.

18  폰허브 데이터에 대한 저자의 분석.

19  Seth Stephens-Davidowitz, "Searching for Sex," *New York Times*, 2015년 1월 25일, SR1.

20  Seth Stephens-Davidowitz, "What Do Pregnant Women Want?," *New York Times*, 2014년 5월 17일, SR6.

21  2015년 10월 27일 전화로 제리 프리드먼을 인터뷰했다.

22  Hal R. Varian, "Big Data: New Tricks for Econometrics," *Journal of Economic Perspectives* 28, no. 2 (2014).

## 1장. 직감은 불완전하다

1  나는 내가 알고 있는 데이터 분석(인간의 행동을 설명하고 예언하고자 하는 데이터과학)의 특징에 관해 이야기하고 있다. 다시 말해 자동차를 운전하는 인공지능에 관해 이야기하는 게 아니다. 인간의 두뇌에서 발견한 도구들을 활용하는 이러한 방법론은 이해하기가 더 어렵다.

2  John Paparrizos, Ryan W. White, Eric Horvitz, "Screening for Pancreatic Adenocarcinoma Using Signals from Web Search Logs: Feasibility Study and Results," *Journal of Oncology Practice* (2016).

3  Seth Stephens-Davidowitz, "Dr. Google Will See You Now," *New York*

*Times*, 2013년 8월 11일, SR12.

4   Lars Backstrom, Jon Kleinberg, "Romantic Partnerships and the Dispersion of Social Ties: A Network Analysis of Relationship Status on Facebook," Computer Supported Cooperative Work & Social Computing에 관한 17차 ACM 콘퍼런스 의사록(2014).

5   Daniel Kahneman, *Thinking, Fast and Slow* (New York: Farrar, Straus and Giroux, 2011).

6   1979년부터 2010년 사이, 평균적으로 55.81명의 미국인이 토네이도로 사망했고 4,216.53명이 천식으로 사망했다. 국립기상국(National Weather Service) 연간 미국 토네이도 통계(Annual U.S. Killer Tornado Statistics), www.spc.noaa.gov/climo/torn/fatalmap.php와 전염병·통계과, 미국 폐협회(American Lung Association), 천식 질병과 사망 추세(Trends in Asthma Morbidity and Mortality) 참조.

7   내가 가장 좋아하는 유잉의 유튜브 비디오. 2015년 9월 18일 업로드, "Patrick Ewing's Top 10 Career Plays," www.youtube.com/watch?v=Y29gMuYymv8; 2006년 5월 12일 업로드, "Patrick Ewing Knicks Tribute," www.youtube.com/watch?v=8T2l5Emzu-I.

8   S. L. Price, "Whatever Happened to the White Athlete?," *Sports Illustrated*, 1997년 12월 8일.

9   2013년 10월 22일에 저자가 시행한 구글 소비자 설문조사 결과. 나는 'NBA 선수 대부분은 어디에서 태어났다고 생각하십니까?'라고 질문했다. 선택지는 '가난한 지역'과 '중산층 지역' 두 개였는데, 응답자의 59.7 퍼센트가 '가난한 지역'을 선택했다.

10  Roland G. Fryer, Steven D. Levitt, "The Causes and Consequences of Distinctively Black Names," *Quarterly Journal of Economics* 119, no. 3 (2004).

11  질병통제예방센터, "Health, United States, 2009," 표9, 비혼 출산, 상세 인종 히스패닉계 산모, 임산부 연령: 미국, 1970-2006년.

12  "Not Just a Typical Jock: Miami Heat Forward Chris Bosh's Interests Go Well Beyond Basketball," PalmBeachPost.com, 2011년 2월 15

일, www.palmbeachpost.com/sports/basketball/not-just-typical-jock-miami-heat-forward-chris-bosh-interests-well-beyond-basketball/dODLRoxbAizKMjRh1lHKZK/; Dave Walker, "Chris Paul's Family to Compete on 'Family Feud'," nola.com, 2011년 10월 31일, www.nola.com/tv/index.ssf/2011/10/chris_pauls_family_to_compete.html.

13  "Why Are We Getting Taller as a Species?," Scientific American, www.scientificamerican.com/article/why-are-we-getting-taller/.
흥미롭게도, 미국인의 신장은 이제 더 이상 커지지 않는다. Amanda Onion, "Why Have Americans Stopped Growing Taller?," ABC News, 2016년 7월 3일, abcnews.go.com/Technology/story?id=98438&page=1.
나는 다른 나라가 미국의 신장을 따라잡고 있기 때문에 외국 출신 NBA 선수가 크게 증가했다고 주장했다. 미국인의 키가 커지면서 미국에서 태어난 약 213센티미터 이상의 NBA 선수는 1946년부터 1980년 사이에 열여섯 배 증가했다. 그러다가 미국인의 성장이 멈추면서 안정세에 들어섰다. 한편 외국 출신의 약 213센티미터 이상 선수들은 상당히 늘어났다. 나는 외국 출신 선수들의 급증이 터키, 에스파냐, 그리스 등 아동의 건강과 성인의 신장이 최근 들어 눈에 띄게 개선된 국가의 매우 큰 선수들로 인한 것임을 발견했다.

14  Carmen R. Isasi et al., "Association of Childhood Economic Hardship with Adult Height and Adult Adiposity among Hispanics/Latinos: The HCHS/SOL Socio-Cultural Ancillary Study," *PloS One* 11, no. 2 (2016); Jane E. Miller, Sanders Korenman, "Poverty and Children's Nutritional Status in the United States," *American Journal of Epidemiology* 140, no. 3 (1994); Harry J. Holzer, Diane Whitmore Schanzenbach, Greg J. Duncan, Jens Ludwig, "The Economic Costs of Childhood Poverty in the United States," *Journal of Children and Poverty* 14, no. 1 (2008).

15  Cheryl D. Fryar, Qiuping Gu, Cynthia L. Ogden, "Anthropometric Reference Data for Children and Adults: United States, 2007‑2010,"

*Vital and Health Statistics Series* 11, no. 252 (2012).

16   Pablo S. Torre, "Larger Than Real Life," *Sports Illustrated*, 2011년 7월 4
     일.

17   Tim Kautz, James J. Heckman, Ron Diris, Bas Ter Weel, Lex Borghans,
     "Fostering and Measuring Skills: Improving Cognitive and Non-
     Cognitive Skills to Promote Lifetime Success," National Bureau of
     Economic Research 조사보고서 20749, 2014.

18   Desmond Conner, "For Wrenn, Sky's the Limit," *Hartford Courant*,
     1999년 10월 21일.

19   퍼시 앨런(Percy Allen)이 더그 렌에 관해 한 이야기, "Former Washington
     and O'Dea Star Doug Wrenn Finds Tough Times," *Seattle Times*, 2009
     년 3월 29일

20   같은 글.

21   Melissa Isaacson, "Portrait of a Legend," ESPN.com, 2009년 9월 9일,
     www.espn.com/chicago/columns/story?id=4457017&columnist=isaacs
     on_melissa; Roland Lazenby, *Michael Jordan: The Life* (Boston, Back Bay
     Books, 2015).

22   Barry Jacobs, "High-Flying Michael Jordan Has North Carolina
     Cruising Toward Another NCAA Title," *People*, 1984년 3월 19일.

23   Isaacson, 앞의 글.

24   마이클 조던의 농구 명예의 전당 입성 연설, 2012년 2월 21일 업로드된 유
     튜브 비디오, www.youtube.com/watch?v=XLzBMGXfK4c.
     조던의 연설에서 가장 흥미로운 측면은 그가 부모님에 대한 감정을 야단스
     럽게 토로했다는 점이 아니라 경력 초반에 자신이 느낀 모욕감을 짚고 넘
     어가고자 했다는 데 있다. 모욕감에 평생토록 집착하는 태도가 역대 최고
     의 농구선수가 되는 데 필요한 요소인지도 모르겠다.

25   "I'm LeBron James from Akron, Ohio," 2013년 6월 20일 업로드된 유
     튜브 비디오, www.youtube.com/watch?v=XceMbPVAggk.

## 2장. 프로이트가 옳았을까?

1 폭보다 길이가 훨씬 길고 전체적으로 둥글면 남근 모양의 음식으로 코드화했다. 거기에는 오이, 옥수수, 당근, 가지, 호박, 바나나가 포함된다. 데이터와 코드는 sethsd.com에서 찾아볼 수 있다.

2 이 데이터세트는 다음 링크에서 다운로드할 수 있다. www.microsoft.com/en-us/download/details.aspx?id=52418. 연구원들은 아마존 메커니컬 터크(Amazon Mechanical Turk) 사용자들에게 이미지를 묘사해달라고 요청했다. 그 후 키보드의 움직임을 분석하고 단어를 고칠 때마다 기록을 남겼다. 더 상세한 내용은 다음 글을 참고하라. Yukino Baba, Hisami Suzuki, "How Are Spelling Errors Generated and Corrected? A Study of Corrected and Uncorrected Spelling Errors Using Keystroke Logs," Association for Computational Linguistics 제50차 총회 회의록. 더 상세한 설명은 sethsd.com에서 찾을 수 있다.

3 전체 데이터는 다음과 같다.

나는 내 ······와 섹스를 하고 싶다.

| | 정확히 이 문장으로 이뤄진 월간 구글 검색 |
|---|---|
| 어머니 | 720 |
| 아들 | 590 |
| 여자 형제 | 590 |
| 사촌 | 480 |
| 아버지 | 480 |
| 남자친구 | 480 |
| 남자 형제 | 320 |
| 딸 | 260 |
| 친구 | 170 |
| 여자친구 | 140 |

4 다음 표에서 보듯 '포르노'는 인기 높은 다양한 애니메이션 프로그램에 관한 구글 검색에서 가장 흔하게 포함되는 단어 중 하나다.

만화, 포르노를 만나다
(다양한 만화의 가장 흔한 구글 연관 검색어)

| 패밀리 가이(Family Guy) 포르노 | 심슨 가족(The Simpsons) 보기 | 퓨처라마(Futurama) 포르노 | 스쿠비 두(Scooby Doo) 게임 |
|---|---|---|---|
| 패밀리 가이 에피소드 | 심슨 가족 포르노 | 퓨처라마 릴라(Leela 퓨처라마의 주인공-옮긴이) | 스쿠비 두 영화 |
| 무료 패밀리 가이 | 심슨 가족 온라인 | 퓨처라마 에피소드 | 스쿠비 두 포르노 |
| 패밀리 가이 보기 | 심슨 가족 영화 | 퓨처라마 온라인 | 스쿠비 두 벨마(Velma 스쿠비 두의 주인공 - 옮긴이) |

5    다음은 저자의 계산을 근거로 남성이 포르노를 검색할 때 연령별로 어떤 직업을 가장 많이 찾는지 정리한 표다.


남성이 포르노를 검색할 때 연령별로 가장 많이 찾는 여성 직업

|   | 18~24세 | 25~64세 | 65세 이상 |
|---|---|---|---|
| 1 | 베이비시터 | 베이비시터 | 베이비시터 |
| 2 | 교사 | 요가 강사 | 치어리더 |
| 3 | 요가 강사 | 교사 | 의사 |
| 4 | 치어리더 | 치어리더 | 교사 |
| 5 | 의사 | 부동산 중개인 | 부동산 중개인 |
| 6 | 매춘부 | 의사 | 간호사 |
| 7 | 부동산 중개인 | 매춘부 | 요가 강사 |
| 8 | 간호사 | 비서 | 비서 |
| 9 | 비서 | 간호사 | 매춘부 |

## 3장. 데이터를 보는 새로운 눈

1    Matthew Leising, "HFT Treasury Trading Hurts Market When News Is Released," *Bloomberg Markets*, 2014년 12월 16일; Nathaniel Popper, "The Robots Are Coming for Wall Street," *New York Times Magazine*, 2016년 2월 28일, MM56; Richard Finger, "High Frequency

Trading: Is It a Dark Force Against Ordinary Human Traders and Investors?," *Forbes*, 2013년 9월 30일, www.forbes.com/sites/richardfinger/2013/09/30/high-frequency-trading-is-it-a-dark-force-against-ordinary-human-traders-and-investors/#50875fc751a6.

2   2015년 5월 8일 전화로 앨런 크루거를 인터뷰했다.

3   이에 관한 첫 논문: Jeremy Ginsberg, Matthew H. Mohebbi, Rajan S. Patel, Lynnette Brammer, Mark S. Smolinski, Larry Brilliant, "Detecting Influenza Epidemics Using Search Engine Query Data," *Nature* 457, no. 7232 (2009). 첫 모델의 결함을 논의한 자료: David Lazer, Ryan Kennedy, Gary King, Alessandro Vespignani, "Parable of Google Flu: Traps in Big Data Analysis," *Science* 343, no. 6176 (2014). 수정된 모델: Shihao Yang, Mauricio Santillana, S. C. Kou, "Accurate Estimation of Influenza Epidemics Using Google Search Data Via ARGO," *Proceeding of the National Academy of Sciences* 112, no. 47 (2015).

4   Seth Stephens-Davidowitz, Hal Varian, "A Hands-on Guide to Google Data," 등사판, 2015; Marcelle Chauvet, Stuart Gabriel, Chandler Lutz, "Mortgage Default Risk: New Evidence from Internet Search Queries," *Journal of Urban Economics* 96 (2016).

5   Sergey Brin, Larry Page, "The Anatomy of a Large-Scale Hypertextual Web Search Engine," International World-Wide Web Conference, 1998년 4월 14~18일, 오스트레일리아 브리즈번.

6   John Battelle, *The Search: How Google and Its Rivals Rewrote the Rules of Business and Transformed Our Culture* (New York: Penguin, 2005).

7   이에 대한 적절한 논의: Steven Levy, *In the Plex: How Google Thinks, Works, and Shapes Our Lives* (New York: Simon & Schuster, 2011).

8   이 인용문의 출처: Joe Drape, "Ahmed Zayat's Journey: Bankruptcy and Big Bets," *New York Times*, 2015년 6월 5일, A1. 그렇지만 세이더가 이 말을 했다고 전한 이 기사는 틀렸다. 사실 이 말은 그의 팀원이 했다.

9   2015년 6월 12일부터 6월 14일까지 플로리다주 오캘러에서 제프 세이더와 패티 머리를 인터뷰했다.

10 경주마로서 실패하는 이유의 비율은 제프 세이더의 업계 경력을 바탕으로 어림한 대강의 추측이다.

11 순종 말의 부상 데이터베이스 통계를 다룬 표는 다음 링크에서 찾을 수 있다. jockeyclub.com/pdfs/eid_7_year_tables.pdf.

12 "Postmortem Examination Program," *California Animal Health and Food Laboratory System*, 2013.

13 Avalyn Hunter, "A Case for Full Siblings," *Bloodhorse*, 2014년 4월 18일, www.bloodhorse.com/horse-racing/articles/115014/a-case-for-full-siblings.

14 Melody Chiu, "E. J. Johnson Loses 50 Lbs. Since Undergoing Gastric Sleeve Surgery," *People*, 2014년 10월 1일.

15 Eli Saslow, "Lost Stories of LeBron, Part 1," ESPN.com, 2013년 10월 17일, www.espn.com/nba/story/_/id/9825052/how-lebron-james-life-changed-fourth-grade-espn-magazine.

16 Sherry Ross, "16 Million Dollar Baby," New York Daily News, 2006년 3월 12일; Jay Privman, "Green Monkey, Who Sold for $16M, Retired," ESPN.com, 2008년 11월 1일, www.espn.com/sports/horse/news/story?id=3242341. 경매 비디오는 2008년 11월 1일 업로드된 다음 유튜브 비디오에서 볼 수 있다. "$16 Million Horse," www.youtube.com/watch?v=EyggMC85Zsg.

17 Sharad Goel, Jake M. Hofman, Sébastien Lahaie, David M. Pennock, Duncan J. watts, "Predicting Consumer Behavior with Web Search," *Proceeding of the National Academy of Sciences* 107, no. 41 (2010).

18 Constance L. Hays, "What Wal-Mart Knows About Customers' Habits," *New York Times*, 2004년 11월 14일.

19 2016년 10월 27일 전화로 올리 아센펠터를 인터뷰했다.

20 Daniel McFarland, Dan Jurafsky, Craig Rawlings, "Making the Connection: Social Bonding in Courtship Situations," *American Journal of Sociology* 118, no. 6 (2013).

21 Jonathan Greenberg, "What I Learned From My Wise Uncle Leonard

Cohen," *Huffington Post*, 2016년 11월 11일.

22  H. Andrew Schwartz et al., "Personality, Gender, and Age in the Language of Social Media: The Open-Vocabulary Approach," *PloS One* 8, no. 9 (2013). 이 논문은 사람들이 성격 테스트에서 어떤 점수를 내는가에 기초해 그들이 말하는 방식을 해석하기도 했다. 다음 쪽에 그들의 발견을 제시한다.

23  Andrew J. Reagan, Lewis Mitchell, Dilan Kiley, Christopher M. Danforth, Peter Sheridan Dodds, "The Emotional Arcs of Stories Are Dominated by Six Basic Shapes," *EPJ Data Science* 5, no. 1 (2016).

24  Jonah Berger, Katherine L. Milkman, "What Makes Online Content Viral?," *Journal of Marketing Research* 49, no. 2 (2012).

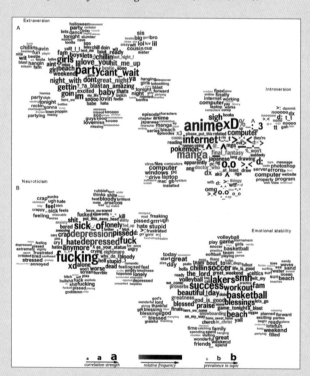

25  이 연구는 구체화됐다. Matthew Gentzkow, Jesse M. Shapiro, "What Drives Media Slant? Evidence from U.S. Daily Newspapers," *Econometrica* 78, no. 1 (2010). 겐츠코프와 서피로는 이 프로젝트를 시작할 때 박사과정에 있는 학생이었지만 현재는 스타 경제학자다. 현재 스탠퍼드대학교 교수인 겐츠코프는 2014년 40세 이하의 우수한 경제학자에게 수여되는 존 베이츠 클라크 메달을 받았다. 현재 브라운대학교 교수인 서피로는 저명한 《폴리티컬이코노미(Political Economy)》의 편집장이다. 미디어 편향을 다룬 두 사람의 공동 논문은 이들이 쓴 논문 중 가장 많이 인용되고 있다.

26  보수적인 《뉴욕포스트》를 머독이 소유하고 있다는 것은 뉴욕이 매우 큰 도시이며 다양한 시각을 가진 여러 신문이 존재할 수 있는 도시라는 사실로 설명된다. 그렇지만 《뉴욕포스트》가 계속 적자를 보고 있다는 것만은 분명해 보인다. 그 사례: Joe Pompeo, "How Much Does the 'New York Post' Actually Lose?," *Politico*, 2013년 8월 30일, www.politico.com/media/story/2013/08/how-much-does-the-new-york-post-actually-lose-001176.

27  2015년 8월 16일 로열 소네스타 보스턴에서 맷 겐츠코프와 제시 서피로를 인터뷰했다.

28  Kate Rakelly, Sarah Sachs, Brian Yin, Alexei A. Efros, "A Century of Portraits: A Visual Historical Record of American High School Yearbooks." 이 논문은 2015년 국제 컴퓨터 비전 콘퍼런스(International Conference on Computer Vision)에서 발표됐다. 사진은 저자의 승인을 받아 게재했다.

29  Christina Kotchemidova, "Why We Say 'Cheese': Producing the Smile in Snapshot Photography," *Critical Studies in Media Communication* 22, no. 1 (2005) 참조.

30  J. Vernon Henderson, Adam Storeygard, David N. Weil, "Measuring Economic Growth from Outer Space," *American Economic Review* 102, no. 2 (2012).

31  Kathleen Caulderwood, "Nigerian GDP Jumps 89% as Economists Add

in Telecoms, Nollywood," *IBTimes*, 2014년 4월 7일, www.ibtimes.com/nigerian-gdp-jumps-89-economists-add-telecoms-nollywood-1568219.

32  2015년 6월 10일 전화로 라이싱어를 인터뷰했다.

33  Leena Rao, "SpaceX and Tesla Backer Just Invested $50 Million in This Startup," *Fortune*, 2015년 9월 24일.

## 4장. 디지털 자백약

1  Hugh J. Parry, Helen M. Crossley, "Validity of Responses to Survey Questions," *Public Opinion Quarterly* 14, 1 (1950).

2  Frauke Kreuter, Stanley Presser, Roger Tourangeau, "Social Desirability Bias in CATI, IVR, and Web Surveys," *Public Opinion Quarterly* 72(5), 2008.

3  거짓말이 트럼프 지지층을 예측하는 데 문제일 수 있다고 주장하는 기사: Thomas B. Edsall, "How Many People Support Trump but Don't Want to Admit It?," *New York Times*, 2016년 5월 15일, SR2. 거짓말이 중요한 요인이 아니라는 주장: Andrew Gelman, "Explanations for That Shocking 2% Shift," *Statistical Modeling, Causal Inference, and Social Science*, 2016년 11월 9일, andrewgelman.com/2016/11/09/explanations-shocking-2-shift.

4  2015년 5월 5일 전화로 로저 투랑조를 인터뷰했다.

5  관련 내용은 다음 책에서 논의됐다. Adam Grant, *Originals: How Non-Conformists Move the World* (New York: Viking, 2016). 원 출처: David Dunning, Chip Heath, Jerry M. Suls, "Flawed Self-Assessment: Implications for Health, Education, and the Workplace," *Psychological Science in the Public Interest* 5 (2004).

6  Anya Kamenetz, "'Mischievous Responders' Confound Research on Teens," nprED, 2014년 5월 22일. www.npr.org/sections/ed/2014/05/22/313166161/mischievous-responders-confound-research-on-teens. 이 기사가 논의하고 있는 원래의 연구: Joseph P. Robinson-Cimpian, "Inaccurate Estimation of Disparities Due to

Mischievous Responders," *Educational Researcher* 43, no. 4 (2014).

7    www.google.com/trends/explore?date=all&geo=US&q=porn,weather.

8    Amanda Hess, "How Many Women Are Not Admitting to Pew That They Watch Porn?," *Slate*, 2013년 10월 11일, www.slate.com/blogs/xx_factor/2013/10/11/pew_online_viewing_study_percentage_of_women_who_watch_online_porn_is_growing.html.

9    Nicholas Diakopoulus, "Sex, Violence, and Autocomplete Algorithms," *Slate*, 2013년 8월 2일, www.slate.com/articles/technology/future_tense/2013/08/words_banned_from_bing_and_google_s_autocomplete_algorithms.html.

10   나는 매달 다양한 단어를 사용해서 아이를 가진 것을 후회한다고 명시적으로 표현하는 미국 구글 검색이 약 1,730건 있는 것으로 추산한다. 자녀를 갖지 않은 데 후회를 표현하는 검색은 약 50건에 불과하다. 45세 이상의 미국인 중 약 1,590만 명은 자녀가 없다. 자녀를 가진 사람은 약 1억 5,200만 명이다. 이는 가임 인구 중에 유자녀 인구가 무자녀 인구보다 약 3.6배 높은 비율로 후회를 표현한다는 의미다. 본문에서 언급했지만 다시 한번 강조하건대, 구글에 이러한 고백을 하는 것은 분명히 소수의 사람들(아마도 감정이 너무 격해져서 구글이 그들을 도와줄 수 없다는 사실을 잠깐 망각한)이다.

11   Nate Silver, "How Opinion on Same-Sex Marriage Is Changing, and What It Means," FiveThirtyEight, 2013년 3월 26일, fivethirtyeight.blogs.nytimes.com/2013/03/26/how-opinion-on-same-sex-marriage-is-changing-and-what-it-means/?_r=0.

12   페이스북 광고 데이터에 대한 저자의 분석. 나는 '남성과 여성' 둘 다에 관심이 있다고 밝힌 페이스북 사용자는 포함시키지 않았다. 내 분석에 따르면 두 성별 모두에 관심이 있다고 말한 사용자의 적지 않은 비율은 질문에서 말하는 '관심'을 연애 감정이 아닌 우정으로 해석했다.

13   논의한 대로, 구글 트렌드는 검색을 성별로 구분하지 않는 반면, 구글 애드워즈는 다양한 범주의 페이지 조회수를 성별로 구분한다. 그렇지만 이 데이터는 정밀함과 거리가 멀다. 성별에 따른 검색을 추정하기 위해, 나는 우

선 검색 데이터를 이용해서 주(州)별로 동성애 포르노 검색이 얼마나 이뤄지는지 추정치를 얻었다. 이후 구글 애드워즈의 성별 데이터를 통해 이 데이터를 표준화했다. 성별에 따른 데이터를 얻는 또 다른 방법은 폰허브 데이터를 이용하는 것이다. 하지만 폰허브는 몹시 선별적인 표본일 수 있다. 많은 동성애자가 동성애 포르노에만 특화된 사이트를 이용할 수 있기 때문이다. 폰허브는 남성들의 동성애 포르노 이용 수치가 구글 검색이 시사하는 것보다 낮다고 암시한다. 그렇지만 폰허브는 동성애에 대한 관용성과 남성 동성애 포르노 이용 사이에 강한 연관성이 있다는 것을 보여준다. 이모든 데이터와 추가적인 사항은 sethsd.com의 '섹스' 부분에서 찾아볼 수 있다.

14  페이스북 광고 데이터에 대한 저자의 계산: 2017년 2월 8일, 페이스북상의 샌프란시스코-오클랜드-산호세 미디어 시장에 속한 남자 고등학생 약 300명이 남성에게 관심이 있다고 말했다. 약 7,800명은 여성에게 관심이 있다고 말했다.

15  "'We Don't Have Any Gays in Iran', Iranian President Tells Ivy League Audience," Daily Mail.com, 2007년 9월 25일, www.dailymail.co.uk/news/article-483746/We-dont-gays-Iran-Iranian-president-tells-Ivy-League-audience.html.

16  Brett Logiurat, "Sochi Mayor Claims There Are No Gay People in the City," *Sports Illustrated*, 2014년 1월 27일.

17  구글 애드워즈에 따르면, 'гей порно(동성애 포르노)' 검색이 매년 수만 건 존재한다. 포르노 검색 중 동성애 포르노 검색이 차지하는 비율은 소치와 미국이 거의 비슷하다. 구글 애드워즈는 이란의 데이터는 포함시키지 않고 있다. 폰허브 역시 이란에 대한 데이터를 보고하지 않는다. 하지만 폰MD(PornMD)는 자신들의 검색 데이터를 연구해서 이란의 10대 검색어 중 다섯 개가 동성애 포르노에 관한 것이라고 보고했다. 여기에는 '대디 러브(daddy love)' '호텔 비즈니스맨(hotel businessman)'이 포함되며 이는 조지프 패트릭 매코닉(Joseph Patrick McCormick)의 다음 글에서 발표됐다. "Survey Reveals Searches for Gay Porn Are Top in Countries Banning Homosexuality," *PinkNews*, www.pinknews.

co.uk/2013/03/13/survey-reveals-searches-for-gay-porn-are-top-in-countries-banning-homosexuality. 구글 트렌드에 따르면 이란에서 이뤄지는 포르노 검색 중 약 2퍼센트가 게이 포르노 검색이다. 미국보다 낮은 비율이지만 광범위한 관심을 드러내는 수치다.

18  Seth Stephens-Davidowitz, "Searching for Sex." 이 부분의 데이터는 sethsd.com의 '섹스' 항목에서 찾을 수 있다.

19 2011~2013년 미국 질병통제예방센터. www.cdc.gov/nchs/data/databriefs/db173_table.pdf#1.

20  David Spiegelhalter, "Sex: What Are the Chances?," *BBC News*, 2012년 3월 15일, www.bbc.com/future/story/20120313-sex-in-the-city-or-elsewhere.

21  매년 약 660만 명이 임신을 하며, 그중 15~44세의 여성은 620만 명이다.

22  앞서 말했듯이 나는 구글 검색자의 성별을 알 수 없다. 그래서 쿤닐링구스(cunnilingus, 입술이나 혀로 여성의 성기를 애무하는 행위 – 옮긴이) 방법을 찾는 검색의 대부분은 남성이 했고 펠라티오(fellatio, 남성 성기에 하는 구강성교 – 옮긴이) 방법을 찾는 검색의 대부분은 여성이 했다고 가정했다. 대부분의 사람들이 이성애자이고 같은 성의 성교 상대를 즐겁게 하는 법은 배울 필요가 덜하기 때문이다.

23  구글 애드워즈 데이터 분석.

24  Evan Soltas, Seth Stephens-Davidowitz, "The Rise of Hate Search," *New York Times*, 2015년 12월 13일, SR1. 데이터를 비롯한 더 자세한 사항은 sethsd.com의 '이슬람포비아(Islamphobia)' 항목에서 찾을 수 있다.

25  저자의 구글 트렌드 데이터 분석.

26  저자의 구글 트렌드 데이터 분석.

27  Ashwin Rode, Anand J. Shukla, "Attitudes and Labor Market Outcomes," 등사판, 2013.

28  Seth Stephens-Davidowitz, "Google, Tell Me. Is My Son a Genius?," *New York Times*, 2014년 1월 19일, 2014, SR6. 정확한 검색 데이터는 구글 애드워즈를 이용해서 찾을 수 있다. 추정치는 구글 트렌드에서 '재능이 있는'과 '아들' 그리고 '재능이 있는'과 '딸'이라는 단어의 검색을 비

교해서 찾을 수 있다. www.google.com/trends/explore?date=all&geo=US&q=gifted%20son,gifted%20daughterand와 www.google.com/trends/explore?date=all&geo=US&q=overweight%20son,overweight%20daughter 참조. 아들의 두뇌와 딸의 몸에 대한 일반적인 패턴에서 예외적인 사례는 '뚱뚱한 아들'에 관한 검색이 '뚱뚱한 딸'에 관한 검색보다 많은 것이다. 이는 앞서 말한 근친상간 포르노의 인기와 관련 있어 보인다. '뚱뚱한'과 '아들'이라는 단어가 포함된 검색 중 20퍼센트에는 '포르노'라는 단어도 들어 있다.

29 "Gender Equity in Education: A Data Snapshot," 민권담당국, 2012년 6월, www2.ed.gov/about/offices/list/ocr/docs/gender-equity-in-education.pdf.

30 Data Resource Center for Child and Adolescent Health, www.childhealthdata.org/browse/survey/results?q=2415&g=455&a=3879&r=1.

31 Seth Stephens-Davidowitz, 'The Data of Hate.' 관련 데이터는 sethsd.com의 '스톰프런트' 항목에서 다운로드할 수 있다.

32 구글 검색에서 스톰프런트에 관한 관심은 2016년 10월과 2015년 10월의 수준이 비슷하다. 이는 오바마의 첫 선거 때와 큰 차이를 보인다. 2008년 10월 구글 검색에서 스톰프런트에 관한 관심은 2007년 10월에 비해 거의 60퍼센트나 상승했다. 오바마가 당선된 날 스톰프런트에 관한 구글 검색은 약 열 배 늘었다. 트럼프가 당선된 날 스톰프런트 검색은 약 2.5배 늘었다. 2004년 조지 W. 부시가 당선된 후의 상승과 거의 비슷한 수치로, 이는 주로 정치 중독자들이 뉴스에 보이는 관심을 반영한 것이다.

33 Matthew Gentzkow, Jesse M. Shapiro, "Ideological Segregation Online and Offline," *Quarterly Journal of Economics*, 126, no. 4 (2011).

34 Eytan Bakshy, Solomon Messing, Lada Adamic, "Exposure to Ideologically Diverse News and Opinion on Facebook," *Science* 348, no. 6239 (2015). 이들은 활발하게 페이스북을 사용하는 사람들 중 9퍼센트가 자신의 이념을 표현하고 있고, 이들의 친구 가운데 역시 이념을 표현하는 친구 중 23퍼센트는 반대 이념을 갖고 있다는 것을 발견했다. 또한 그

들이 페이스북에서 보는 뉴스의 28.5퍼센트는 반대 이념 쪽의 것이었다. 이러한 수치는 분열도에 대한 다른 수치와 직접적으로 비교할 수 없다. 페이스북 사용자 중에서 자기 이념을 표현하고 있는 작은 규모의 표본만을 대상으로 하기 때문이다. 아마도 이들 사용자는 정치적으로 더 활발하게 활동하고, 역시 정치적으로 활발하게 활동하는 같은 이념을 가진 사용자와 어울리고 있을 가능성이 높다. 그렇다면 모든 사용자의 다양성은 훨씬 더 커질 것이다.

35    소셜미디어를 놀라울 정도로 다양화하는 또 다른 요인은 정치적인 편향성과 상관없이 매우 인기가 있거나 여러 번 공유된 기사가 혜택을 많이 보기 때문이다. Solomon Messing, Sean Westwood, "Selective Exposure in the Age of Social Media: Endorsements Trump Partisan Source Affiliation When Selecting News Online," 2014.

36    Ben Quinn, "Social Network Users Have Twice as Many Friends Online as in Real Life," *Guardian*, 2011년 5월 8일. 이 기사는 낭포성 섬유증 트러스트(Cystic Fibrosis Trust)가 진행한 연구에서 논의됐다. 여기에서 평균적인 소셜네트워크 사용자에게 온라인 친구가 121명 있는 반면 실제 친구는 55명이라는 것을 발견했다. 2014년 퓨 리서치(Pew Research) 연구에 따르면, 평균적인 페이스북 사용자는 친구가 300명 이상이라고 한다. Aaron Smith, "6 New Facts About Facebook," 2014년 2월 3일, www. pewresearch.org/fact-tank/2014/02/03/6-new-facts-about-facebook/.

37    Eytan Bakshy, Itamar Rosenn, Cameron Marlow, Lada Adamic, "The Role of Social Networks in Information Diffusion," International Conference on World Wide Web 의사록, 2012.

38    "Study: Child Abuse on Decline in U.S.," *Associated Press*, 2011년 12월 12일.

39    Seth Stephens-Davidowitz, "How Googling Unmasks Child Abuse," *New York Times*, 2013년 7월 14일, SR5; Seth Stephens-Davidowitz, "Unreported Victims of an Economic Downturn," mimeo, 2013.

40    "Stopping Child Abuse: It Begins With You," *The Arizona Republic*, 2016년 3월 26일.

41  Seth Stephens-Davidowitz, "The Return of the D.I.Y. Abortion," *New York Times*, 2016년 3월 6일, SR2. 데이터를 비롯한 좀 더 자세한 사항은 sethsd.com '자가낙태(Self-Induced Abortion)' 항목에서 찾을 수 있다.

42  Alliance for Audited Media, Consumer Magazines, abcas3. auditedmedia.com/ecirc/magtitlesearch.asp.

43  저자의 계산, 2016년 10월 4일, 페이스북 애즈 매니저(Ads Manager) 사용.

44  "List of Most Popular Websites," Wikipedia. 인터넷 검색 행동을 추적하는 알렉사(Alexa)에 따르면 2016년 9월 4일 현재, 가장 인기 있는 포르노 사이트는 엑스비디오(XVideos)로 인기 웹사이트 57위다. 시밀러웹(SimilarWeb)에 따르면 2016년 9월 4일 현재, 가장 인기 있는 포르노 사이트는 엑스비디오이고 인기 웹사이트 17위다. 알렉사에 따르면 가장 인기 있는 10대 웹사이트는 구글, 유튜브, 페이스북, 바이두(Baiidu), 야후, 위키피디아, 텐센트 QQ(Tencent QQ), 구글 인디아(Google India), 트위터다.

45  Daivid Kirkpatrick, *The Facebook Effect: The Inside Story of the Company That Is Connecting the World* (New York: Simon & Schuster, 2010).

46  Peter Thiel, Blake Masters, *Zero to One: Notes on Startups, or How to Build the Future* (New York: The Crown Publishing Group, 2014).

47  2015년 5월 5일 전화로 그자비에 아마트리아인을 인터뷰했다.

48  저자의 구글 트렌드 데이터 분석.

49  "The President Speaks at the Islamic Society of Baltimore," 유튜브 비디오, 2016년 2월 3일 업로드, www.youtube.com/watch?v=LRRVdVqAjdw.

50  저자의 구글 트렌드 데이터 분석. '이슬람교도를 죽이자'라는 검색은 일주일 전보다 훨씬 줄어들었다. 게다가 '이슬람교도'와 이슬람교도에 관한 5대 부정적 검색어가 포함된 검색은 더 낮았다.

## 5장. 클로즈업

1  Seth Stephens-Davidowitz, "They Hook You When You're Young,"

*New York Times*, 2014년 4월 20일, SR5. 이 연구의 데이터와 코드는 sethsd.com의 '야구(Baseball)' 항목에서 찾을 수 있다.

2   Yair Ghitza, Andrew Gelman, "The Great Society, Reagan's Revolution, and Generations of Presidential Voting," 미출간 원고.

3   2015년 7월 30일 전화로 라지 체티를 인터뷰했다.

4   Raj Chetty et al., "The Association Between Income and Life Expectancy in the United States, 2001–2014," *JAMA* 315, no. 16 (2016).

5   Julia Belluz, "Income Inequality Is Chipping Away at Americans' Life Expectancy," vox.com, 2016년 4월 11일.

6   Raj Chetty, John Friedman, Emmanuel Saez, "Using Differences in Knowledge Across Neighborhoods to Uncover the Impacts of the EITC on Earnings," *American Economic Review* 103, no. 7 (2013).

7   Seth Stephens-Davidowitz, "The Geography of Fame," *New York Times*, 2014년 3월 23일, SR6. 데이터는 sethsd.com의 '위키피디아의 카운티별 출생률(Wikipedia Birth Rate, by County)'에서 다운로드할 수 있다. 위키피디아에 등재된 모든 사람의 출생 카운티를 다운로드하고 코딩하는 데 협조해준 노아 스티븐스 다비도위츠에게 고마움을 전한다.

8   도시의 가치에 대한 더 상세한 증거로 다음 참조. Ed Glaeser, *Triumph of the City* (New York: Penguin, 2011) (글레이저는 대학원 시절 나의 지도교수였다.)

9   David Levinson, ed, *Encyclopedia of Crime and Punishment* (Thousand Oaks, CA: SAGE, 2002).

10   Craig Anderson et al., "The Influence of Media Violence on Youth," *Psychological Science in the Public Interest* 4 (2003).

11   Gordon Dahl, Stefano DellaVigna, "Does Movie Violence Increase Violent Crime?," *Quarterly Journal of Economics* 124, no. 2 (2009).

12   Seth Stephens-Davidowitz, "Days of Our Digital Lives," *New York Times*, 2015년 7월 5일, SR4.

13   Anna Richardson, Tracey Budd, "Young Adults, Alcohol, Crime and

Disorder," *Criminal Behaviour and Mental Health* 13, no. 1 (2003); Richard A. Scribner, David P. MacKinnon, James H. Dwyer, "The Risk of Assaultive Violence and Alcohol Availability in Los Angeles County," *American Journal of Public Health* 85, no. 3 (1995); Dennis M. Gorman, Paul W. Speer, Paul J. Gruenewald, Erich W. Labouvie, "Spatial Dynamics of Alcohol Availability, Neighborhood Structure and Violent Crime," *Journal of Studies on Alcohol* 62, no. 5 (2001); Tony H. Grubesic, William Alex Pridemore, Dominique A. Williams, Loni Philip-Tabb, "Alcohol Outlet Density and Violence: The Role of Risky Retailers and Alcohol-Related Expenditures," *Alcohol and Alcoholism* 48, no. 5 (2013).

14  연구자들은 시간별로 분류된 이 범죄 데이터를 이용해서 더 많은 것을 알 아냈다. 예를 하나 들어볼까? 특정 도시의 축구팀이 이길 것으로 예상되던 시합에서 지면 그 직후 지역 내에서 가정폭력 신고가 늘어났다. David Card, Gordon B. Dahl, "Family Violence and Football: The Effect of Unexpected Emotional Cues on Violent Behavior," *Quarterly Journal of Economics* 126, no. 1 (2011).

15  "Ed McCaffrey Knew Christian McCaffrey Would Be Good from the Start—'The Herd'," 유튜브 비디오, 2015년 12월 3일 업로드, www.youtube.com/watch?v=boHMmp7DpX0.

16  Bill Simmons, "It's Hard to Say Goodbye to David Ortiz," ESPN.com, 2009년 6월 2일, www.espn.com/espnmag/story?id=4223584.

17  Nate Silver, *The Signal and the Noise: Why So Many Predictions Fail—But Some Don't* (New York: Penguin, 2012).

18  Ryan Campbell, "How Will Prince Fielder Age?," 2011년 10월 28일, www.fangraphs.com/blogs/how-will-prince-fielder-age.

19  이 데이터는 베이스볼 프로스펙터스(Baseball Prospectus)의 롭 매쿤(Rob McQuown)이 제공했다.

20  2015년 6월 15일 전화로 아이작 코하네를 인터뷰했다.

21  2015년 8월 17일 전화로 제임스 헤이우드를 인터뷰했다.

## 6장. 온 세상이 실험실

1  이 이야기는 다음 글을 비롯한 여러 곳에서 논의됐다. Brian Christian, "The A/B Test: Inside the Technology That's Changing the Rules of Business," *Wired*, 2012년 4월 25일, www.wired.com/2012/04/ff_abtesting.

2  Esther Duflo, Rema Hanna, Stephen P. Ryan, "Incentives Work: Getting Teachers to Come to School," *American Economic Review* 102, no. 4 (2012).

3  Ian Parker, "The Poverty Lab," *New Yorker*, 2010년 5월 17일.

4  Christian, "The A/B Test."

5  Douglas Bowman, "Goodbye, Google," stopdesign, 2009년 5월 20일, stopdesign.com/archive/2009/03/20/goodbye-google.html.

6  Eytan Bakshy, "Big Experiments: Big Data's Friend for Making Decisions," 2014년 4월 3일, www.facebook.com/notes/facebook-data-science/big-experiments-big-datas-friend-for-making-decisions/10152160441298859/.
   제약 연구에 관한 정보원: "How many clinical trials are started each year?," *Quora*, www.quora.com/How-many-clinical-trials-are-started-each-year.

7  2015년 4월 29일 전화로 댄 시로커를 인터뷰했다.

8  Dan Siroker, "How Obama Raised $60 Million by Running a Simple Experiment," Optimizely blog, 2010년 11월 29일, blog.optimizely.com/2010/11/29/how-obama-raised-60-million-by-running-a-simple-experiment/.

9  《보스턴글로브》A/B 테스트와 그 결과를 제공받았다. 이 실험에 관한 자세한 사항은 다음에서 찾을 수 있다. "The Boston Globe: Discovering and Optimizing a Value Proposition for Content," Marketing Sherpa Video Archive, www.marketingsherpa.com/video/boston-globe-optimization-summit2. 여기에는 《보스턴글로브》의 피터 도셋(Peter Doucette)과 MECLABS의 패멀라 마키(Pamela Markey) 간의 대화가 포함되어 있다.

10    2015년 7월 23일 전화로 클라크 벤슨을 인터뷰했다.

11    "Enhancing Text Ads on the Google Display Network," *Inside Ad-Sense*, 2012년 12월 3일, adsense.googleblog.com/2012/12/enhancing-text-ads-on-google-display.html.

12    "Large arrows appearing in google ads—please remove," DoubleClick Publisher Help Forum, productforums.google.com/forum/#!topic/dfp/p_TRMqWUF9s.

13    Adam Alter, *Irresistible: The Rise of Addictive Technology and the Business of Keeping Us Hooked* (New York: Penguin, 2017).

14    저자의 구글 트렌드 데이터 분석.

15    Harry Walker Speakers Bureau, Freakonomics page, www.harrywalker.com/speakers/authors-of-freakonomics.

16    Wesley R. Hartmann, Daniel Klapper, "Super Bowl Ads," 미출간 원고, 2014.

17    컴퓨터 시뮬레이션 속에서 살 가능성에 대한 극단적인 사례 참조. Nick Bostrom, "Are We Living in a Computer Simulation?," *Philosophical Quarterly* 53, no. 211 (2003) 참조.

18    《로스앤젤레스타임스》 스태프, "U.S. Presidential Assassinations and Attempts," *Los Angeles Times*, 2012년 1월 22일, timelines.latimes.com/us-presidential-assassinations-and-attempts/.

19    Benjamin F. Jones, Benjamin A. Olken, "Do Assassins Really Change History?," *New York Times*, 2015년 4월 12일, SR12.

20    공격 장면을 담은 유튜브 비디오 "Parade surprise (Chechnya 2004)," 2009년 3월 31일 업로드, www.youtube.com/watch?v=fHWhs5QkfuY.

21    이 이야기는 존스와 올켄의 "암살이 정말 역사를 바꾸는가?"에서도 논의된다.

22    Benjamin F. Jones and Benjamin A. Olken, "Hit or Miss? The Effect of Assassinations on Institutions and War," *American Economic Journal: Macroeconomics* 1, no. 2 (2009).

23    John Tierney, "How to Win the Lottery (Happily)," *New York Times*,

2014년 5월 27일, D5. 티어니의 글은 다음의 연구를 다루고 있다. Bénédicte Apouey, Andrew E. Clark, "Winning Big but Feeling No Better? The Effect of Lottery Prizes on Physical and Mental Health," *Health Economics* 24, no. 5 (2015); Jonathan Gardner, Andrew J. Oswald, "Money and Mental Wellbeing: A Longitudinal Study of Medium-Sized Lottery Wins," *Journal of Health Economics* 26, no. 1 (2007); Anna Hedenus, "At the End of the Rainbow: Post-Winning Life Among Swedish Lottery Winners," 미출간 원고, 2011. 티어니의 글은 1978년의 유명한 다음 연구(소규모 표본을 바탕으로 복권 당첨이 사람을 행복하게 만들지 않는다는 것을 발견했다) 역시 지적한다. Philip Brickman, Dan Coates, Ronnie Janoff-Bulman, "Lottery Winners and Accident Victims: Is Happiness Relative?," *Journal of Personality and Social Psychology* 36, no. 8 (1978)

24　Peter Kuhn, Peter Kooreman, Adriaan Soetevent, Arie Kapteyn, "The Effects of Lottery Prizes on Winners and Their Neighbors: Evidence from the Dutch Postcode Lottery," *American Economic Review* 101, no. 5 (2011); Sumit Agarwal, Vyacheslav Mikhed, Barry Scholnick, "Does Inequality Cause Financial Distress? Evidence from Lottery Winners and Neighboring Bankruptcies," 작업 중인 논문, 2016.

25　Agarwal, Mikhed, and Scholnick, "Does Inequality Cause Financial Distress?"

26　Jeffrey Clemens, Joshua D. Gottlieb, "Do Physicians' Financial Incentives Affect Medical Treatment and Patient Health?," *American Economic Review* 104, no. 4 (2014). 이러한 결과가 의사들이 사악하다는 것을 의미하지는 않는다. 사실 이 결과는 더 많은 돈을 받을 때 의사들이 지시하는 추가 시술이 실제로 목숨을 구할 때 더 문제가 된다. 이런 경우라면, 의사들이 목숨을 구하는 처치를 지시하게 만들려면 충분한 돈을 지불해야 한다. 오히려 클레멘스와 고틀리프의 결과는 의사들이 그 처치에 얼마의 돈을 받든 목숨을 구하는 처치를 지시할 것이라는 점을 말한다. 그렇기 때문에 그리 도움이 되지 않는 처치라 하더라도 의사들은 그것을 지시

하는 데 충분한 돈을 받아야 한다. 이렇게도 말할 수 있다. 의사들은 목숨을 위협하는 일에는 금전적 유인에 크게 신경을 쓰지 않는다. 그들은 중요치 않은 일에 대해서는 금전적 유인에 신경을 많이 쓴다.

27    Robert D. McFadden, Eben Shapiro, "Finally, a Face to Fit Stuyvesant: A High School of High Achievers Gets a High-Priced Home," *New York Times*, 1992년 9월 8일.

28    제공되는 과정은 스타이 웹사이트에서 찾아볼 수 있다. stuy.enschool.org.

29    Anna Bahr, "When the College Admissions Battle Starts at Age 3," *New York Times*, 2014년 7월 29일, www.nytimes.com/2014/07/30/upshot/when-the-college-admissions-battle-starts-at-age-3.html.

30    Sewell Chan, "The Obama Team's New York Ties," *New York Times*, 2008년 11월 25일; Evan T. R. Rosenman, "Class of 1984: Lisa Randall," *Harvard Crimson*, 2009년 6월 2일; "Gary Shteyngart on Stuyvesant High School: My New York," 유튜브 비디오, 2010년 8월 4일 업로드, www.youtube.com/watch?v=NQ_phGkC-Tk; Candace Amos, "30 Stars Who Attended NYC Public Schools," *New York Daily News*, 2015년 5월 29일.

31    Carl Campanile, "Kids Stuy High Over Bubba: He'll Address Ground Zero School's Graduation," *New York Post*, 2002년 3월 22일; UN 보도자료, "Stuyvesant High School's 'Multicultural Tapestry' Eloquent Response to Hatred, Says Secretary-General in Graduation Address," 2004년 6월 23일; "Conan O'Brien's Speech at Stuyvesant's Class of 2006 Graduation in Lincoln Center," 유튜브 비디오, 2012년 3월 6일 업로드, www.youtube.com/watch?v=zAMkUE9Oxnc.

32    k12.niche.com/rankings/public-high-schools/best-overall/.

33    Pamela Wheaton, "8th-Graders Get High School Admissions Results," *Insideschools*, 2016년 3월 4일, insideschools.org/blog/item/1001064-8th-graders-get-high-school-admissions-results.

34    M. Keith Chen, Jesse M. Shapiro, "Do Harsher Prison Conditions Reduce Recidivism? A Discontinuity-Based Approach," *American Law*

*and Economics Review* 9, no. 1 (2007).

35  Atila Abdulkadiroğlu, Joshua Angrist, Parag Pathak, "The Elite Illusion: Achievement Effects at Boston and New York Exam Schools," *Econometrica* 82, no. 1 (2014). 다음의 독립적인 연구에서도 스타이브슨트 입학이 아무런 효과가 없다는 동일한 결과가 발견됐다. Will Dobbie, Roland G. Fryer Jr., "The Impact of Attending a School with High-Achieving Peers: Evidence from the New York City Exam Schools," *American Economic Review: American Economic Journal: Applied Economics* 6, no. 3 (2014).

36  www.payscale.com/college-salary-report/bachelors.

37  Stacy Berg Dale, Alan B. Krueger, "Estimating the Payoff to Attending a More Selective College: An Application of Selection on Observables and Unobservables," *Quarterly Journal of Economics* 117, no. 4 (2002).

38  Alice Schroeder, *The Snowball: Warren Buffett and the Business of Life* (New York: Bantuam, 2008).

## 7장. 빅데이터로도 할 수 없는 일

1  Johan Bollen, Huina Mao, Xiaojun Zeng, "Twitter Mood Predicts the Stock Market," *Journal of Computational Science* 2, no. 1 (2011).

2  "Hedge Fund That Traded Based on Social Media Signals Didn't Work Out," *Financial Times*, 2012년 3월 25일.

3  Christopher F. Chabris et al., "Most Reported Genetic Associations with General Intelligence Are Probably False Positives," *Psychological Science* (2012).

4  다음의 테드엑스 강연에서 논의됐다. "How to Make a Behavior Addictive: Zoë Chance at TEDx Mill River," 유튜브 비디오, 2013년 5월 14일 업로드, www.youtube.com/watch?v=AHfiKav9fcQ. 만보기의 색상 같은 상세한 사항은 인터뷰에서 구체화됐다. 2015년 4월 20일 전화로, 2016년 7월 11일과 2016년 9월 8일 이메일로 챈스를 인터뷰했다.

5  Alex Peysakhovich, Seth Stephens-Davidowitz, "How Not to Drown in

Numbers," *New York Times*, 2015년 5월 3일, SR6.

6    Brian A. Jacob, Steven D. Levitt, "Rotten Apples: An Investigation of the Prevalence and Predictors of Teacher Cheating," *Quarterly Journal of Economics* 118, no. 3 (2003).

7    2015년 4월 22일 전화로 토머스 케인을 인터뷰했다.

8    Bill & Melinda Gates Foundation, "Ensuring Fair and Reliable Measures of Effective Teaching," k12education.gatesfoundation.org/wp-content/uploads/2015/05/MET_Ensuring_Fair_and_Reliable_Measures_Practitioner_Brief.pdf.

## 8장. 빅데이터로 하지 말아야 할 것

1    Oded Netzer, Alain Lemaire, Herzenstein, "When Words Sweat: Identifying Signals for Loan Default in the Text of Loan Applications," 2016. Columbia Business School Research Paper No. 16-83 (관련 링크: https://papers.ssrn.com/sol3/papers.cfm?abstract_id=2731562)

2    Peter Renton, "Another Analysis of Default Rates at Lending Club and Prosper," 2012년 10월 25일, www.lendacademy.com/lending-club-prosper-default-rates/.

3    Michal Kosinski, David Stillwell, Thore Graepel, "Private Traits and Attributes Are Predictable from Digital Records of Human Behavior," *PNAS* 110, no. 15 (2013).

4    Michael Luca, "Reviews, Reputation, and Revenue: The Case of Yelp," 미출간 원고, 2011.

5    Christine Ma-Kellams, Flora Or, Ji Hyun Baek, Ichiro Kawachi, "Rethinking Suicide Surveillance: Google Search Data and Self-Reported Suicidality Differentially Estimate Completed Suicide Risk," *Clinical Psychological Science* 4, no. 3 (2016).

6    이 내용은 내 웹사이트 중 자가낙태에 관해 언급하며 다뤘다. 나는 구글 검색 중 '자살' 범주에 드는 검색어와 '매듭 만드는 방법'이라는 검색어를 비교했다. 2015년 '매듭 만드는 방법'은 구글에서 660만 건 검색됐다. 자살

범주에서는 6.5배 많은 검색이 이뤄졌다. 6.5×6.6/12 ≒ 3.5.

7    Bridge Initiative Team, "When Islamophobia Turns Violent: The 2016 U.S. Presidential Election," 2016년 5월 2일, bridge.georgetown.edu/when-islamophobia-turns-violent-the-2016-u-s-presidential-elections/.

## 결론. 얼마나 많은 사람이 책을 끝까지 읽을까?

1    Karl Popper, *Conjectures and Refutations* (London: Routledge & Kegan Paul, 1963).

2    Simon Rogers, "John Snow's Data Journalism: The Cholera Map That Changed the World," *Guardian*, 2013년 3월 15일.

3    2015년 1월 1일 전화로 벤저민 존스를 인터뷰했다. 해당 연구: Aaron Chatterji, Benjamin Jones, "Harnessing Technology to Improve K-12 Education," Hamilton Project Discussion Paper, 2012.

4    Jordan Ellenberg, "The Summer's Most Unread Book Is…," *Wall Street Journal*, 2014년 7월 3일.

# 찾아보기